Das war 85

STERN JAHRBUCH

das war 85

Herausgeber:	Rolf Winter
Redaktion:	Hans-Joachim Maass, Text
	Gerhard O. Aeckerle, Bild
Gestaltung:	Franz Epping
Produktion:	Bernd Bartmann, Druckzentrale G+J
Satz:	Karl Neef GmbH & Co., Wittingen
Druck:	Brillant-Offset, Hamburg
	© STERN-Buch im Verlag
	Gruner + Jahr AG & Co., Hamburg
	1. Auflage 1986
	ISBN: 3-570-05945-6

Zu diesem Buch

Noch im Herbst 1985 dachte man, die bemannte Raumfahrt sei fast schon eine Routineangelegenheit: Am 30. Oktober starteten die deutschen Wissenschafts-Astronauten Furrer und Messerschmid zu dem 400 Millionen Mark teuren Unternehmen „Spacelab D-1", bei dem erstmals Deutsche Regie führten. Ende Januar dieses Jahres zeigte dann die Explosion der amerikanischen Raumfähre Challenger kurz nach dem Start auf Cape Canaveral, daß für unbegrenzten Optimismus kein Raum ist. Diese Katastrophe, bei der sieben Menschen in der Raumkapsel verglühten, ist nicht nur ein Rückschlag für das amerikanische Raumfahrtprogramm und damit auch für die „Strategische Verteidigungs-Initiative" SDI. Der bislang schwerste Unfall des NASA-Raumfahrtprogramms hat auch dem amerikanischen Selbstgefühl einen schweren Schlag versetzt und bewiesen, daß nicht alles machbar ist. Die Ursache des Unglücks ist noch nicht bekannt, aber möglicherweise hat menschliches Versagen eine Rolle gespielt.

Auf jeden Fall gilt das für die Naturkatastrophen des Jahres 1985: das Erdbeben in Mexico City, den Dammbruch in Italien und den Vulkanausbruch in Kolumbien. Die Folgen wären nicht so schrecklich gewesen, wenn die politisch Verantwortlichen dieser Länder sich nicht so leichtfertig über Warnungen von Wissenschaftlern hinweggesetzt hätten.

Ein Schwerpunktthema dieses neunten STERN-Jahrbuchs ist der internationale Terrorismus. In Malta, Beirut, Rom, Wien und Frankfurt mußten Menschen sterben, weil Terroristen meinen, ihre Ziele mit Gewalt erreichen zu können. Bei den Terroranschlägen des Jahres 1985 gab es ein Novum: Die USA hatten ebenso wie Israel bislang das Prinzip vertreten, man dürfe sich von Terroristen nicht erpressen lassen. Im Fall der nach Beirut entführten TWA-Maschine wurde dieser Grundsatz in aller Stille beerdigt: Passagiere und Besatzungsmitglieder des amerikanischen Flugzeugs wurden erst freigelassen, nachdem die USA Israel dazu gebracht hatten, mehr als 700 Schiiten in die Freiheit zu entlassen. Wir werden sehen, ob dieses Nachgeben dem von US-Präsident Reagan geforderten Kampf gegen den Terrorismus förderlich war.

In der Bundesrepublik haben die Landtagswahlen von Nordrhein-Westfalen und im Saarland der SPD – für viele unerwartet – neuen Auftrieb gegeben. Das beherrschende innenpolitische Thema jedoch war die Auseinandersetzung um den Paragraphen 116 des Arbeitsförderungsgesetzes. Die Lösung dieses Konflikts – wie immer sie ausfallen mag – wird zeigen, ob diese Republik dabei ist, ihre Fähigkeit zum politischen Kompromiß zu verlieren.

Ein anderes Thema, zu Beginn des Jahres noch in den Schlagzeilen, ist in den Hintergrund gerückt: das Katalysator-Auto. Kein Wunder, daß auch der „Großversuch Tempo 100" eher halbherzig abgewickelt wurde.

Im Verhältnis der beiden Supermächte USA und Sowjetunion ist nach Jahren eisiger Konfrontation (Reagan über die UdSSR: „Das Reich des Bösen") mit dem Genfer Gipfeltreffen die Bereitschaft wiedergekehrt, den jahrelang unterbrochenen Dialog fortzusetzen. Sowohl Ronald Reagan wie Michail Gorbatschow scheinen sich ihrer Verantwortung für den Weltfrieden bewußt zu sein. Es sollte aber nicht vergessen werden, daß allem Gerede von Abrüstung zum Trotz die Welt von Jahr zu Jahr mehr Geld für Waffen ausgibt. Die Testfälle für einen wirklichen Abrüstungswillen werden der Fortgang des SDI-Projekts sein, der „Strategischen Verteidigungs-Initiative", sowie die Frage der auf Westeuropa gerichteten sowjetischen Mittelstrekkenraketen.

Die Redakteure des STERN und die Fotografen, die für ihn arbeiten, haben sich auch 1985 wieder darum bemüht, die für das Jahr wichtigen Ereignisse in einer Form zu präsentieren, die auch nach Jahren noch bestehen kann. Auch scheinbar Nebensächliches hat da seinen Platz und rundet diese Chronik eines wahrhaft aufregenden Jahres so ab, daß der Leser sagen kann: So war es.

Hamburg, im Januar 1986

Die Redaktion

Auf Leben und Tod

Dramatischer Augenblick in der Stierkampfarena von Arles, festgehalten von dem französischen Fotografen Naval: Mit einem gewaltigen Sprung über die Holzbarriere am Rand des Kampfplatzes verfolgt ein wütender Stier einen Amateur-Matador, der sich bereits auf der Steinmauer vor den Zuschauern in Sicherheit glaubte. Vor den Augen des entsetzten Publikums versucht das wütende Tier, den jungen Mann auf die Hörner zu nehmen – aber der Stoß geht an ihm vorbei. Der Matador kann unverletzt entkommen.

Hoch hinaus

Im fünfhundertsten Bruchteil einer Sekunde gelang dem amerikanischen Bildberichter Jebb Harris am Strand von San Clemente in Kalifornien das Sportbild des Jahres: Ein Zwei-Mann-Boot, das bei einem Wettrudern wie eine Rakete über eine gewaltige Welle hinwegschießt. Um nicht herausgeschleudert zu werden, haben sich die beiden Ruderer bis auf den Bootsboden zurückgelehnt. Ihren links im Bild zu sehenden Konkurrenten sind sie gleich darauf um eine gute Bootslänge voraus.

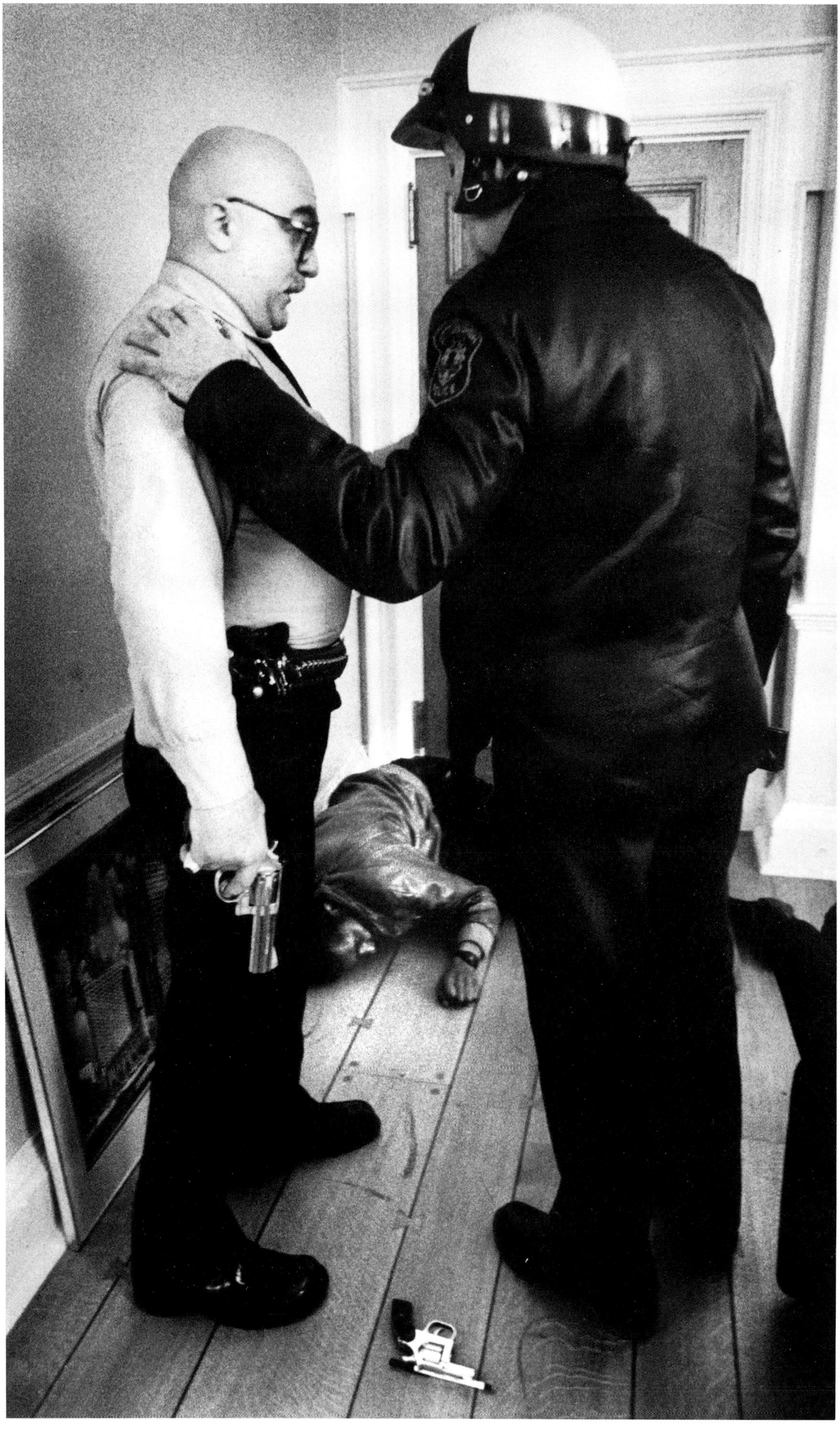

Tod auf dem Revier

Am 10. März 1985 stürmte gegen Mittag ein ungefähr 35jähriger Mann mit vorgehaltener Pistole ein Polizeirevier in Pittsburgh. Der Mann wollte seine Schwiegermutter erschießen, die dort gerade Strafanzeige gegen

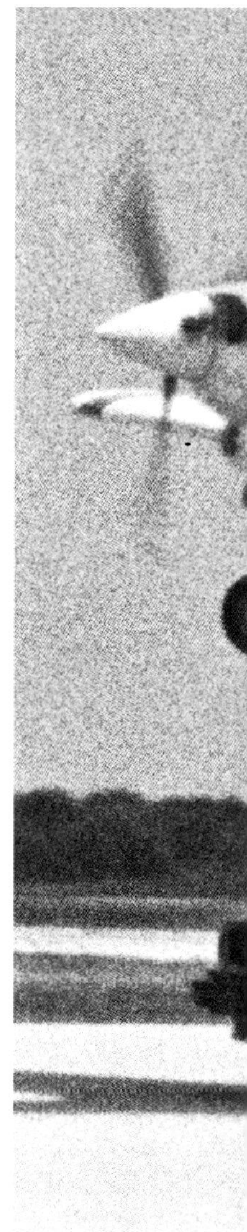

Rettung beim Landeanflug

Die einmotorige Sportmaschine befindet sich im Landeanflug auf St. Augustine (Flo-

ihn erstatten wollte. Grund: Der arbeitslose Schwiegersohn verprügelte in letzter Zeit immer häufiger ihre Tochter, seine Frau. Der kahlköpfige Polizist Jim Hurst, 57, erkannte die Situation und schoß sofort auf den bärtigen Amerikaner, der eine Stunde später auf dem Operationstisch starb. Jim Hurst, seit 24 Jahren bei der Polizei, nach der Tat, die in Pittsburgh noch wochenlang Gesprächsstoff war: „Der Junge machte auf mich den Eindruck, zu allem entschlossen zu sein. Hätte ich nicht geschossen, ich glaube, er hätte es getan."

rida). Plötzlich stellt der Pilot Scott Gordon fest, daß sein rechtes Rad klemmt. Über Funk ruft der Geschäftsmann um Hilfe. Die Mechaniker Jim Moser und Joe Lippo haben eine Idee. In ihrem Auto rasen sie mit 145 Stundenkilometern über die Landebahn, Lippo reckt sich aus dem Schiebedach und rüttelt an der Radaufhängung. Es klappt, vierzig Meter vor dem Ende der Landebahn löst sich das rechte Fahrwerk. Scott Gordon kann landen und spendiert seinen Rettern je eine Kiste Champagner.

Alles im Griff

Einmal im Jahr ist in Payson was los. Wenn im August das große Rodeo stattfindet, reisen Cowboys aus ganz Arizona in das kleine Städtchen zwischen Phoenix und Flagstaff. Wer die jungen Stiere in der Arena am besten zu fassen bekommt, wird zum Meister im „Bullen-Ringkampf" gekürt.

Ein Vater läuft Amok

Ein grauenvoller Tag im Leben des siebenjährigen Shannon Jones. Weil sie Trunksucht und die täglichen Prügeleien ihres Mannes Patrick Jones nicht mehr aushielt, hatte seine Mutter, die 25jährige Alice, ihren Mann und vier Kinder verlassen. Daraufhin rastete der arbeitslose Patrick völlig aus. Mit einem Küchenmesser bedrohte er seine schreienden Kinder und rief die Polizei an. „Wenn ihr mir meine Frau nicht zurückbringt", drohte er, „dann bring ich die Bälger um. Alle vier." Die Polizeistation von Yuba City in Kalifornien schickte sofort eine mit Tränengas ausgerüstete Spezialeinheit. Als sie das Gas losfeuerte, stieß Patrick Jones seinen Sohn Shannon aus dem Haus. Der Polizist Alan Rice konnte das schluchzende Kind in Sicherheit bringen.

Verzweifelter Vater

Was geht in einem Vater vor, der sein zweijähriges, vor Todesangst schreiendes Kind aus dem Wohnzimmerfenster im dritten Stock hält? Will er mit der Drohung, er würde sein Kind vor den Augen der Polizei abstechen, erreichen, daß er mit seiner fünfköpfigen Familie endlich aus der Slumwohnung ausziehen kann? Ahnt er, in seiner Wut und seiner Ausweglosigkeit, was er mit dieser Tat in der Seele seines kleinen Sohnes anrichtet? Die Polizisten von Vancouver in Kanada standen zwei Stunden lang vor dem Fenster des Abrißhauses. Sie flehten, sie drohten, sie bettelten. Und während dieser Zeit hing der kleine Junge mit dem Messer in Sichtweite kopfüber aus dem Fenster. Nach zwei Stunden gab der erschöpfte Vater auf. Er brach zusammen, die Polizisten konnten den Jungen abholen. Er war körperlich unverletzt.

Telefon statt Bumerang

Darauf haben wir begierig gewartet. Endlich ist es soweit. Wir können jetzt nicht nur nach zwei Tagen Wartezeit die DDR direkt anwählen, sondern auch Daly River in Australien. Dieses kleine Fleckchen sehr entfernter Erde hat sein erstes Telefon bekommen — und kriegt seinen Strom durch die Sonne. Einer der ersten, die sich neugierig an dieses eigenartige Ding hängten, war Jimmy Numbatu, während sein Nachbar Jacob Wiler mit seinem Bumerang vor der Zelle wartet. Bevor das Telefon kam, benutzten die Einwohner von Daly River ein Radiophon, in das sie nach jedem Satz ein „Over" brüllen mußten.

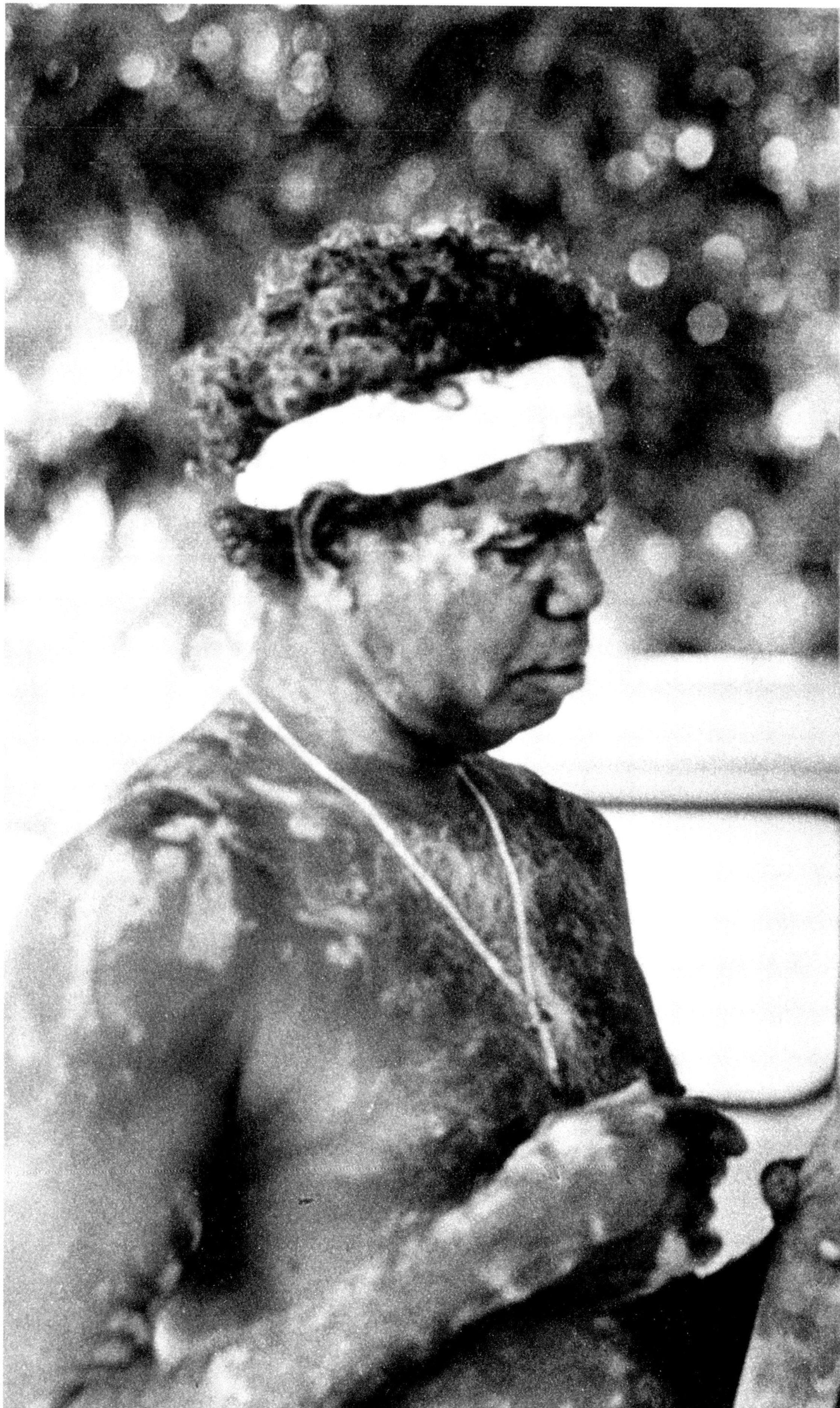

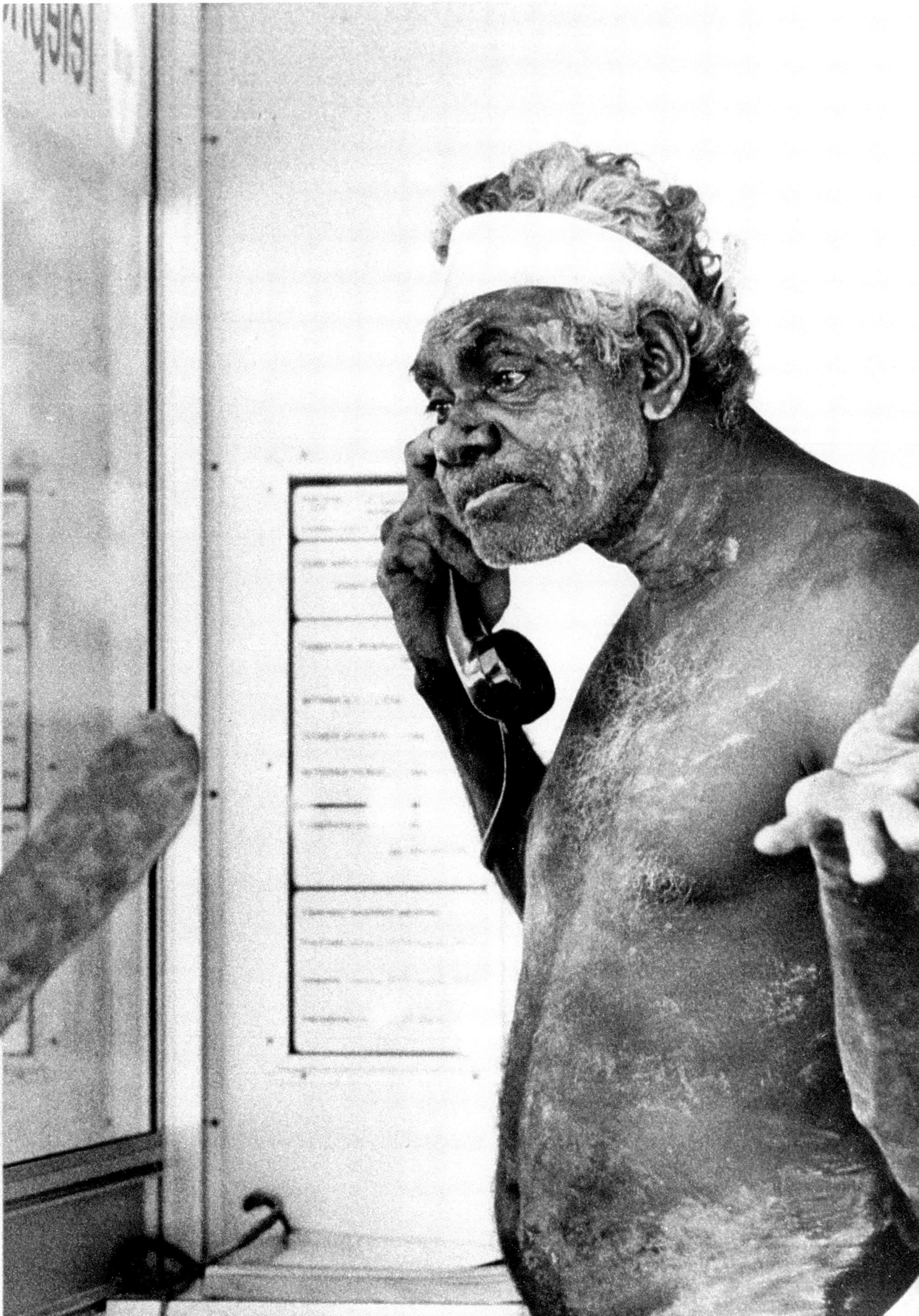

Zeitgeist und „Sprache des Leibes"

Im Vatikan witzelt man gern: Was ist der Unterschied zwischen Gott und dem Papst? Antwort: Gott ist überall, aber der Papst war schon vor ihm da. Johannes Paul II. hat in den sieben Jahren seiner bisherigen Amtszeit mehr von der Welt gesehen als alle seine 263 Vorgänger zusammen. Wo immer er erschien, predigte er gegen die „Diktatur des Zeitgeistes", verteufelte die Theologie der Befreiung, die in Südamerika immer mehr Anhänger findet, die Ehescheidung und die Empfängnisverhütung. Im Herbst 1985 lud er 165 Bischöfe zu einer Sondersynode nach Rom ein, um mit ihnen nach dem künftigen Weg der Katholischen Kirche zu suchen. Doch noch ehe die Diskussion begann, hatte der Oberhirte unmißverständlich klargestellt: „Das letzte Wort hat immer der Papst."

Nach 15 Stunden harter Arbeit freut sich Johannes Paul II. auf ein Boccia-Spiel unter Amtsbrüdern. Auch sonst hält sich der Oberhirte der 800 Millionen Katholiken mit Sport fit. Im Sommer trimmt er sich im vatikaneigenen Schwimmbad, im Winter mischt er sich unter die Skifahrer am Adamello-Gletscher – gut getarnt mit Skianzug und Pudelmütze.

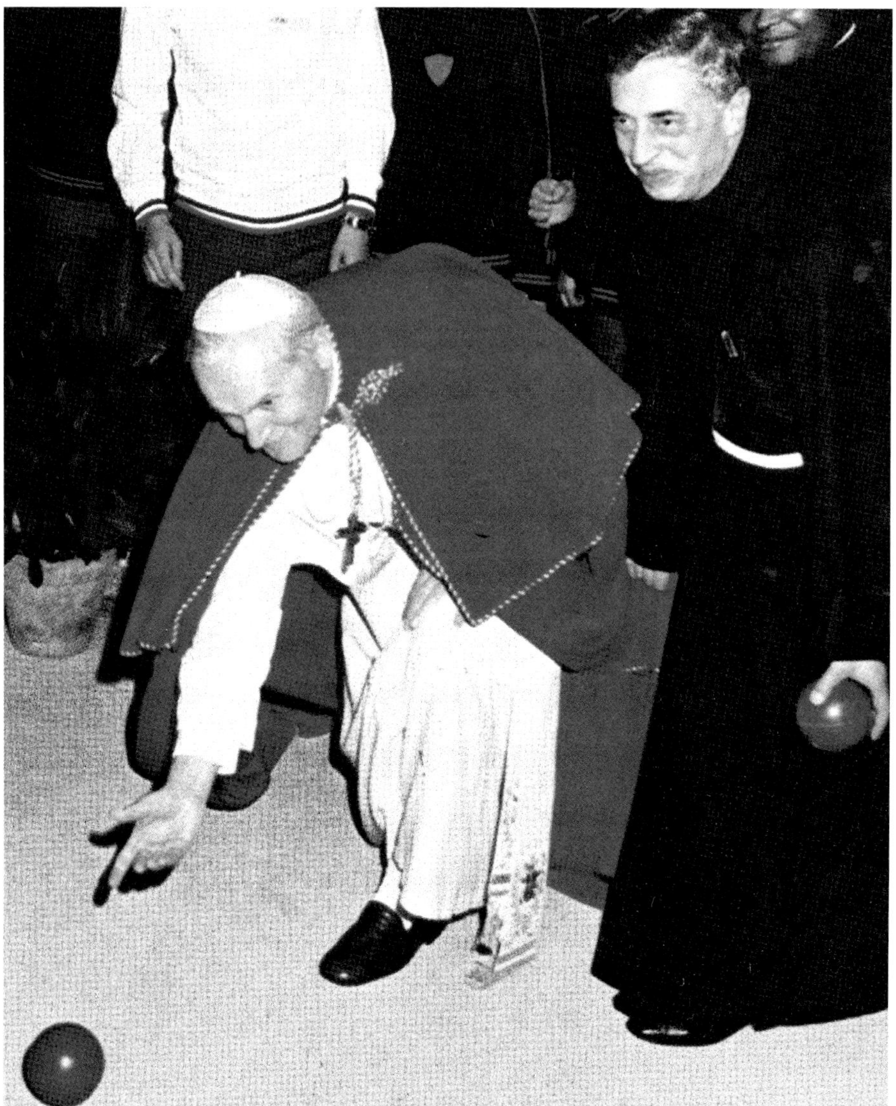

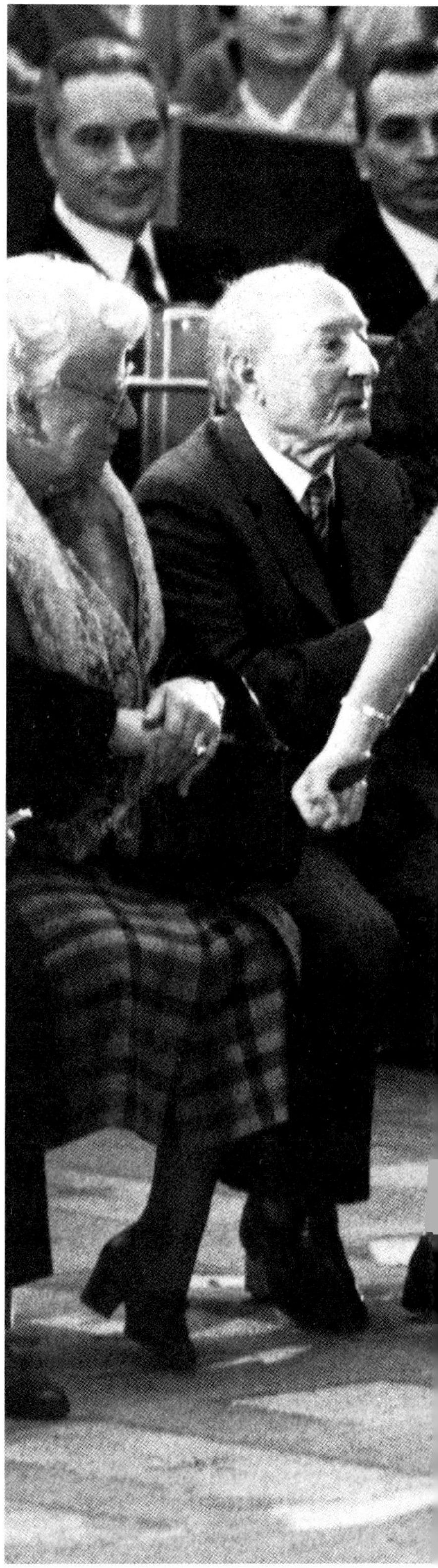

Der Papst dankt den Artisten eines amerikanischen Zirkus für eine Sondervorstellung im Vatikan. Die junge Akrobatin hat ihn wohl besonders beeindruckt. Ein bißchen mag sie ihn an das erinnert habe worüber er in 150 Fortsetzungen fünf Jahre lang während seiner Mittwochs-audienzen gepredigt hatte: an die „Sprache des Leibes".

Am 24. Mai besuchte Bundespräsident Richard von Weizsäcker amerikanische Soldaten auf dem Truppenübungsplatz Grafenwöhr. Dort und zum 30. Gründungstag der Bundeswehr im Herbst erklärte er, daß allein Abrüstung, nicht aber eine Fortsetzung des Rüstungswettlaufs den Frieden sicherer mache.

Der Präsident

Spätestens im zweiten Jahr seiner Amtszeit hat Bundespräsident Richard von Weizsäcker Maßstäbe gesetzt, die für die politische Kultur der Bundesrepublik richtungweisend sein könnten – wenn das Umfeld nicht gar so mittelmäßig wäre.
Durch eine „historische Rede" am 8. Mai 1945, so die Wertung des israelischen Staatspräsidenten Chaim Herzog, hat Weizsäcker versucht, einen verantwortlichen Beitrag zur Vergangenheitsbewältigung zu leisten. Im Unterschied zu Vertriebenenfunktionären und konservativen Politikern, die selbst 40 Jahre nach Kriegsende noch nicht einsehen wollen, daß die deutsche Teilung eine Folge der NS-Gewaltherrschaft und ihrer Verbrechen gewesen ist, hat der Bundespräsident auf alle Gebietsansprüche verzichtet: „Gewaltverzicht heute heißt, den Menschen dort, wo sie das Schicksal nach dem 8. Mai hingetrieben hat und wo sie nun seit Jahrzehnten leben, eine dauerhafte, politisch unangefochtene Sicherheit für ihre Zukunft zu geben. Es heißt, den widerstreitenden Rechts-

ansprüchen das Verständigungsgebot überzuordnen."

So wohlwollend diese und andere Reden des Bundespräsidenten zur deutschen Geschichte und zur deutschen Identität im Ausland aufgenommen worden sind, so gespalten war das Echo in der Bundesrepublik. Bundeskanzler Helmut Kohl und der CSU-Vorsitzende Franz Josef Strauß unterstrichen in Ansprachen vor Flüchtlingsverbänden, daß sie unverändert von einem Fortbestand des Deutschen Reiches in den Grenzen von 1937 ausgehen. Der Konflikt zwischen Richard von Weizsäcker und führenden Unionspolitikern beschränkt sich allerdings nicht auf die Deutschland- und Ostpolitik. Auch bei anderen Themen, etwa dem Minderheitenschutz, der Umweltzerstörung, der Entwicklungspolitik und der Block-Konfrontation, vermißt er bislang ernsthafte Lösungsansätze der Bundesregierung.

Integration ist die Maxime seines Amtsverständnisses. Politiker und Parteien sollten dazu einen Beitrag leisten, statt sich „fettfleckartig" über die Gesellschaft auszubreiten und den Staat „als Beute zu betrachten". Ungezählte Zuschriften beweisen, daß ihm dabei die Zustimmung der Bürger sicherer ist als die der Parteipolitiker.

Da er als Bundespräsident durch die Verfassung auf eher repräsentative Aufgaben beschränkt bleibt und in die Tagespolitik weder eingreifen darf noch will, wird er auch in den noch ausstehenden dreieinhalb Jahren seiner Amtszeit versuchen, durch Reden „Orientierung zu geben und Problembewußtsein zu schaffen". Schon die Reden dieses Jahres verheißen Bundeskanzler Helmut Kohl für die Zukunft wenig Angenehmes.

Stopsignal für Autos. In Essen wurden erstmals im Januar 1985 die Straßen für den Autoverkehr vollständig gesperrt. Nach Alarmstufe 3 der neuen Smog-Verordnung besteht zwischen sechs und zehn Uhr morgens sowie 15 und 20 Uhr abends ein allgemeines Fahrverbot. Schon bei Alarmstufe 2 soll freiwillig auf Autofahrten verzichtet werden – ein Appell ohne große Wirkung.

Dicke Luft im Revier

Freitag, 18. Januar 1985. Erstmals in der Geschichte der Bundesrepublik wird für das westliche Ruhrgebiet die „Alarmstufe 3" der Smog-Verordnung ausgerufen. Um 15 Uhr riegeln Polizisten in den Sperrbezirken den privaten Autoverkehr vollständig ab. In den Gemeindeämtern beginnt der Sturm auf die behördlichen Ausnahmegenehmigungen. Lediglich für Linienbusse, Taxen, Polizei, Krankenwagen, Feuerwehren sowie Bundeswehr und alliierte Streitkräfte gilt kein allgemeines Fahrverbot. Davon ausgenommen sind auch Elektrofahrzeuge und Katalysator-Autos. Beim Ordnungsamt in Essen erkundigt sich ein Bürger, ob er seinen Wagen bis zur nahen Autobahn „schieben" dürfe. Er durfte. Bestimmte Fernstraßen können bei Smog benutzt werden.

Die „umweltbewußten" Bundesbürger (so alle Meinungsumfragen) registrierten mit Ärger, Wut und Unverständnis, daß Umweltpolitik auch persönliche Opfer kosten kann. „Panikmache" mußte sich der nordrhein-westfälische Gesundheitsminister Friedhelm Farthmann (SPD) für die Auslösung des Smog-Alarms vorwerfen lassen. Dabei hatte er nur die erst im Vorjahr beschlossene Verordnung der Landes-Umweltminister angewandt. Nachdem neue, niedrigere Grenzwerte für Schwefeldioxid, Stickoxid und Staub in der Luft festgelegt worden sind, drohen in anderen Bundesländern ähnlich einschneidende Vorschriften wie in NRW. Besonders in den Wintermonaten sammeln sich die Schadstoffe unter Warmluftglocken in den Ballungsgebieten schnell bis zur Alarmgrenze an. Im Winter 1952/53 starben 4000 Londoner nach einer „Smog-Katastrophe", Zehntausende beklagten sich über Atembeschwerden, Augenreizungen und Kreislaufschäden. Das Kunstwort „Smog" aus „fog" und „smoke" war geboren. Im Ruhrgebiet registrierten die Behörden 1962 die ersten Smog-Opfer. Damals lagen die gemessenen Grenzwerte für Schwefeldioxid (SO_2) rund sechsmal höher. Seitdem ist im Ruhrgebiet die SO_2-Belastung um 60 Prozent zurückgegangen, die jährlichen Staubniederschläge sind von 279 000 Tonnen auf 122 000 Tonnen gesunken. Allerdings sorgten

hohe Schornsteine für einen weiträumigen Export der Schadstoffe in sogenannte „Reinluftgebiete".
Die niedrige Schwelle für die Auslösung des „Smog-Alarms" soll gesundheitliche Risiken der Bevölkerung ausschalten. Sie selbst muß auch einen wirksamen Beitrag leisten: Drosselung der Heizung, Benutzung öffentlicher Verkehrsmittel und Verzicht auf Autofahrten (Alarmstufe 2). Mit der freiwilligen Beschränkung hapert es allerdings, wie Smog-Lagen in Berlin und dem Ruhrgebiet gezeigt haben. Für die Industrie bedeutet die dicke Luft, die sie zum größten Teil selbst erzeugt, auch empfindliche Produktionseinschränkungen. 500 Gewerbebetriebe in Duisburg verzeichneten durch den Smog-Alarm Umsatzeinbußen. Schon bei Alarmstufe 2 müssen die Kraftwerke auf teurere, schwefelarme Kohle umschalten. In der höchsten Alarmstufe können ganze Produktionszweige von den Behörden stillgelegt werden. Nach dem Smog-Alarm an Rhein und Ruhr bilanzierte die Thyssen-Stahl AG einen Produktionsausfall von 8000 Tonnen Roheisen und Millionen-Schäden an den stillgelegten Hochöfen. Die Firma meldete Regreßansprüche bei der Landesregierung in Düsseldorf an.
Freude über die dicke Luft herrschte nur an einigen Schulen Nordrhein-Westfalens. Es gab „smogfrei".

Rushhour auf zwei Füßen. Während des Smog-Alarms in Essen versuchten Bewohner, ihre Autos noch rechtzeitig aus der Sperrzone zu bekommen. Der öffentliche Nahverkehr hatte weiter freie Fahrt.

Nicht nur der Wald blieb auf der Strecke

Die Ergebnisse seien über jeden Zweifel erhaben und von ernsthaften Wissenschaftlern auch nicht bestreitbar, denn selten sei ein Test so gründlich und methodisch durchgeführt worden wie der „über ein Jahr dauernde Großversuch". So verteidigte Bundesinnenminister Friedrich Zimmermann ein Unternehmen, das für die SPD ein „Taschenspielertrick", für die Grünen „Großbetrug" und für den Vorsitzenden des „Bund Naturschutz", Hubert Weinzierl, „Volksverdummung" ist. Im Oktober ging der „Großversuch" zum Tempo 100 zu Ende. Neuneinhalb Monate hat er gedauert, und der TÜV Rheinland präsentierte der Bundesregierung eine Rechnung über 14 699 343,50 Mark. Er hatte prüfen sollen, um welche Menge sich die Stickoxid-Emissionen – neben den Schwefeldioxiden Hauptverursacher des „Waldsterbens" – durch eine Geschwindigkeitsbegrenzung reduzieren lassen. Die ersten Ergebnisse lagen am 18. November vor, und schon einen Tag darauf war das lästige Thema vom Tisch. Tempo 100 auf Autobahnen bringe „nur" ein Prozent oder „läppische" 32170 Tonnen weniger Schadstoffbelastung. Für dieses selbst die Auto-Lobby „überraschende" Ergebnis gibt es eine einfache Erklärung: Nur 30 Prozent aller Autofahrer hielten sich an das Gebot, und die Auswirkung durch ein gleichzeitiges Tempo 80 auf Landstraßen wurde nicht untersucht. Nichts stimmte an diesem „Großversuch". Falsch wie Zimmermanns Angabe der Testdauer waren Voraussetzungen, Methode und daraus resultierend auch die Ergebnisse. Die „läppischen" 32170 Tonnen Stickoxid stellen zwar nur ein Prozent der Gesamtmenge dieses Waldkillers dar, es sind aber vier Prozent der im gesamten Straßenverkehr oder 10,4 Prozent der auf Autobahnen ausgestoßenen Stickoxide – und nur um die ging es beim „Großversuch". Um das gewünschte Resultat zu erhalten (Kanzler Kohl: „Mit mir kommt kein Tempolimit"), stellten die Bonner Rechenkünstler nicht nur die Logik auf den Kopf, selbst die Gesetzgebung blieb auf der Strecke. Denn die Auftraggeber nahmen es wohlwollend hin, daß 70 Prozent der Autofahrer gegen die

Verkehrsvorschriften verstießen, nämlich ungestraft schneller als 100 fuhren. Das neue Motto: Gesetze sind nur machbar, wenn die Mehrheit der Bürger dafür ist. Gleichzeitig war in Österreich ein ähnlicher Versuch gelaufen. Aber anders als bei uns wurde jeder Verstoß rigoros geahndet. Folge: 90 Prozent der Autofahrer nahmen bei Tempo 100 den Fuß vom Gas. Unter diesen Voraussetzungen wären bei uns etwa 90000 Tonnen des Giftstoffes weniger in die Luft geblasen worden, eine Schadstoffreduzierung von 30 Prozent. Sinnvoll wäre zudem ein Tempo 100 auch nur bei einem gleichzeitigen Tempo 80 auf Landstraßen gewesen. Damit wären weitere 100000 Tonnen jährlich entfallen, die künftig in der Luft bleiben. Zu dieser Größenordnung kam das Zimmermann unterstellte Umweltbundesamt in Berlin.

Würden die „Experten" in Bonn alle Effekte berücksichtigen, die ein Tempo 100/80 brächte, dürften sie den Bürgern auch nicht die anderen Gifte vorenthalten. Es würden, so errechnete das IFEU-Institut für Energie- und Umweltforschung, durch Auspuffrohre deutscher Autos sofort auch 500000 Tonnen Kohlenmonoxide und 30000 Tonnen Kohlenwasserstoffe weniger an die Umwelt abgegeben.

Ein Arbeiter entfernt eines der Tempo-100-Schilder, die 70 Prozent der Autofahrer ohnehin ignoriert hatten. Völlig unberücksichtigt blieb bei dem „Großversuch" der Schwerlastverkehr, die rund 1,3 Millionen „Brummis", von denen 90 Prozent schneller fahren als erlaubt. Allein 75 Prozent der im Verkehr ausgestoßenen krebserregenden Rußpartikel stammen aus den Abgasen dieser Dieselfahrzeuge. Der Anteil des geregelten Dreiwege-Katalysator-Autos, das allein zu einer erheblichen Reduzierung der Umweltgifte beitragen könnte, ist bei Neuzulassungen minimal. Die volkswirtschaftlichen Schäden durch den Autoverkehr belaufen sich Jahr für Jahr auf zweistellige Milliardenbeträge. Denn nicht nur Natur und Kreatur sind in Gefahr. Die drekkige Luft und der Saure Regen zerfressen selbst Marmor, Stein und Eisen. 52 Prozent aller Bäume in Stadt und Land sind nach dem jüngsten „Waldschadensbericht" geschädigt. Für den ADAC „kein Anlaß zur Panikreaktion". Das Tempolimit ist tot – die Jagd ist frei auf den Rest des Waldes.

Der Erdrutsch an Rhein und Ruhr

Ausgerechnet im Wonnemonat Mai kam es knüppeldick für die Union und ihren Kanzler Helmut Kohl. Bei den Landtagswahlen in Nordrhein-Westfalen gewann Ministerpräsident Johannes Rau für die SPD die absolute Mehrheit, die CDU mußte eine vernichtende Niederlage einstecken: 36,5 Prozent waren das schlechteste Wahlergebnis in der Geschichte des bevölkerungsreichsten Landes der Bundesrepublik. Die Pleite ging nicht nur auf das Konto des biederen Spitzenkandidaten Bernhard Worms, eines Rheinländers, dem es gelungen war, seinen ohnehin niedrigen Bekanntheitsgrad im Wahlkampf noch herunterzuschrauben. Wie zuvor schon bei der Landtagswahl im Saarland mit dem strahlenden SPD-Sieger Oskar Lafontaine hatte auch diesmal an Rhein und Ruhr der Bonner Regierungschef einen Denkzettel verpaßt bekommen. Die Wähler erteilten Helmut Kohl eine Absage, weil sie gerade in diesem Bundesland die Folgen des Abbaus sozialer Leistungen zu spüren bekommen hatten, denen keine Belebung der Konjunktur – wie von der Wende-Regierung versprochen – gegenübergestanden hatte. Das noch 1983 bei der Bundestagswahl vorhandene und für den Unions-Sieg ausschlaggebende Vertrauen der Bürger in die Wirtschaftskompetenz der CDU war verlorengegangen. Nutznießer dieses Sinneswandels wurde Johannes Rau, für den die SPD mit wenig Inhalten, aber viel Sympathie-Werbung und anrührenden Familienfotos Stimmung machte. Der Sieg fiel so glänzend aus, daß die Sozialdemokraten wieder Morgenluft witterten. Nach Lafontaines Erfolg an der Saar und Raus Triumph schien festzustehen, daß der Kurswert der SPD beim Wähler stark gestiegen, derjenige der in Bonn regierenden CDU/CSU und ihres Kanzlers Kohl enorm gefallen war. Galt bei vielen Genossen bisher noch die Devise, erst bei der übernächsten Bundestagswahl 1991 habe die Partei wieder eine Siegchance, so wollte davon jetzt niemand mehr etwas hören. Kein Zögern mehr, wer der Kanzlerkandidat der Sozialdemokraten sein solle. Rau wurde auf den Schild gehoben. Als Herausforderer von Kohl soll er die SPD in der Wahl 1987 wieder an die Macht bringen.

Der Schornstein von Ibbenbüren, einem kleinen ostwestfälischen Städtchen, steht für Raus bislang größten Fehltritt: An dieser Stelle weihte er ein Kohlekraftwerk ein, das Umweltschützer als den „größten Stinker des Landes" bezeichneten. In dem Kraftwerk wird eine enorme Menge umweltschädigender Stickoxide in die Luft geblasen – bei Vollbetrieb zwischen 17 000 und 32 000 Tonnen im Jahr. Die Umweltbelastung nahm Rau in Kauf. Ihm war wichtiger, als Retter von 4500 Arbeitsplätzen aufzutreten.

Für das Streikrecht auf die Straße

Gegen Ende des Jahres hatte Bundeskanzler Helmut Kohl es auf einmal eilig. Ganz gegen seine Gewohnheit wies der Kabinettschef seinen Minister Norbert Blüm an, noch vor Weihnachten eine neue Vorschrift zu zimmern: Den Paragraphen 116 im Arbeitsförderungsgesetz (AFG). Am 10. Dezember kam es deshalb zum ersten größeren politischen Streik in der Geschichte der Bundesrepublik Deutschland. Eine halbe Million Arbeitnehmer legten aus Protest gegen die „Aushöhlung des Streikrechts" die Arbeit nieder.

Der Konflikt hat seine Ursache im Arbeitskampf um die 35-Stunden-Woche im Frühjahr 1984. Der IG Metall gelang es nach sieben Streik- und Aussperrungswochen gegen den Widerstand von Kabinett („Absurd, dumm und töricht") und Kapital („Keine Minute unter 40 Stunden") einen Erfolg zu verbuchen: Seither gilt die 38,5-Stunden-Woche.

55000 Metaller waren in Hessen und Baden-Württemberg in den Streik getreten, 175000 wurden von den Arbeitgebern im Tarifgebiet ausgesperrt. 350000 waren im übrigen Bundesgebiet von den Fernwirkungen des Streiks betroffen und mußten kurzarbeiten. Diese „kalte Aussperrung" hätte beinahe den Ruin der IG Metall bedeutet. Heinrich Franke, der Präsident der Bundesanstalt für Arbeit, verweigerte den 350000 Betroffenen das Kurzarbeitergeld. Hätte die IG Metall dieser Gruppe auch noch Streikgeld zahlen müssen, sie wäre restlos pleite gewesen.

Einige Sozialgerichte hatten den „Franke-Erlaß" gerade noch rechtzeitig als rechtswidrig verworfen und so die Zahlung von Kurzarbeitergeld ermöglicht. Mit Hilfe des neuen Paragraphen 116 will die Bundesregierung sicherstellen, daß bei künftigen Streiks die kalt ausgesperrten Arbeitnehmer einer Branche kein Kurzarbeitergeld mehr bekommen. Für die Arbeitgeber ist dies nichts anderes als die „Sicherstellung der Neutralität des Staates" im Arbeitskampf. Für die DGB-Gewerkschaften stellt sich der „Neue AFG 116" dagegen völlig anders dar, nämlich als ein Frontalangriff auf ihre Streikfähigkeit, den es „mit allen legalen Mitteln" (so kämpferisch DGB-Chef Ernst Breit) abzuwehren gilt.

Bundesarbeitsminister Norbert Blüm reizte mit dem neuen Arbeitskampf-Paragraphen 116 im Arbeitsförderungsgesetz die Gewerkschaften zum Protest. 1985 könnte das Jahr gewesen sein, in dem die Bundesrepublik die Fähigkeit verlor, soziale Konflikte geordnet und friedlich zu lösen.

Das Duell der Konzernmacher

Auch fernab von der Heimat ist Franz Josef Strauß stets um die Belange Bayerns bemüht. Als der Ministerpräsident Anfang Oktober anläßlich einer weißblauen Industrieausstellung in der chinesischen Hafenstadt Tsingtao weilte, hielt er auffälligen Kontakt zu zwei Herren aus seiner Reisebegleitung: Eberhard von Kuenheim, dem Vorstandsvorsitzenden der Bayerischen Motorenwerke (BMW) und Hanns Arnt Vogels, dem ersten Mann im Luft- und Raumfahrtkonzern Messerschmitt-Bölkow-Blohm (MBB). Eine Übernahme von MBB durch BMW, so versuchte der Landesvater seine Gesprächspartner zu überzeugen, könne im Freistaat einen multifunktionalen, schlagkräftigen Super-Konzern schaffen – gewissermaßen das Gegenstück zur Daimler-Benz AG im Nachbarland Baden-Württemberg, die sich durch den Ankauf des Luft- und Raumfahrtunternehmens Dornier, des Elektro-Riesen AEG und der

Die Ministerpräsidenten Franz Josef Strauß und Lothar Späth wetteifern um die industrielle Vormachtstellung ihrer Bundesländer. Nachdem Daimler-Benz mit Späths Hilfe einen Super-Konzern mit fast 300 000 Arbeitsplätzen geschaffen hat, will Strauß das Luft- und Raumfahrt-Unternehmen MBB mit den Bayerischen Motorenwerken vereinen.

MTU Motoren- und Turbinen-Union vom Autofabrikanten zu einem Technologie-Imperium mit 295000 Arbeitsplätzen entwickelt hat. Daß Strauß auf eine Ehe zwischen BMW und MBB drängt, hat freilich nicht nur wirtschaftliche Gründe. Ihm liegt auch daran, dem baden-württembergischen Ministerpräsidenten Lothar Späth als einem leidigen Kontrahenten Paroli zu bieten. Denn der Schwabe ist dabei, dem Bayern auf ökonomischem und politischem Feld den Rang abzulaufen. Mit einem Bruttosozialprodukt von 28410 Mark pro Einwohner rangiert Späths Ländle bereits deutlich vor dem Bayernstaat mit 26289 Mark. Und die durchschnittliche Arbeitslosenquote liegt um fast zwei Prozent unter der Bayerns. Maschinenbau und Elektronik melden in Baden-Württemberg sogar Vollbeschäftigung. Zwar sagt der Bajuware öffentlich: „Zwischen uns gibt es keine Probleme." Aber Strauß-Vertraute wissen, daß es ihn wurmt, wenn das „Cleverle" aus Stuttgart auf einmal bundesweit mehr von sich reden macht als er selbst.

Wg. Lambsdorff

Im Januar 1985 hatte Friedrich-Karl Flick in einem STERN-Interview auf die Frage, ob er sein von Skandalen gebeuteltes Industrieimperium verkaufen wolle, folgenden Satz gesagt: „Solche Gerüchte sind wie das Ungeheuer von Loch Ness." Das Interview machte bundesweit Schlagzeilen, weil der Großindustrielle auf die Frage, ob er die Regierungskoalition auch bei der kommenden Bundestagswahl durch milde Gaben zu stärken gedenke, dieses zum Besten gab: „Es wird für mich ein normaler Vorgang sein, wenn ich gerade und vielleicht sogar ein bißchen zum Trotz den Herren Bangemann, Stoltenberg und Kohl in gebotener Distanz einen Besuch mache."
Aus diesem Besuch wird nun wohl nichts mehr werden. Am 4. Dezember um 16.21 Uhr meldete die Nachrichtenagentur Associated Press als erste: Flick verkauft sein gesamtes Industrieimperium an die Deutsche Bank. Ein fast spürbarer Seufzer der Erleichterung ging durch die Bundesrepublik, die durch die „politische Landschaftspflege" des Flick-Statthalters Eberhard von Brauchitsch weltweit in den Ruch einer Bananenrepublik geriet und die dem deutschen Sprachraum eine neue Abkürzung bescherte: wg. Wg. Flick stürzten ein Bundestagspräsident (Rainer Barzel), ein Bundeswirtschaftsminister (Otto Graf Lambsdorff). Wg. Flick mußten Redakteure des STERN vor Gericht erscheinen, weil sie immer mal wieder in die Ermittlungsakten der Staatsanwaltschaft geschielt hatten. Und seit diese Ermittlungen abgeschlossen sind, stehen die Herren Otto Graf Lambsdorff, Eberhard von Brauchitsch und Ex-Wirtschaftsminister Hans Friderichs wg. des Verdachts der Bestechung bzw. Bestechlichkeit vor dem Bonner Landgericht. Friedrich-Karl Flick hat für sein Imperium fünf Milliarden Mark bekommen – das entspricht dem Wert von 300000 fabrikneuen Mittelklassewagen. Den Konzern hatte sein Vater Friedrich Flick in den zwanziger Jahren aus dem Nichts aufgebaut und nach dem Zweiten Weltkrieg zu neuer Größe geführt, eine Leistung, die ihm im Geldadel den derben Ruf einbrachte, er könne „aus Scheiße Geld machen".
Seinen Sohn Friedrich-Karl übergeht der Geldadel heute mit Schweigen.

Konzerngründer Friedrich Flick (links) begann seinen Aufstieg zum Großindustriellen in einer Eisenhütte im Siegerland. Seinen Sohn Friedrich-Karl nannte er stets nur das „Bürschchen", für das es selbst im Mannesalter von 30 Jahren hin und wieder Ohrfeigen setzte.

Als Räuber überführt

Am 28. Dezember 1984 überfällt ein bewaffneter Mann einen Juwelierladen in den Baden-Badener Kurhaus-Kolonnaden und raubt Schmuck im Verkaufswert von 2,3 Millionen Mark. Für dieses Verbrechen verurteilt am 27. Dezember 1985 das Baden-Badener Landgericht den ehemaligen FDP-Spitzenpolitiker, Pharma-Manager und promovierten Rechtsanwalt Hans-Otto Scholl, 52, zu acht Jahren Freiheitsstrafe.

Schon eine Woche nach der Tat war Scholl in seinem Haus in Ludwigshafen festgenommen worden. Während der Hauptverhandlung, die sich über fünf Monate erstreckte, versuchte Scholl, unterstützt von drei Verteidigern, das Belastungsmaterial zu entkräften. Vergeblich: Die beiden Überfall-Opfer erkannten ihn bei der Gegenüberstellung wieder. In einem Bank-Safe, den Scholl zur Jahreswende in Zürich angemietet hatte, fanden sich zwei Schmuckstücke aus dem Beute-Gut. Und schließlich stellte sich heraus, daß bei dem Überfall Scholls Revolver benutzt worden war. An der Patrone, die im Laden verschossen worden war, fanden Kriminaltechniker dieselben Spuren wie auf jenen Projektilen, die Scholl in seinem Garten bei der Jagd auf Maulwürfe abgefeuert hatte. Diese Patronen hatte die Polizei in wiederholter, aufwendiger Wühlarbeit sichergestellt, nachdem Scholl selber den Hinweis auf mögliche Fundorte gegeben hatte. Als Motiv für den dreisten Überfall kam nach Überzeugung des Gerichts nur eins in Frage – die verzweifelte finanzielle Lage des prominenten FDP-Mannes.

Seit er kein Übergangsgeld mehr als ehemaliger Landtagsabgeordneter in Rheinland-Pfalz erhielt und er die Stelle als Geschäftsführer des Bundesverbandes der Pharmazeutischen Industrie verloren hatte, verfügte Scholl nur noch über Einnahmen von 15000 Mark monatlich aus einem zeitlich befristeten Beratervertrag mit der Lufthansa. Doch dieser Betrag war eine Kleinigkeit gegenüber den Belastungen. Scholl zahlte zuletzt allein 28000 Mark Zinsen – im Monat. Da waren die Hypotheken für seine beiden Luxus-Villen: Verbindlichkeiten von 1,8 Millionen Mark. Da war ein Millionen-Kredit, den Scholl bei seinem Ausscheiden aus dem Pharma-Verband hatte aufnehmen müssen. Weil er nämlich eigenmächtig einen Teil der Industriegelder in Schmuck und Teppichen angelegt hatte, mußte er seinen Sessel räumen, die Waren übernehmen und mit dem Kredit ablösen.

War der Prozeß gegen Hans-Otto Scholl zuweilen zäh und undurchsichtig, so dauerte der Kassensturz nur zwei Stunden. Er enthüllte, daß der Angeklagte zum Zeitpunkt der Tat total pleite war. Noch wenige Tage zuvor hatte er bereits die Einnahmen aus seinem Lufthansa-Vertrag fürs erste Quartal 1985 abtreten müssen. Doch Scholl, so hielt ihm der Vorsitzende der Strafkammer in der Urteilsbegründung vor, „lebte weiter, als sei er ein Millionär. Für ihn war das Feinste im-

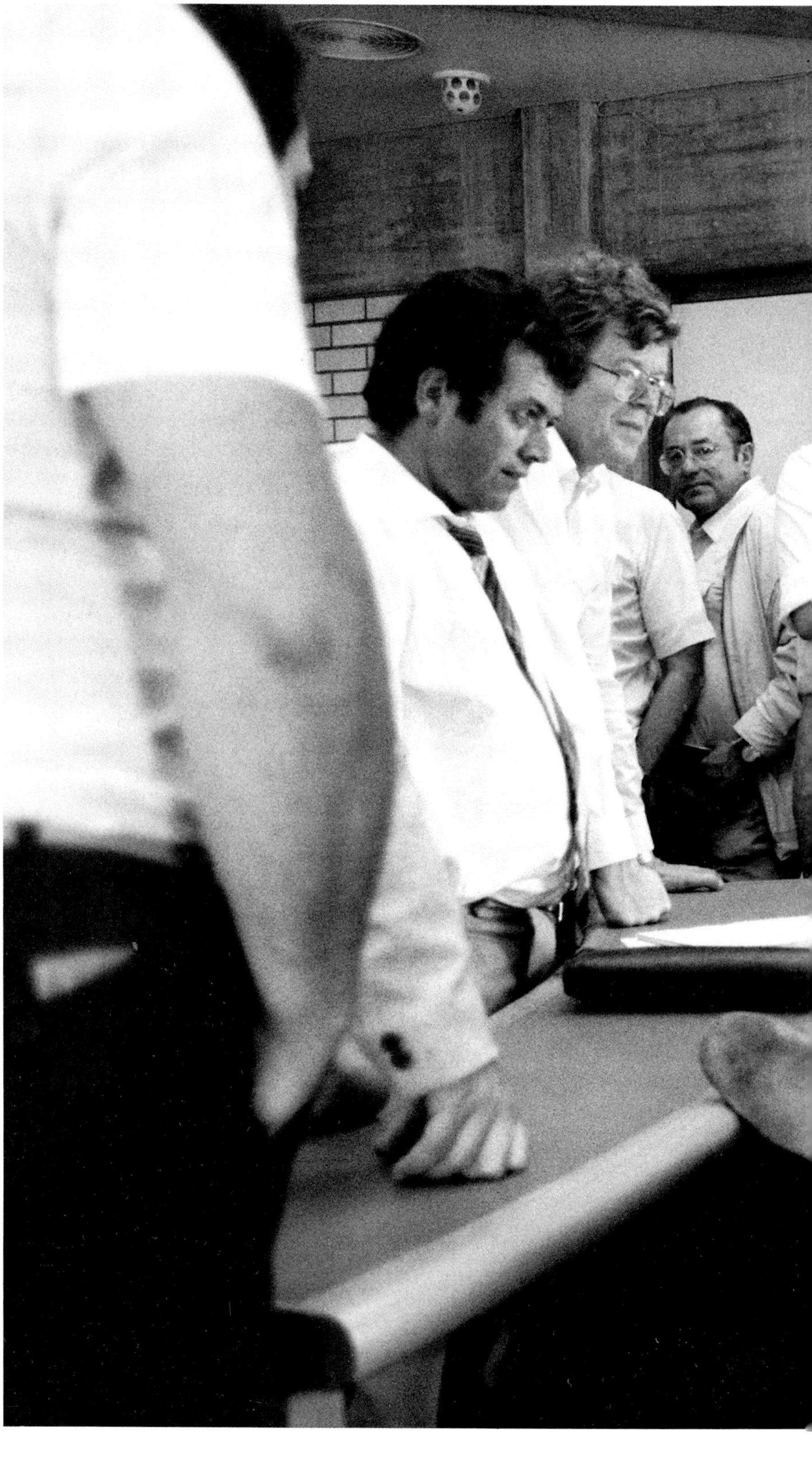

Mit äußerster Behutsamkeit hebt der französische Oberstleutnant Chevalier einen weinenden Säugling hoch, den ihm ein Angehöriger seines Rettungstrupps entgegenstreckt. Mehr als 100 Stunden war der zehn Tage alte Fidelio in der Kinderabteilung im vierten Stock des Zentralhospitals von Mexico-City verschüttet gewesen. Er lag zwischen den Beinen seiner toten Mutter. Da höchste Gefahr bestand, daß auch die Decke des darüberliegenden Stockwerks zusammenbrechen könnte, mußte sich die französische Hilfsmannschaft ohne Preßluftbohrer in zwanzigstündiger Arbeit zu dem Säugling durchbuddeln.

Die zweite Geburt des kleinen Fidelio

Um 13 Uhr 30 wandte sich Leutnant Bartoli vom französischen Erdbeben-Hilfstrupp mit Tränen in den Augen ab. Soeben hatte sein Chef, Oberstleutnant Chevalier, den zehn Tage alten Säugling Fidelio ans Tageslicht gehoben, der ihm von einem Helfer durch die geborstene Betondecke des Zentralhospitals von Mexico-City gereicht worden war. Fünf Tage war Fidelio unter den Trümmern der Kinderabteilung im vierten Stock lebendig begraben, geschützt vom Rahmen seines hochgebogenen Metallbetts und dem Körper seiner toten Mutter, der ein Balken das Becken zerschmettert hatte. Am Vorabend seiner Rettung hatte ein Helfer ein leises Wimmern gehört. Ein Ortungsgerät bestätigte, daß sich unter den Trümmern des Hospitals ein lebendes Wesen befinden mußte. Von der Betondecke des fünften Stocks aus grub sich der Rettungstrupp nach unten durch, ohne die Hilfe von Preßlufthämmern und schwerem Werkzeug, da akute Einsturzgefahr bestand. Die Mannschaft durchstieß die Decke zum vierten Stock und fand dort das Baby. Mit einem Stahlseil, das über einen Flaschenzug lief, bogen die Retter das Metallgestänge des Betts hoch, unter dem Fidelio wie in einem Käfig lag. Als nach zwanzig Stunden Arbeit der wimmernde Säugling auf dem Dach des zerstörten Krankenhauses zum zweiten Mal das Licht der Welt erblickte, klatschten die ergriffenen Retter Beifall. Und Leutnant Bartoli weinte. Schon 48 Stunden vorher – drei Tage nach dem Erdbeben – hatten Bergungstrupps aus einem anderen Krankenhaus von Mexico-City 58 Kleinkinder gerettet. Dort hatte sich die Decke der Baby-Station beim Einsturz so übereinandergeschoben, daß die Säuglinge wie unter einem Felsvorsprung überlebten. Durch Risse im Mauerwerk drang ausreichend Luft in ihr Betongefängnis. Als sie befreit wurden, lag fingerdicker Staub auf ihren Gesichtern.

Doch Wochen nach dem Beben lebten viele der damals geretteten Kinder noch in Zelten und notdürftigen Verschlägen, gehütet und versorgt von älteren Geschwistern, die anders als ihre Mütter die Erdbeben-Katastrophe überstanden hatten.

Die 90 Todes-Sekunden

Wie ein Kartenhaus ist der 13stöckige Wohnkomplex „Nuevo León" in sich zusammengestürzt. Über 1000 Menschen, die hier am Morgen des 19. September noch in den Betten lagen, verloren ihr Leben in den Trümmern. Die Rettungsmannschaften konnten nur noch wenige lebend bergen. Das schlimmste Erdbeben in der Geschichte von Mexico City forderte insgesamt mehr als 7000 Opfer. Die Katastrophe traf die mexikanische Hauptstadt ausgerechnet im Zentrum am härtesten. Dort stehen die Hochhäuser der Stadt seit jeher auf schwankendem Boden. Die spanischen Eroberer legten im 16. Jahrhundert den Texcoco-See trocken, in dem die Metropole Tenochtitlán der besiegten Azteken wie eine Insel schwamm. Auf weichem, unsicherem Terrain wuchs Mexico City, das heute 18 Millionen Einwohner zählt, zur größten Stadt der Welt heran. Stadtplaner und Architekten wußten um die Gefahren in dieser erdbebengefährdeten Zone. Trotzdem wurden beim Bau vieler Hochhäuser aus Fahrlässigkeit und Gründen der Kostenersparnis die nötigen Sicherheitsbestimmungen mißachtet.

Am Nerv getroffen

Ein eingestürztes Büro-Hochhaus versperrt die Straße Abraham Gonzalez. Die Regierungsbürokratie wurde von dem Beben am schwersten betroffen, weil die wichtigsten Abteilungen der Ministerien allesamt im Stadtzentrum konzentriert sind. Die Zivilgerichte blieben wochenlang funktionsunfähig. Tausende von Prozessen mußten mühsam erst wieder in Gang gebracht werden, weil die Akten in den Trümmern verlorengegangen waren. Da zudem ganze Kliniken in sich zusammenfielen, waren die verbliebenen Hospitäler zunächst kaum in der Lage, Zehntausende von Verletzten gleichzeitig zu versorgen. Unter dem Schock der Katastrophe verkündete die Regierung Maßnahmen zur Dezentralisierung. Jahrzehntelang hatte Mexico City wie ein Magnet die Industrie und Verwaltungsinstanzen des Landes an sich gezogen. So wuchs die Kluft zwischen der Hauptstadt und dem Rest des Landes, was den Zustrom von Menschen in den Wasserkopf noch verstärkte. Alle Bemühungen, das selbstmörderische Wachstum der Stadt zu stoppen, sind bislang stets gescheitert.

Flugschau in Wheat Ridge, einem Städtchen in Colorado, USA. Zum Abschluß der Veranstaltung bilden drei Fallschirmspringer einen „Stack".

Die Männer haben exakt auf den Schultern des jeweiligen Untermannes Fuß gefaßt. Aber eine Bö bringt die Formation am Himmel jäh ins Pendeln.

Die Schirme fallen zusammen, fangen an, sich zu drehen und verlieren ihre Tragkraft. Die Fallgeschwindigkeit der drei Springer erhöht sich gefährlich.

Menschen stapelweise

Neue Variation zum Thema Fallschirmspringen: Mehrere Sportler bilden einen „Stack" (Stapel), wobei einer auf den Schultern des anderen steht. Dieser Sport ist nur möglich mit modernen, steuerbaren Schirmen und mit Springern, die sich aufs Manövrieren in der Luft verstehen. Die Hochleistungsschirme, meist an ihrer eckigen Form zu erkennen und nicht billig, haben seitlich zwei Steuerleinen, mit denen der Springer die Luftströmung unter der Schirmkappe beeinflussen und so das ganze Gefährt manövrieren kann – beschleunigen, bremsen, kurven. Ziel der Übung ist es gewöhnlich, aus möglichst vielen Springern einen „Stack" aufzubauen. Formationen mit mehr als 20 Menschen sind schon gebildet worden. Wichtig ist bei dieser Art Formationsflug, daß jeder seine abgesprochene Position ansteuert, ohne dem Schirm des Nachbarn allzu nahe zu kommen. Denn ein Fallschirm in der Luft bezieht seine Stabilität aus der Anströmung des Fahrtwindes. Wird die Strömung gestört, besteht die Gefahr, daß die Kappe zusammenfällt und ihren Auftrieb verliert – dann fällt der Kamerad wie ein Stein zu Boden. Zwar trägt jeder Springer außer dem Hauptschirm noch einen Reserveschirm. Doch darauf ist nicht immer Verlaß, wie diese Bilder zeigen.

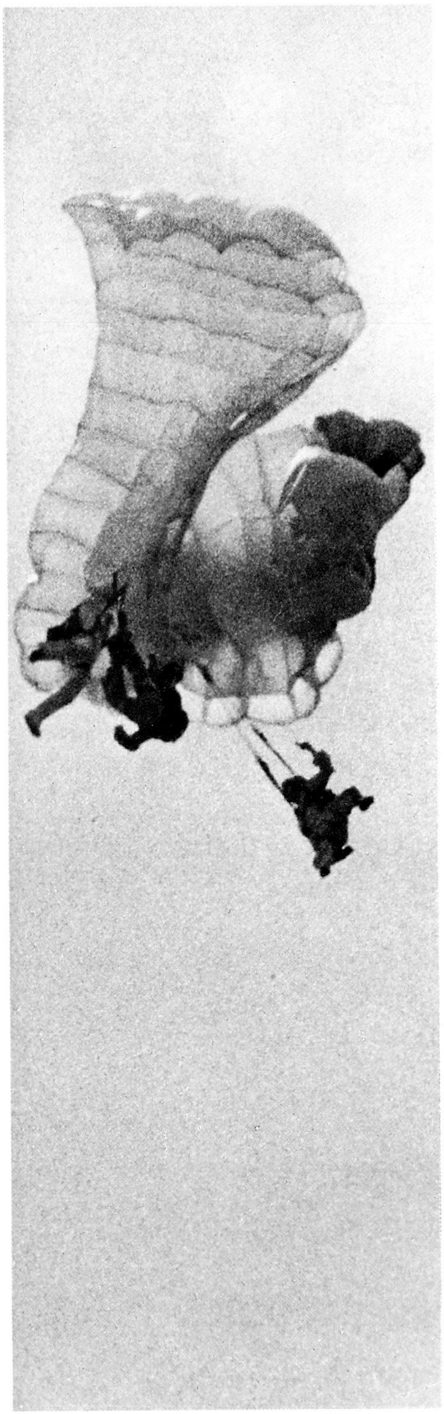

Der untere der drei Springer zieht sein Messer und schneidet sich von dem abstürzenden Knäuel los.

Der Rettungsschirm entfaltet sich nicht mehr.

Alle drei Männer sterben beim Aufprall.

Hungerhilfe aus der Luft

Auf sportliche Art sammelten englische Fallschirmspringer im August Spenden für die Hungerhilfe in Äthiopien. Sie schlossen sich einem Wohltätigkeitskonzert an und unternahmen einen Angriff auf den Stack-Weltrekord. 26 Mitglieder des angesehenen „Royal Marine Freefall Parachute Team" sprangen aus dem Flugzeug. Als 20 Springer aufeinander standen, mußten sie den Versuch abbrechen, weil sie sich dem Erdboden bedenklich genähert hatten. Einer der Springer hatte eine Kamera an seinem Schutzhelm befestigt – so entstand das Foto rechts. Tags darauf, im zweiten Anlauf, gelang den Königlichen Freifall-Springern eine Formation mit 23 Menschen (Foto oben). Damit war der Weltrekord eingestellt, den bis dahin die Amerikaner hielten. In Europa hatten die Franzosen mit 22 Menschen geführt. Die Stack-Springerei ist ein teurer Sport, weil eine so große Zahl von Teilnehmern ein geräumiges Flugzeug benötigt, das in große Flughöhe steigen muß. Außerdem muß die Maschine für den Flug mit offener Tür zugelassen sein. Diese Bedingung wird am ehesten von Militär-Transportern erfüllt, weshalb dieser Sport in der Umgebung von Kasernen besonders gut gedeiht.

Da muß man sich einfach hinlegen, da kann man nicht kalt und herzlos sein, wenn Professor Brinkmann und sein Team mit frischbezogenen Betten, viel Gefühl und Sachverstand auf Patienten warten. Von links nach rechts: Eva Maria Bauer als Oberschwester Hildegard, Alf Marholm als Verwaltungsdirektor Mühlmann, Gaby Fischer als Schwester Ina, Franz Rudnick als Dr. Wolter, Ilona Grübel als Dr. Katarina Gessner, Klausjürgen Wussow als der Chef, Gaby Dohm als Ehefrau Dr. Christa Brinkmann, Sascha Hehn als Sohn Dr. Udo Brinkmann, Tochter Barbara Wussow als Schwester Elke.

Für die vielen Fans, die an der Schwarzwaldklinik vorbeipilgern, ist Kranksein neuerdings eine Wonne.

Herzensbrecher, Schmerzensbrecher

Dies war das Jahr der Fernsehserien. Ob Melodram in Mull („Die Schwarzwaldklinik"), Sexspektakel in Soutane („Die Dornenvögel"), Moritaten im Mietshaus („Lindenstraße") oder Eigenheim („Die Drombuschs") – in deutschen Stuben flossen Tränen am laufenden Band.

Tränen des Glücks konnte sich vor allem Schwarzwaldklinik-Produzent Wolfgang Rademann aus den Augen wischen. Die Rührmischung „Götter in Weiß in heiler Kuckucksuhren-Provinz" schlug alle Einschaltrekorde. Seit dem 22. Oktober haben Fußball, Tatort, Wetten, daß . . . das Nachsehen. An diesem denkwürdigen Abend erklomm Chefarzt Dr. Brinkmann die Kommandobrücke dieses Traumschiffs auf Krankenschein, bereit, es 23 Folgen lang durch alle menschlichen und medizinischen Klippen zu schippern, die das Leben nun mal so mit sich bringt. Das Fernsehvolk dankte es ihm mit dem Spitzenplatz auf der TV-Hitliste. Zwischen 25 und 28 Millionen Zuschauer nuckelten fortan an dieser Kinderstunde für Erwachsene. Was macht's, wenn griesgrämige Kritiker von Volksverblödung für zehn Millionen Mark Produktionskosten redeten und Skandalnudel-Arzt Julius Hackethal vor derartigen Doktorspielen eigenwerbungsträchtig warnte: „Die Serie ist gefährlich." Bei soviel Herz und Schmerz und Kuß und Stuß war der TV-Hospitalismus nicht zu bremsen.

Wer den Kanal noch immer nicht voll hatte, konnte das Buch zur Serie, die Platte zur Serie und die Puppe zur Serie erwerben, die Arzt-Haushälterin Käti heimelig in ihren knappen Mußestunden so vor sich hinstrickte.

Selbst Chefmedikus-Darsteller Klausjürgen Wussow tauschte Skalpell mit Schreibmaschine, um dem Zuschauer „Mein Leben als Dr. Brinkmann" literarisch nahezubringen. Von dem Taschenbuch wurden auf Anhieb 100000 Exemplare verkauft.

Und dann ist da noch das Glottertal, das zum Wallfahrtsort des Jahres 1985 aufgestiegen war. Die Pilger suchten diesmal keine frommen Frauen oder heilende Wässerchen, die von Siechtum und Gebrechen befreien sollten. Kirschwasser und Schwarzwälder Kirschtorte taten es auch.

Ziel der Anbetung war die Kurklinik Glotterbad der Landesversicherungsanstalt Württemberg, die Hauptdarstellerin der Serie. Mit Bus und Bähnle kamen die Fans angesaust. Auch wenn Verwaltungschef Ulrich Radtke vor soviel Rummel die Tore seiner Klinik verrammelte, blieb ja da noch der Baum zu betätscheln, unter dem Professor Brinkmann erstmals seiner Schwester Christa in die Augen blickte, oder die Bank, auf der Krankenpfleger Mischa die schwangere Schülerin tröstete. Wer weiß, wenn man nur lange genug wartete, vielleicht träten die Schmerzensbrecher doch vor die Pforte. Chefarzt-Sohn Udo käme im Cabrio angebrummt.

Nur samstags leerte sich das Tal frühzeitig. Husch, husch, zurück zur Glotze. Mal sehen, wie's in der Schwarzwaldklinik wirklich zuging.

Die Schauspieler aber waren schon am Kofferpacken. Die Dreharbeiten zur „Traumschiff"-Serie, zweiter Teil, begannen. Und weil Karibik-Luxusreisen selbst Fernsehgrößen locken, werden sie sich alle wiedertreffen: die Schwarzwäldler' die Drombuschs . . . Zum Kitsch in Serie.

In einem Meer der Tränen versanken die Fernsehzuschauer in den letzten Oktoberwochen: im ZDF „Die Schwarzwaldklinik", im ARD „Die Dornenvögel", das Priester- und Schafzuchtsdrama aus Australien. Das ewig unerfüllte Glück von Pater Ralph (Richard Chamberlain) und Maggie (Rachel Ward) war zum Schaudern schön.

Schwarzwald-Löwe

Für Folge 14 der gediegenen „Schwarzwaldklinik" hatten sich die Serien-Fabrikanten was Exotisches ausgedacht: Ein leibhaftiger Löwe sollte auftreten. Geplante Szene: Der drei Jahre alte Löwe „Ken" soll in aller Ruhe über den romantischen Marktplatz des Schwarzwaldorts Löffingen trotten. Macht er auch. Kommt genau auf seinen mit ausgestreckten Armen am Boden

knienden Trainer Joe Bodemann zu. Und wie es im Buch steht, rennen die Komparsen schreiend davon: „Hilfe, der Löwe ist los!" Der film- und fernseherfahrene Ken nimmt das ganze Theater so gelassen hin, daß Regisseur Hans-Jürgen Tögel seinen langmähnigen Darsteller lobt: „Hat ja prima geklappt", sagt er und tätschelt den großen Gelben. Ken revanchiert sich und legt Tögel spielerisch eine Pranke auf den Fuß. Die plötzliche Annäherung der Raubkatze irritiert jedoch den Regisseur, und er zieht hastig den Fuß unter der Tatze seines Dreieinhalb-Zentner-Stars weg. Diese abrupte Bewegung faßt Ken wiederum als Affront auf und reagiert artgemäß: Er beißt Tögel ins Bein. Dompteur Bodemann stürzt hinzu, beruhigt seinen Liebling und zieht ihn weg. Regisseur Tögel (Tierkreiszeichen: Löwe) wird in das Münchner Klinikum Großhadern eingeliefert. In vier Operationen muß die zerfetzte Haut durch Transplantationen ersetzt werden. Nach drei Wochen können die Dreharbeiten weitergehen. Der Regisseur sitzt im Rollstuhl – nun aber gut bewacht. Bei jeder Löwennummer rücken bewaffnete Polizisten an.

Amerikas neuer Held

Der Krieg in Vietnam war gerade zehn Jahre vorbei, da kam im Juni in den USA ein Film heraus, dessen Held die Schlacht in Indochina noch einmal schlug – und diesmal gewann. „Rambo" mit Sylvester Stallone in der Titelrolle erzählt von dem Kommandounternehmen eines Einzelkämpfers, der noch einmal in den Dschungel Vietnams geschickt wird, um dort nach angeblich immer noch festgehaltenen Kameraden zu forschen. Kampfmaschine Rambo schießt, sticht und sprengt mit unbewegter Miene ein halbes Hundert Feinde aus dem Weg und findet schließlich tatsächlich ein Dutzend gefangener GI's. Doch als er sie befreien will, wird sein Auftrag von CIA-Bürokraten sabotiert, die Anweisung haben, kein Lebenszeichen der Soldaten an die Öffentlichkeit dringen zu lassen – so lange nach Ende des Krieges wäre der Schock in der Bevölkerung zu groß. Die Film-Botschaft ist überdeutlich: Wie einst im Krieg kämpfen die Soldaten tapfer an der Front, werden aber von ihren eigenen Vorgesetzten im Stich gelassen.
Wo der Film in den USA auf dem Programm stand, herrschte eine Stimmung wie beim Catchen. Unter den johlenden Zuschauern waren viele, die einst mitgekämpft hatten in Vietnam. Ein Veteran: „Zu jubeln, wenn Rambo die halbe vietnamesische Armee wegpustet, mag kindisch sein. Aber es ist für uns eine große Genugtuung zu sehen, daß Rambo dort siegt, wo es uns verboten war zu siegen."

„Rambo" lief im Sommer noch in den amerikanischen Kinos, da wurde dort schon für das nächste Spektakel mit Sylvester Stallone geworben. „Rocky IV" wurde mit der Parole angekündigt: „Bereitet Euch auf den Dritten Weltkrieg vor." In dem Film, der im Dezember prompt Millionen einspielte, mißt Boxer Rocky Balboa seine Kräfte mit einem russischen 240-Pfund-Riesen. Drago (Dolph Lundgren) spricht stockend, als sei er ein ferngesteuerter Roboter, und sieht aus, als habe man ihm seine Muskelpakete in Gen-Farmen herangezüchtet. Der Russe schlägt in einem Schaukampf Rockys schwarzen Freund Apollo Creed zusammen. Der stirbt noch im Ring, worauf unser Held Rache schwört, nach Moskau fährt und Drago in einem Rückkampf unter den Augen des versammelten Politbüros und eines Gorbatschow-Doubles zu Brei haut. Zum Finale erhebt Rocky, eingewickelt in eine amerikanische Fahne, die stählerne Faust und spricht Worte des Friedens: Wie schön es doch sei, daß zwei Boxer den Kampf zwischen Rußland und Amerika ausgetragen hätten und nicht die Armeen beider Staaten. Und das Publikum in den US-Kinos röhrt dazu aus vollen Kehlen: „Rocky! Rocky! Rocky!" Fortsetzung folgt.

Tödlicher Rückenwind

Es war ein ganz normaler Anflug. Die Lockheed Tristar kam am 2. August mit 163 Menschen an Bord aus Florida und sollte in Dallas landen. Kapitän Edward Connors hatte Anweisung erhalten, seine Fahrt auf 280 Kilometer pro Stunde zu vermindern. „Sind hier im Regen", meldete er sich lakonisch beim Tower an, „fühlen uns gut." Einer der Lotsen sah die dreimotorige Lockheed-Maschine aus einem Regenschauer auftauchen. „Sie schien genau auf die Landebahn ausgerichtet zu sein", berichtete er. Doch plötzlich verlor die 170 Tonnen schwere Tristar rapide an Höhe und krachte einen halben Kilometer vor der Bahn auf den Erdboden. Sie walzte ein vorüberfahrendes Auto nieder und brach in Stücke, als sie mit einem Wasserturm kollidierte. Nur 31 Insassen konnten sich aus den brennenden Trümmern retten.

Eine „Windscherung" hatte die Maschine zum Absturz gebracht – eine plötzliche Änderung der Windrichtung, die nur örtlich begrenzt auftritt und deshalb schwer zu messen ist. Piloten landen stets gegen den Wind, weil Gegenwind die für den Auftrieb nützliche „Luft-Geschwindigkeit" des Flugzeugs vergrößert. Wenn der Wind plötzlich von hinten kommt, verringert sich diese „Luft-Geschwindigkeit" dramatisch. Sinkt sie unter die Mindestgeschwindigkeit, bricht der Auftrieb gänzlich zusammen – das Flugzeug stürzt ab. Windscherungen haben seit 1970 allein in den USA 15 Zwischenfälle verursacht, sechs davon mit Todesopfern.

Montagefehler im Druckschott

Die Helfer benötigten Tage, um eine provisorische Straße zum Absturzort zu planieren. Dann kämmten Unfall-Experten die Trümmer systematisch durch und fanden das geborstene Druckschott, die Ursache für den Absturz. Eine Kleinigkeit hatte zum Bruch geführt: Bei einer früheren Reparatur des Druckschotts im Jahr 1978 hatten Boeing-Monteure statt eines durchgehenden Verstärkungsblechs, wie es Vorschrift ist, zwei einzelne Bleche eingenietet. Damit war die Festigkeit des hochbelasteten Schotts verhängnisvoll geschwächt.

Rettungsmannschaften, die erst 14 Stunden nach dem Absturz in die unwegsamen Berge westlich von Tokio vordrangen, fanden noch vier Überlebende vor. Die zwölfjährige Keiko Kawakami war von umgerissenen Bäumen eingeklemmt, aber kaum verletzt. Einer der Feuerwehrmänner nahm sie einfach in die Arme und ließ sich mit seiner Last zum schwebenden Hubschrauber emporziehen.

Jumbo-Jet platzte wie ein Luftballon

Für Menschen ist die Stratosphäre eine äußerst lebensfeindliche Umgebung: Die Luft ist zu dünn zum Atmen und kälter als am Nordpol. Passagiere spüren davon im Flugzeug nichts, weil die Motoren ihre Kabine aufpumpen wie einen Ballon – mit nahezu dem gewohnten Luftdruck und mit behaglicher Temperatur. Doch wehe, wenn der Ballon unversehens platzt! Was dann mit dem Flugzeug geschieht, wagen nicht einmal seine Konstrukteure vorauszusagen.

Genau dieser Fall ereignete sich am 12. August über der japanischen Hauptinsel Honschu. An einer Boeing 747 der „Japan Air Lines" platzte das hintere Druckschott – eine kreisrunde Aluminiumwand von fünf Meter Durchmesser, die den aufgepumpten Passagierraum nach hinten abschließt. Die schlagartig entweichende Kabinenluft fetzte das Leitwerk auseinander und zerriß die vier Leitungen für das Hydraulik-Öl, das die zimmergroßen Ruder der Maschine bewegt. Das Öl lief aus, und zwei Minuten nach dem Knall stellte Kapitän Masami Takahama entsetzt fest: „Alle Hydraulik-Kreise versagen" (so zeichnete es der „Voice Recorder" automatisch auf). Ohne hydraulische Hilfen aber ist ein 350-Tonnen-Flugzeug so wenig zu steuern wie ein Ozeandampfer. Die Maschine torkelte noch 30 Minuten über die Berge westlich von Tokio – dann prallte sie gegen den 1600 Meter hohen Berg Osutaka. Nur vier der 524 Insassen überlebten.

Es war einer der schlimmsten Unfälle der Zivilluftfahrt, nur noch übertroffen von der Kollision zweier Jumbo-Jets auf der Startbahn von Teneriffa im März 1977 (582 Tote). Doch es war keineswegs der erste „Berst-Unfall" in der Luftfahrt. „Druckbelüftete Flugzeuge sollten so konstruiert sein, daß ihre Basis-Struktur im Fall eines plötzlichen Druckverlusts auf keinen Fall beschädigt wird", forderte der englische Unfall-Experte Bill Tench schon vor zehn Jahren in seinem Buch „Safety is no Accident". Diese Forderung wurde bis heute nicht verwirklicht. Die Herstellerfirma Boeing reagierte auf die Katastrophe in Japan mit der schlichten Anweisung, die Fluggesellschaften sollten gebrochene Nieten am hinteren Druckschott ihrer Jumbos beizeiten auswechseln, damit das Schott weniger leicht platzen kann.

Wer war das?

Kapitän zur See Eugene Tucker hatte sich am Abend des 11. April gerade in seinen Salon zurückgezogen. Die Maschinen seines Flugzeugträgers, nagelneue Jagdbomber vom Typ F-18 „Hornet", waren gegen 19 Uhr zu einem Übungsflug gestartet. Bis zu ihrer Rückkehr erwartete Tucker eine besinnliche Stunde auf seinem 63000-Tonnen-Träger „Coral Sea". In dieser Zeit gedachte der Kommandant eine Dusche zu nehmen. Doch es kam anders. Kaum stand Tucker unter der Brause, da krachte es im Vorschiff. Als er auf die Brücke hastete, war es schon zu spät. Sein 300 Meter langes Schiff war 70 Kilometer südlich von Kuba mit einem südamerikanischen Tanker namens „Napo" kollidiert. Der Schaden sah schlimmer aus, als er wirklich war: Das Vorschiff ist von vornherein als „Knautschzone" vorgesehen und enthält keine wichtigen Einrichtungen. Doch die Reparatur des Blechschadens wurde teuer: 30 Millionen Mark und sechs Wochen Werftliegezeit. Eine überzeugende Erklärung dafür, daß sich zwei einsame Schiffe auf hoher See bei elf Kilometer Sichtweite in die Quere kamen, konnte keiner der Beteiligten liefern. Kapitän Tucker wurde sofort abgelöst und auf einen Land-Posten versetzt. Alte Regel bei der Navy: Der Kommandant trägt für alles, was auf seinem Schiff schiefgeht, persönlich die Verantwortung – egal ob er auf der Brücke oder unter der Dusche steht.

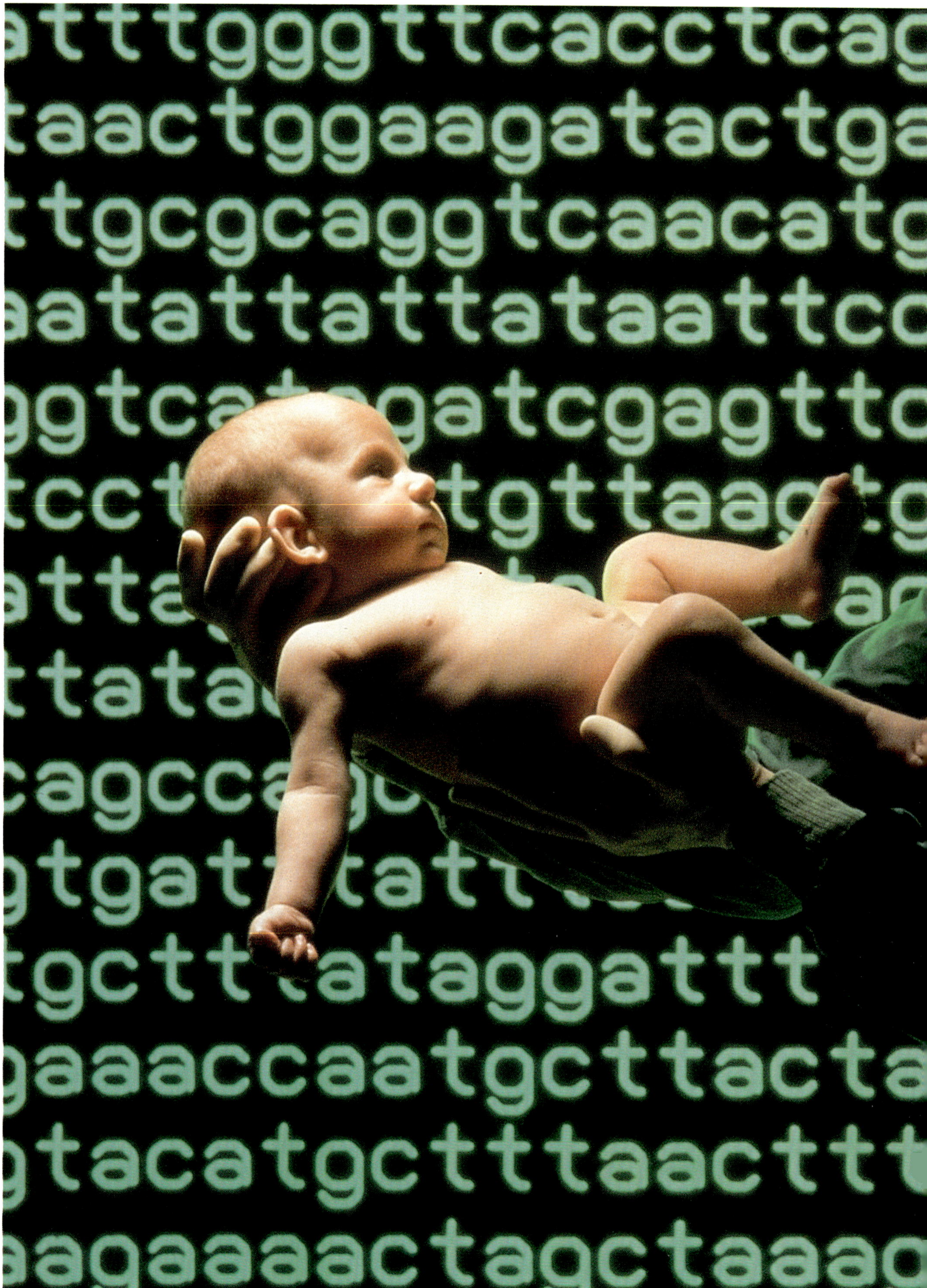

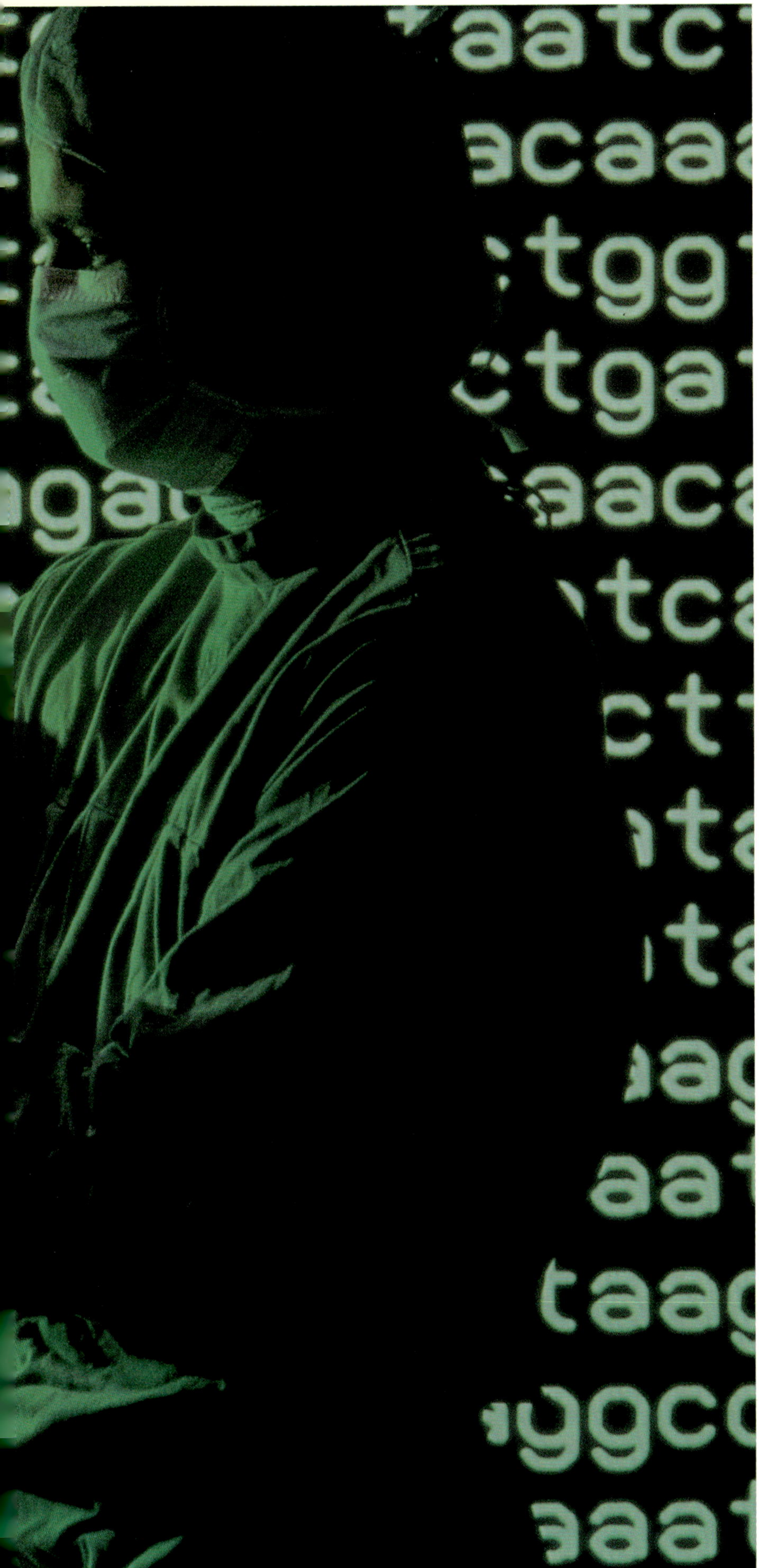

Tabuzonen für Bio-Ingenieure

Die Erschaffung von Zwitterwesen, halb Mensch, halb Tier, sollte der Gesetzgeber unter Strafe stellen. Auch das „Klonen" von Menschen, also die Herstellung genetisch identischer Mehrlinge, müßte nach dem Willen einer von der Bundesregierung eingesetzten Expertenkommission verboten werden. Unter dem Vorsitz von Professor Ernst Benda, vormals Präsident des Bundesverfassungsgerichts, hatte das Gremium aus Medizinern, Biologen, Juristen und Theologen Vorschläge erarbeiten sollen, welche rechtlichen Grenzen den stürmischen Fortschritten der Biotechnologie gesetzt werden müssen.

Keine grundsätzlichen Einwände erhoben die Fachleute gegen die „Genom-Analyse". Deren Ziel ist es, die gesamten Erbanlagen eines Menschen – sein Genom – entschlüsseln zu lernen und dabei Fehler oder Abweichungen von der Norm zu identifizieren. Dieses Wissen läßt sich nutzen, um Erbkrankheiten frühzeitig zu diagnostizieren. Es eröffnet aber auch die Gefahr, daß Firmenchefs sich eines Tages versucht fühlen könnten, Arbeitsuchende vor der Einstellung genetisch testen zu lassen. Die Kommission fordert deshalb, daß Genom-Analysen freiwillig sein müssen und niemanden beruflich benachteiligen dürfen.

Auch gegen das Projekt der Gentechniker, Erbleiden durch die Reparatur genetischer Fehler heilen zu wollen, äußerte das 19köpfige Gremium keine generellen Bedenken. Voraussetzung ist allerdings, daß Manipulationen am Erbprogramm nicht an die Nachkommen vererbt werden. Deshalb muß bei einer „Gentherapie" sichergestellt sein, daß an den Keimzellen – also den Eiern bei der Frau und dem Samen beim Mann – nichts verändert wird.

Die Erbanlagen des Menschen sind in einer speziellen Aneinanderreihung von vier chemischen Substanzen verschlüsselt, kurz A, C, T und G genannt. Die Wissenschaftler lernen gerade, „Schreibfehler" in dieser Folge zu erkennen und damit schon bei Babys angeborene Krankheitsrisiken zu diagnostizieren. Nächstes Ziel ist die Heilung von Erbleiden, indem die dafür verantwortlichen Schreibfehler korriert werden.

Am 10. Juli wurde die „Rainbow Warrior" im Hafen von Auckland von zwei Explosionen erschüttert und auf Grund gesetzt. Die neuseeländische Polizei verhaftete ein mit gefälschten Schweizer Pässen reisendes Ehepaar. Das „Ehepaar" wurde als Team des französischen Geheimdienstes enttarnt: Major Alain Mafart (oberes Bild) und der weibliche Hauptmann Dominique Prieur (unten). Mafart war als Kampfschwimmer in dem Ausbildungszentrum Aspretto auf Korsika geschult worden. Neuseelands Premier David Lange nannte den Anschlag einen gemeinen „Akt von Staatsterrorismus".

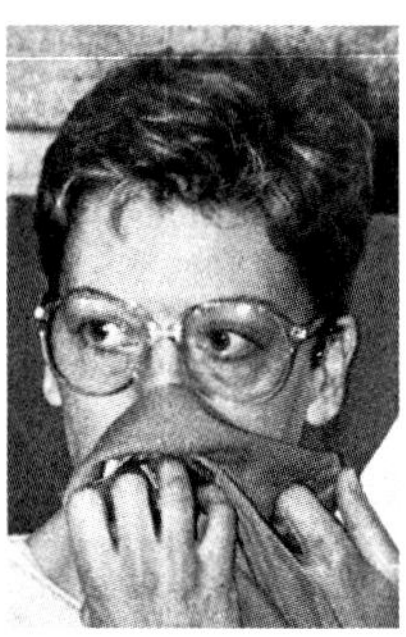

Der Befehl kam aus dem Schwimmbad

Kurz vor Mitternacht erschütterten am 10. Juli zwei Detonationen die „Rainbow Warrior" im Hafen von Auckland, einer Hafenstadt Neuseelands. Das Schiff der Umweltorganisation „Greenpeace" wurde versenkt, ein Fotograf kam dabei ums Leben. Was zunächst nur ein vager Verdacht war, bestätigte sich in den folgenden Wochen und Monaten: Der Befehl für den Anschlag auf die Umweltschützer kam aus dem Hauptquartier des französischen Geheimdienstes, das den Spitznamen „Schwimmbad" trägt.
Mit dem brutalen Vorgehen gegen die Umweltschützer von Greenpeace wollte Paris jede Störung seiner ehrgeizigen Atomtestpläne verhindern. Frankreich führt seinen Seekrieg mit Greenpeace nicht erst, seitdem Mitterrand am Ruder ist. Bereits 1973 – damals hieß der Hausherr im Elysée-Palast Georges Pompidou – gab es die Anweisung: „Ausschaltung der Atomtest-Gegner im Südpazifik." Bereits 1960, als Algerien noch französisch war, zündete Paris die erste Plutonium-Bombe in der Sahara. Später verzogen sich die Bombenbauer in den Südpazifik, zum Mururoa-Atoll und der 40 Kilometer davon entfernten Koralleninsel Fangataufa. Die überirdischen Versuche stellte man erst 1975 ein, nachdem Australien und Neuseeland den Internationalen Gerichtshof in Den Haag angerufen hatten. Aber auch die 70 unterirdischen Explosionen der vergangenen zehn Jahre brachten der gesamten Region die Gefahr einer atomaren Verseuchung. Kein Wunder also, daß die Anrainerstaaten Neuseeland und Australien gegen die französische Atompräsenz im Südpazifik Sturm laufen. Auf dem Testprogramm im letzten Sommer stand die Neutronenwaffe. Schon seit 1978 arbeiten französische Wissenschaftler an ihrer Entwicklung. Im Oktober 1982 erklärte Mitterrand: „Ich habe Anweisung gegeben, die Studien weiterzuführen, um uns in die Lage zu verset-

zen, die Bombe sofort zu bauen." Seitdem experimentierten die Militärs mit „miniaturisierten" Sprengköpfen, mit der die Kurzstreckenrakete „Hades" ausgerüstet werden soll. Sie soll ab 1992 eingeführt werden. Gegen diese Versuche wollten die Greenpeace-Leute mit einer Friedens-Flottille protestieren, zu der auch die „Rainbow Warrior" gehören sollte.

Der Anschlag auf das Greenpeace-Schiff löste in Frankreich eine Staatskrise aus. Die Kommunisten sprachen offen von „Staatsterrorismus", von Parallelen zwischen CIA-Minen vor den Küsten Nicaraguas und den Geheimdienstbomben im neuseeländischen Hafen. Gaullisten und Rechts-Liberale beklagten Vaterlandsbeschmutzung und Verunglimpfung patriotischer Geheimagenten. Verteidigungsminister Charles Hernu mußte zurücktreten, Admiral Pierre Lacoste, Chef des Geheimdienstes, wurde gefeuert. Auch Premierminister Fabius geriet in das Kreuzfeuer der Kritik. Bis heute ist nicht geklärt, welcher Politiker für den Befehl zum Anschlag auf die „Rainbow Warrior" verantwortlich war. Obwohl François Mitterrand beteuerte, vom Anschlag in Auckland nichts gewußt zu haben, wurde der sozialistische Staatspräsident zum eigentlichen Verlierer in der „Rainbow Warrior-Affäre". Mitterrand sieht sich heute unter einem besonderen Erfolgszwang angesichts der Tatsache, daß die USA und die UdSSR ein Wettrüsten im All vorbereiten und die Atommacht Frankreich immer mehr ins Hintertreffen gerät. Nun ließ sich die sozialistische Regierung Frankreichs vom politischen Winzling Greenpeace zu einer skandalösen Überreaktion provozieren. Ergebnis: Der Druck der pazifischen Anrainerstaaten und von Umweltschützern in aller Welt gegen die französischen Atomversuche nimmt weiter zu. Neuseelands Ministerpräsident, der Sozialdemokrat David Lange, forderte gar, daß Frankreich seine Atomtests ins eigene Land verlege. So hat Greenpeace eine Schlacht gegen den großen Strategen Mitterrand gewonnen, der auch innenpolitisch an Statur verloren hat.

Frankreichs Atom-U-Boote, wie die L'Invincible (links) sind das Rückgrat der „Force de frappe" und Mitterrands ganzer Stolz. Verteidigungsminister Charles Hernu nahm die politische Verantwortung für die „Rainbow Warrior"-Affäre auf sich. Um die Ungefährlichkeit der französischen Atom-Tests im Pazifik zu beweisen, hatte er in der Lagune des Mururoa-Atolls (rechts) gebadet.

Der Mann mit der Zigarre

Der Geiselnehmer kam in den Gerichtssaal. Am 19. Dezember mußten sich der vorbestrafte Installateur Georges Courtois und sein Komplize Patrick Thiolet wegen eines Raubüberfalls verantworten. Plötzlich stürmte ein bewaffneter Mann in den Gerichtssaal, der später als der Marokkaner Abdel Khalki identifiziert wurde. Er war vom selben Gericht, das er nun überfallen hatte, zu fünf Jahren Haft verurteilt worden. Im Gefängnis hatte er Courtois kennengelernt – und wollte ihn nun befreien. Khalki warf Courtois einen Revolver zu. Wenig später waren fünf Polizisten entwaffnet. Die drei Gangster hatten nun mindestens 30 Geiseln in ihrer Gewalt. Courtois rauchte eine Zigarre und bedrohte mit seiner Pistole die Geschworenen: „Sehen Sie, damit schießt man in den Kopf, und dann gibt es keinen Kopf mehr, sondern nur noch die Schultern." Die Szene wurde vom nationalen Fernsehen übertragen – auf Drängen der Geiselnehmer, die ganz offensichtlich die Situation genossen. In der Zwischenzeit hatte Kommissar Broussard mit einer Spezialeinheit das Gebäude umstellt. Nach und nach wurden bis auf drei Richter und einen Staatsanwalt alle Geiseln freigelassen. Am Nachmittag des nächsten Tages verließen die Kidnapper das Gericht und fuhren zum Flughafen von Nantes. Am Abend gaben sie auf, als sie erleben mußten, daß die Polizei keine weitere ihrer Forderungen erfüllen würde.

Georges Courtois hatte eine Geisel mit Handschellen an sich gefesselt. In jeder Hand hielt er eine Pistole. Er schoß auf die Polizisten und Journalisten, die in etwa 100 Meter Entfernung standen. Dabei traf er die Kamera eines Fernseh-Reporters.

Verfolgt von einer Spezialeinheit der französischen Polizei erreichten die Kidnapper den Flughafen von Nantes. Zu diesem Zeitpunkt hatten sie noch vier Geiseln in ihrer Gewalt. Den Wagen parkten sie am Ende einer Rollbahn auf dem Flughafen. Wenige Stunden später gaben die Gangster nach Verhandlungen mit der Polizei widerstandslos auf und ließen sich entwaffnen und festnehmen.

Aus Sand gebaut

Am Strand von San Diego an der kalifornischen Pazifikküste hatten sich einige hundert Leute versammelt. Sie wollten Weltmeister werden. Ihre Disziplin: Sandbildhauerei. Nach vier Tagen hatten sie es geschafft. Ein Dornröschen-Schloß nach der Vorlage von Walt Disney stand am Strand, komplett aus Sand. Die Technik war einfach. Aus Schalbrettern wurden die Formen gezimmert, mit Sand und Wasser aufgefüllt, dann die Mischung so verdichtet, daß die Bretter wieder abgenommen werden konnten. Anschließend ging es an die Feinheiten, die natürlich mit der bloßen Hand geformt wurden. Der Weltrekord war den Schauflern sicher. Die Maße des Riesenspielzeugs: Zehn Meter Höhe, über 40 Meter Länge und Breite – bevor es vom Winde verweht wurde.

Hatz mit Hund und Honda

Wie jedes Jahr hatten die Jäger von Chackmore die Bauern der Gegend zu einem Bier in die Kneipe eingeladen. Wie in jedem Jahr sollten die Einzelheiten der anstehenden Fuchsjagd besprochen werden. Denn um diese wichtige Veranstaltung durchführen zu können, brauchen die Weidmänner das Einverständnis der Landmänner, über deren Felder und Grundstücke die wilde Jagd gehen soll. Doch in diesem Jahr verlief das gewohnte Meeting in Chackmore in der englischen Grafschaft Bucking

hamshire anders als sonst. Die Farmer Smith und Wheeler überraschten die Runde mit einem Gegenvorschlag. Statt der üblichen Hatz mit Pferden, die jedesmal ganz erheblichen Flurschaden anrichten, sollten die Herrschaften diesmal mit kleinen Traktoren dem Fuchs auf den Fersen bleiben. Diese Honda-Trekker, mit denen die Bauern sonst zum Spritzen in die Felder fahren, haben ein geringes Gewicht und breite Reifen, so daß der Boden geschont wird. Die versammelten Farmer und Jäger waren einverstanden und beschlossen, die Sache zu einer Wohltätigkeitsveranstaltung umzufunktionieren. Als der große Jagdtag schließlich gekommen war und Huntsman John Thornton das Zeichen gab, setzten sich 43 Hondas und 50 Hunde in Bewegung.

Barfuß auf heißen Kohlen

Die Männer und Frauen ziehen Schuhe und Strümpfe aus, krempeln Hosen oder Kleider hoch und laufen über eine heiße Bodenfläche. Die rotglühenden Kohlen würden ausreichen, um einen Ochsen zu grillen. Das neue Gesellschaftsspiel in Amerika heißt „Feuerlaufen". Läufer, die ihre Feuerprobe im April '85 im kalifornischen Del Mar hinter sich brachten, beschrieben ihre Eindrücke so: „Es knirscht, als wenn man im Hochsommer über sehr heißen Sand läuft. Es fühlt sich nur dichter und rauher an." Rund 35000 Amerikaner haben das Experiment bereits hinter sich. In der Mehrzahl gestandene Bürger: Ärzte, Rechtsanwälte, Lehrer, Sekretärinnen. Inzwischen ist der Feuerkult aus Kalifornien auch in Europa angekommen. Glut-Guru Tony Robbins erklärt den Massenandrang psychologisch: „Es geht gar nicht um das Feuerlaufen an sich, sondern um Selbstkontrolle und Überwindung von Furcht." 470 Dollar kassiert Robbins pro Person für den Vier-Tage-Kurs mit heißem Ausgang. „Wer das überstanden hat", sagt der 25jährige ehemalige Karate-Experte, „wird keine Angst mehr haben, seinen Chef um Gehaltserhöhung zu bitten."

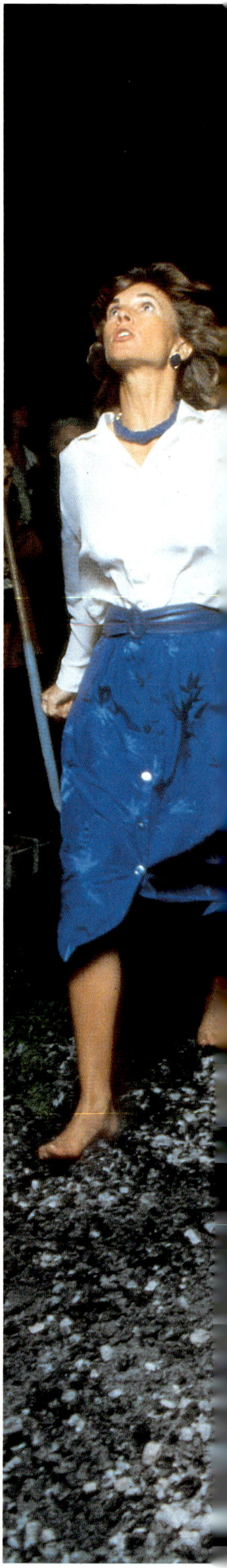

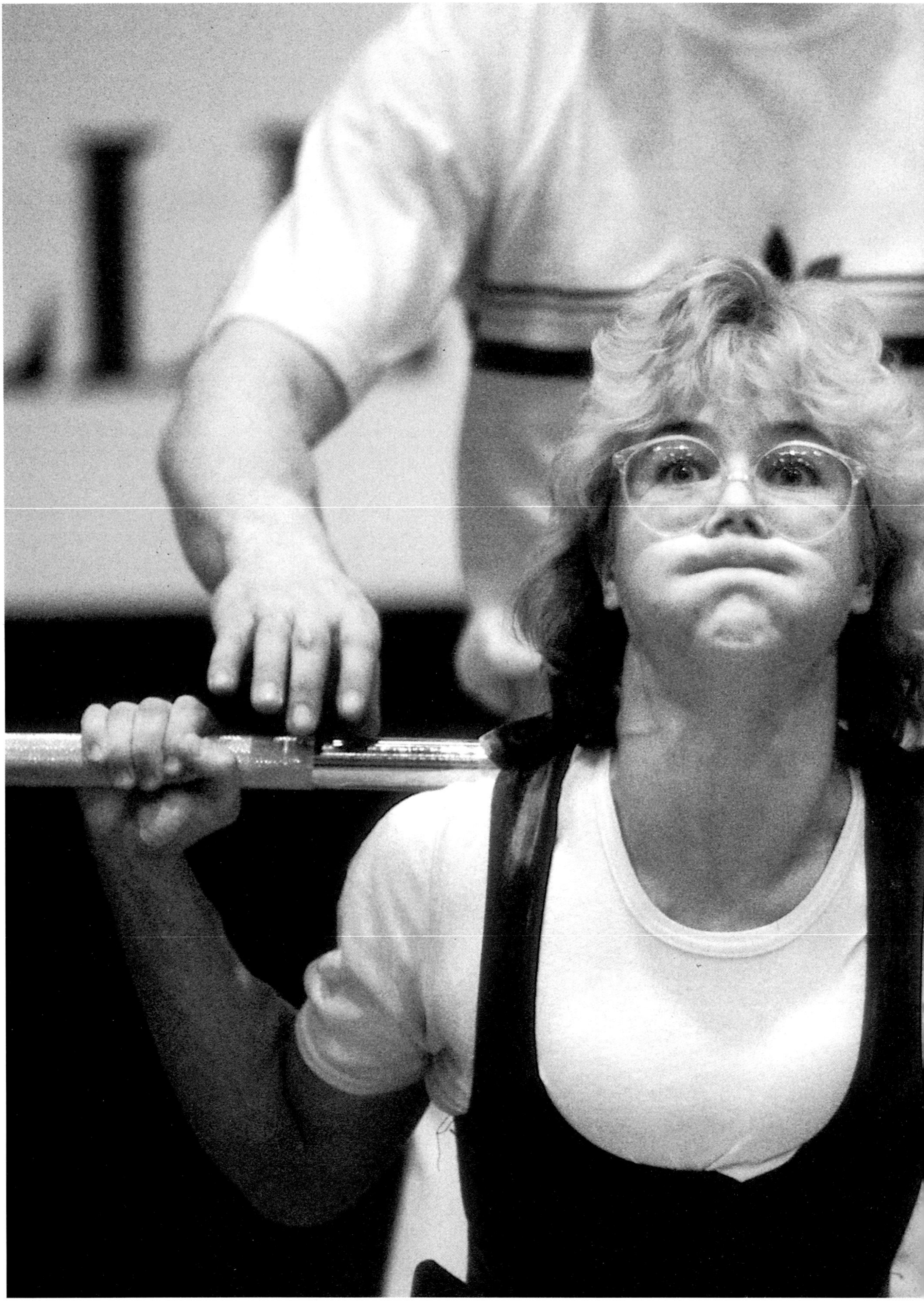

Muskel-Spiele

Auch wenn im Alltag der Chauvinismus der Männer leider immer noch weit verbreitet ist, im Bereich des Sports setzt sich die Emanzipation der Frau erfreulicherweise immer stärker durch. Gewichtheben zum Beispiel galt bis vor ein paar Jahren noch als unantastbare Domäne der Männer. Inzwischen stemmen und drücken auch Frauen zentnerschwere Hanteln in die Höhe.
Im Juni 1985 fand in der Wiener Stadthalle die Weltmeisterschaft im Kraftdreikampf der Frauen statt.
Vor knapp 2000 Zuschauern – überwiegend Männern – ließen 109 Teilnehmerinnen zwei Tage lang ihre Muskeln spielen. Drei Disziplinen waren zu absolvieren: Kreuzheben, Bankdrücken und Kniebeuge. Die blonde Österreicherin Ingrid Schabauer (großes Bild), die jeden Tag bis zu drei Stunden trainiert, erreichte in ihrer Gewichtsklasse (bis zu 44 Kilogramm) den fünften Platz, und die mehrfache deutsche Meisterin Alice Kargl (kleines Bild) belegte in dem internationalen Wettbewerb den zweiten Platz.

NIKE
NIKE
NIKE

Tod am letzten Spieltag

11. Mai 1985 im nordenglischen Bradford, ein Samstag. Im „Valley Parade"-Stadion an der Midland Road, dem Platz des Fußball-Clubs Bradford City, sind fast 12000 Fans in Jubelstimmung. 35 Minuten ist das Spiel gegen Lincoln City alt, und noch immer ist kein Tor gefallen. Plötzlich dringt dichter Rauch unter der mit 3000 Zuschauern vollgepackten Haupttribüne hervor. „Holt die Leute dort raus, paßt auf die Kinder auf", brüllt der BBC-Reporter Tony Delahanty ins Mikrofon, doch es ist schon zu spät. In nur vier Minuten ist die 77 Jahre alte hölzerne Tribünenkonstruktion ein Flammenmeer. In den Reihen bricht Panik aus, aber die Fluchtwege sind versperrt: Die Tore hinter der Tribüne blieben verschlossen, weil der Klub fürchtete, es könnten sich Fans ohne Eintrittskarte einschleichen. Jetzt können die mit Karte nicht hinaus. Am Ende sprach die Polizei von 211 Verletzten und 53 Toten.

Die Katastrophe von Brüssel

Todesangst spiegelt sich in den Gesichtern dieser Menschen. Es sind Fußball-Zuschauer im Heysel-Stadion in Brüssel. Sie kamen, um das Finale um den Pokal der europäischen Landesmeister zwischen Juventus Turin und dem FC Liverpool zu erleben. 39 von ihnen wurden Opfer einer blutigen Gewalttat: Eine halbe Stunde vor Spielbeginn durchbrachen britische Fans einen Zaun und stürzten sich auf Anhänger von Juventus Turin, die in panischer Angst zu fliehen versuchten. 39 Menschen, darunter 31 Italiener, wurden zu Tode gequetscht und getrampelt, über 450 Verletzte. Das Spiel fand dennoch statt . . .

Lebens-Wandel

Ihr Schmollmund, ihre Löwenmähne und ihre langen Beine machten Brigitte Bardot zu der begehrtesten Frau der Welt. Ihre Initialen „BB" waren lange Zeit der Inbegriff von Sex und Sünde. Mit der ihr eigenen, naiv-natürlichen, erotischen Ausstrahlung wurde die französische Schauspielerin zum heimlichen oder offenen Leitbild einer Generation, die den Moral-Muff vergangener Jahrzehnte abzuschütteln versuchte. Obwohl Brigitte Bardot verschiedentlich komisches Talent bewies und auch Anlagen zur Charakterschauspielerin zeigte, waren die meisten ihrer Filme doch ganz auf den „Mythos BB" abgestellt und nur von mäßigem künstlerischem Niveau. Dessenungeachtet überstiegen die Auslandseinnahmen ihrer Filme zeitweise die Exporterlöse der Renault-Automobilwerke. Vor gut zehn Jahren drehte die Französin ihren letzten Film. Heute lebt sie zurückgezogen in ihrer Villa „La Madrague" (Die Strandhütte) an der Côte d'Azur. Trotzdem belagern Fotografen die Festung rund um die Uhr. Die Aufnahme auf der rechten Seite entstand im Mai 1985. In das Gesicht von Brigitte Bardot haben sich tiefe Furchen eingegraben. Und ihre früher so strahlenden Augen sind glanzlos geworden. Sie versteckt sie meist hinter einer getönten Brille. Die besten Freunde der inzwischen 51jährigen Schauspielerin sind heute ihre Tiere. Gleich rudelweise beherbergt sie Hunde und Katzen in ihrem Domizil, und in regelmäßigen Abständen organisiert sie Kampagnen gegen Tierquälerei.

Axel Springer in typischer Gebärden-Sprache: Der mächtige Mann war Repräsentant, sammelte Doktor-Hüte, Medaillen und Ehrungen, war zugleich politischer Missionar und weltferner Träumer. Er setzte sich, mehr als jeder andere, für die Aussöhnung von Deutschen und Juden ein, hatte aber wenig Verständnis für die Rechte der Palästinenser.

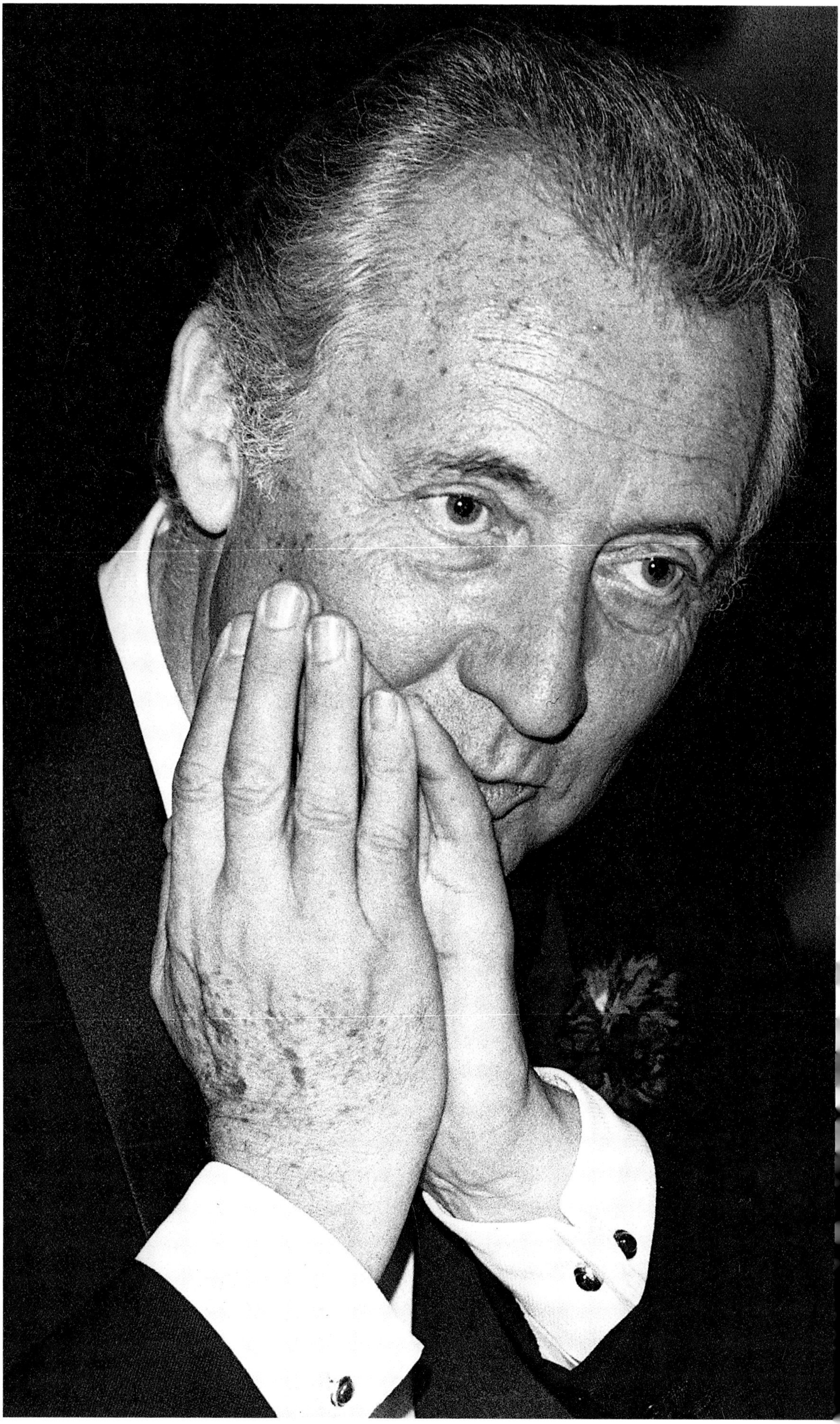

Prinz der Medien

Bundeskanzler Helmut Kohl charakterisierte ihn als „leidenschaftlichen Patrioten", der Regierende Bürgermeister von Berlin nannte ihn bei der Trauerfeier in der Gedächtniskirche einen „großen Berliner", und „Spiegel"-Verleger Rudolf Augstein gab ihm – höchst anspielungsreich – den Titel „Prinz der Medien".

Er war auf jeden Fall der umstrittenste, weil doktrinärste unter Deutschlands Verlegern, eine Symbolfigur des National-Konservativismus und der Buhmann der Linken, die ihn in den Protestjahren nach 1968 enteignen wollten und sogar Bomben explodieren ließen. Prominente Autoren unterzeichneten sogar eine Erklärung, nicht für den „Praeceptor Germaniae" (Walter Jens) publizieren zu wollen.

Der Verlegersohn Axel Springer, am 2. Mai 1912 im damals noch preußischen Altona geboren, lernte das Handwerk von der Pike auf, wurde 1934 Sport- und Wirtschaftsredakteur und war 1937 Chef vom Dienst und stellvertretender Chefredakteur der „Altonaer Nachrichten". Nach dem Krieg begann er als Buchverleger, druckte in den „Nordwestdeutschen Heften" Beiträge des NWDR und riskierte, damit erfolgreich, die Gründung einer Funkzeitschrift: „Hör Zu" wurde das erfolgreichste Blatt seiner Art. Große Erfolge hatte er mit dem „Hamburger Abendblatt" und vor allem mit der 1952 von ihm geschaffenen „Bildzeitung", für „Zeit"-Verleger Gerd Bucerius „seine fesselndste Leistung". Wohl auch die Geldquelle zur Alimentierung seines politischen Flaggschiffs „Die Welt". In den sechziger und siebziger Jahren beteiligte sich Springer an Zeitungen, Buchverlagen und vor allem an dem Hause Burda. Rund zwanzig Zeitungen, Magazine und Verlage sitzen unterm Dach des Berliner Verlagshauses, das der Verleger direkt vor die Mauer der DDR wuchten ließ.

Geschäftstüchtig und sendungsbewußt: „Seid nett zueinander", so lautete die Parole von Springers „Hamburger Abendblatt", vom Verleger gedacht als Bürgerzeitung. Seltsam einmütig waren viele Kommentatoren nach dem Tod des Verlegers am 22. September, daß der „Kämpfer für die Einheit der Deutschen" (SZ) „erfolgreich und am Ende wirkungslos war" (Friedrich Karl Fromme in der FAZ).

Das ewige Wunderkind

„Mr. Kane war ein Mann, der alles bekam, was er wollte, und es dann verlor", sagt ein Zeuge in dem 1940 gedrehten Spielfilm „Citizen Kane" über den Aufstieg und Fall eines Zeitungsmagnaten – Worte, die heute ebensogut über den Regisseur jenes Films gesagt werden könnten. Er hieß Orson Welles. Schon als Teenager hatte sich der 1915 geborene Welles den Ruf eines Universalgenies verschafft, eines einfallsreichen Erneuerers, der sich in fast allen Sparten des Showbusineß erfolgreich versuchte. Mit 16 wurde er Profi-Schauspieler, mit 20 gründete er sein eigenes Theater, mit 23 versetzte er mit einem allzu realistisch inszenierten Hörspiel über die Landung von Marsmenschen Hunderttausende in Panik. Hollywood rief den „wonder boy" („TIME") und gewährte dem 25jährigen Vollmachten wie keinem Regisseur zuvor. Welles nutzte seine Freiheit und lieferte „Citizen Kane" ab – heute als bester Film aller Zeiten anerkannt. Doch an der Kasse war das Meisterwerk ein Flop, und als sich Welles 1942 in drei Projekte gleichzeitig verzettelte, entzog ihm Hollywood wieder die Gunst. Nur selten bekam er in den folgenden Jahrzehnten noch Geld für seine Filme zusammen („Der Prozeß", „Die Lady von Schanghai"), meist blieb es bei Plänen, Projekten oder abgebrochenen Dreharbeiten – der Frühvollendete schien eine Scheu davor entwickelt zu haben, sich festzulegen, seinen Ideen im Film eine endgültige Form zu geben. Dem großen Publikum blieb der schwergewichtige Bonvivant eher als Schauspieler in Erinnerung. Vor allem in der Rolle des Pharma-Schiebers Harry Lime in Carol Reeds „Der dritte Mann". Am 10. Oktober ist Orson Welles im Alter von 70 Jahren in Los Angeles nach einem Herzanfall gestorben.

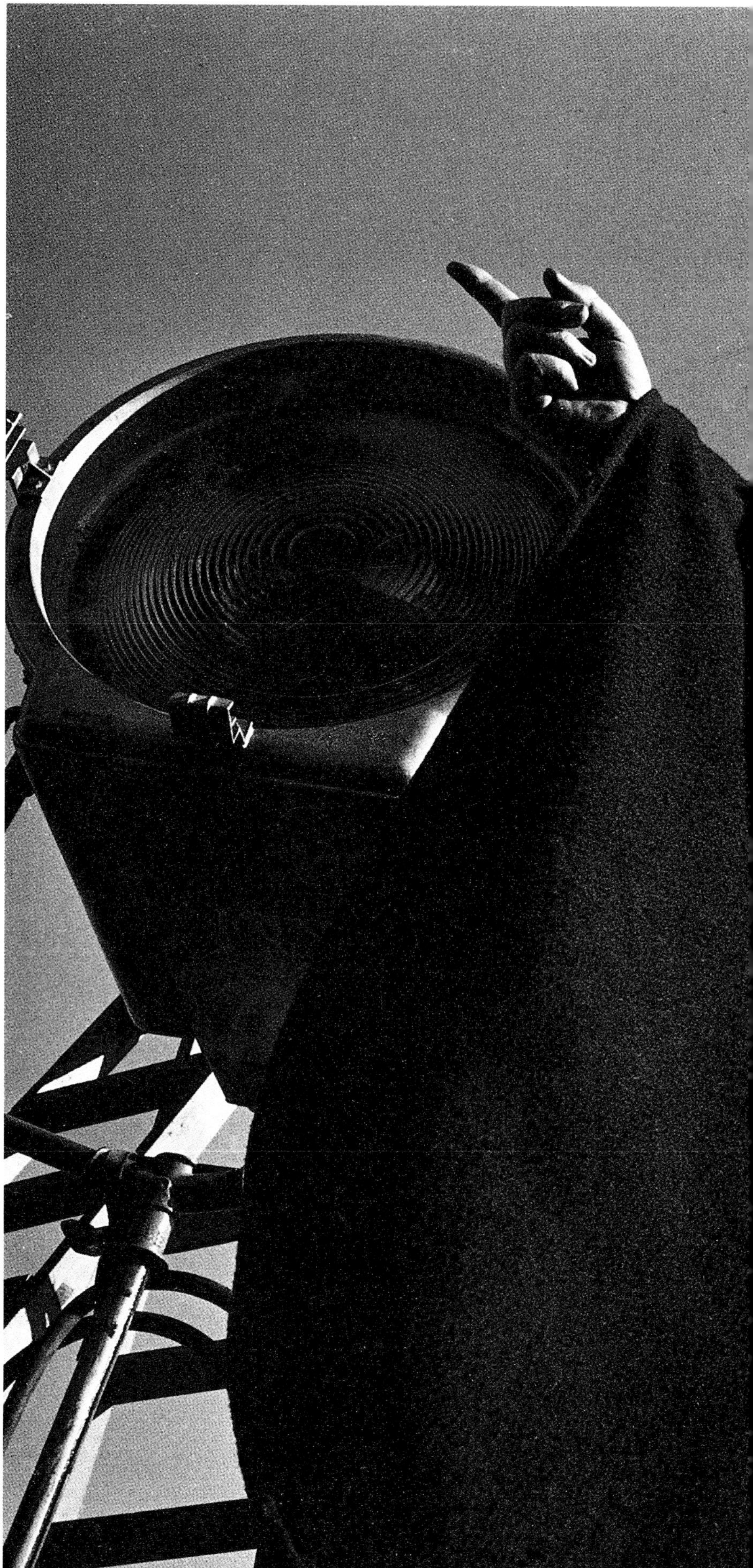

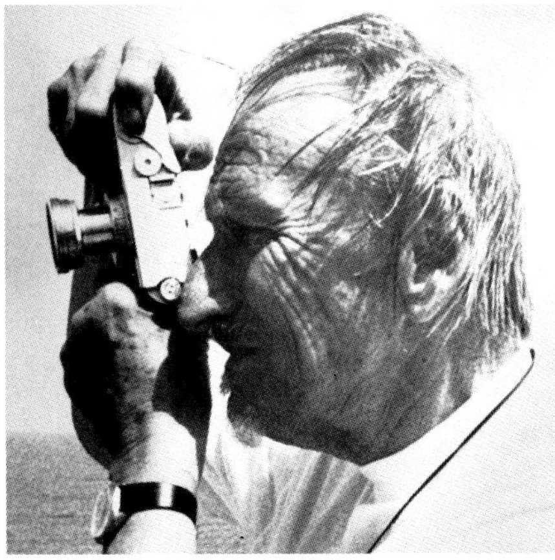

Felix H. Man

Der Bildjournalist Hans Felix Sigismund Baumann hatte Kunstgeschichte studiert, den Krieg durchlitten und war von der Malerei zum Fotografieren gekommen. Er war einer der ersten Bildreporter, trug den Frack bei Bällen und vor Prominenten, schäbige Kluft in Armenquartieren und brachte selbst den Verkrampftesten locker ins Bild, erarbeitete sich eine Portrait-Galerie der Großen und Größten – Chamberlain, Liebermann, Strawinsky, Shaw, Moore, Matisse – und erlebte als alter Mann den Aufstieg zum Star. Er starb am 31. Januar mit 90.

James Hadley Chase

Die von den Randfiguren der Gesellschaft bevölkerten Großstädte der USA, wo seine realistisch-harten Kriminalromane – oft Wegwerfware, manchmal große Würfe wie „No Orchids for Miss Blandish" oder „The World in My Pokket" – spielen, hat der aus London gebürtige Brite nie gesehen. Ihre Geographie holte er sich aus Karten, ihren Slang aus Wörterbüchern. Durchschnittlich produzierte der Ex-Angestellte und Buchvertreter jährlich zwei bis drei seiner pessimistischen, rüden Trivialstücke aus der Welt der Gier, des Geldes, der Geilheit und Gemeinheit. Er starb am 6. Februar im Alter von 78 Jahren.

Sir William Lyons

Der Sohn eines Klavierhändlers sorgte dafür, daß man unter Jaguar mehr versteht als eine Wildkatze. Mit 21 Jahren baute er auf Pump eine Fabrik für Seitenwagen von Motorrädern, stylte Autokarosserien und wurde mit dem Austin Swallow 1926 ein Star der jungen Branche. In Coventry, Zentrum des englischen Automobilbaus, gründete er die S.S. Cars Limited und machte Sensation mit Modellen wie S.S. I. und S.S. 90, bevor der Jaguar zu einem der schönsten Prestige-Autos der Welt wurde. Der 1956 geadelte Unternehmer starb am 8. Februar mit 84 Jahren.

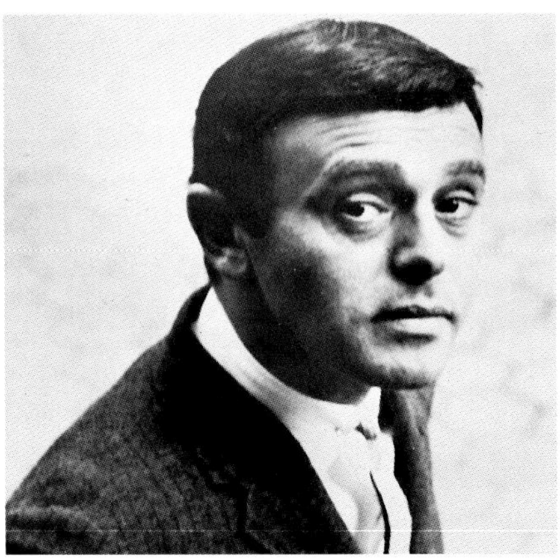

Rudi Gernreich

Amerikanische Frauenrechtlerinnen und der Kreml, der Vatikan und Besitzer des guten Geschmacks empörten sich, als er 1964 sein „Topless" herausbrachte, den Badeanzug oben ohne. Doch lag der Sohn eines jüdischen Wirkwarenhändlers, der 1938 in die USA floh, sich dort als Tänzer durchschlug und als Modezeichner Erfolg hatte, durchaus im Trend. Der Mini und die transparente Bluse, die Unisex-Mode und die Maxi-Stiefel kamen an, befreiten die Frauen vom Diktat der Haute Couture und sicherten dem Mode-Provokateur ständig Schlagzeilen. Er starb am 21. April mit 62 Jahren an Lungenkrebs.

Carter Brown

Wie Chase hat der in England geborene Australier die Figuren und die Stilmittel von Autoren wie Chandler und Hammett kommerzialisiert. In 270 Büchern ließ er die „loners" antreten, harte Detektive in der Welt des Sex, der Brutalität, der Raffgier, in der sie sich zynisch ihrer Umwelt anpassen. Kritiker haben Browns Bücher als nicht nur obszön, sondern als latent faschistoid angegriffen. Der Autor starb am 5. Mai mit 61 Jahren.

Dawn Addams

Die Tochter eines englischen Fliegeroffiziers und einer Irin, aufgewachsen in Italien, arbeitete in Rio als Journalistin, spielte an Provinzbühnen des amerikanischen Westens in „Charleys Tante" und bekam in Hollywood lange Jahre nur Nebenrollen. Bekannt wurde sie 1953 in „The Moon is blue" neben David Niven, viel bekannter durch die Heirat mit dem italienischen Fürsten Vittorio Massimo. 1957 engagierte Charlie Chaplin sie für „Der König in New York", später bekam sie undankbare Aufgaben in Produktionen der Handelsklasse B. Sie starb mit 54 Jahren am 7. Mai an Krebs.

Werner Hinz

Um an Max Reinhardts Theaterschule zu lernen, brach der Kaufmannssohn aus Berlin seine landwirtschaftliche Lehre ab. In seinen theatralischen Lehrjahren arbeitete er mit Hauptmann, Kortner, Fehling, Gründgens und Brecht, nach dem Krieg schloß er sich 1955 dem Hamburger Gründgens-Ensemble an und spielte dort bis in die späten siebziger Jahre – gerühmt als ein Artist nicht der Verwandlungsfähigkeit, sondern unbefangener Vorstellungskunst. Der Radius seiner Rollen war gewaltig, in allen war er beherrscht, leise und präzis. Er starb 82jährig am 10. Februar in Hamburg.

Enver Hodscha

Der Tuchhändlerssohn aus dem Land der Skipetaren, Student der Naturwissenschaften in Paris und schon früh Gegner des albanischen Feudalismus, kämpfte im Krieg als Partisan und wurde danach KP-Chef seines Landes. Er erlebte und überlebte Stalin, Chruschtschow, Mao, Breschnew, Andropow und Tschernenko. Von 1944 bis zu seinem Tod war er Premier seines Landes, betrieb eine Politik wechselnder Allianzen und erhielt den strategisch wichtigen „Hinterhof Europas" – so groß wie Belgien, halb soviel Einwohner wie London – als autonomen Staat. Hodscha starb am 11. April mit 76 Jahren.

Tancredo Neves

Der Anwalt und Wirtschaftsfachmann aus dem brasilianischen Minas Gerais begann seine politische Karriere 1934 im Gemeinderat seines Geburtsorts. 1947 bis 1950 war er sozialdemokratischer Oppositionsführer, 1953 wurde er Justizminister unter Getulia Vargas und ein Jahr später Direktor der Banco de Brazil. 1961 wurde er zum erstenmal Ministerpräsident, später wieder – und zu spät – nach Beendigung der Militärherrschaft. Neves wurde zu einem Idol der Jugend, doch kurz vor seiner Vereidigung am 15. März 1985 erkrankte er und starb am 21. April mit 75 Jahren.

Eugene Ormandy

Der Arztsohn aus Budapest, als Wunderkind Schüler der Musikakademie und des Komponisten Jenö Hubay, war mit 17 Jahren Professor und Geiger im Berliner Blüthner-Orchester und arbeitete sich in den USA vom Konzertmeister zum Nachfolger Leopold Stokowskis beim Philadelphia Orchestra hoch, das er von 1938 bis 1979/80 leitete. Der Ungar war ein Konservativer und konzentrierte sich auf das klassisch-romantische Virtuosen-Repertoire: Tschaikowski und Wagner, Strauss und Rachmaninow. Er starb am 12. Mai mit 85 Jahren.

Jean Dubuffet

Das „höchste Stadium des Rausches" fand der Sohn eines Weinhändlers aus Le Havre in der Kunst. Der polyglotte Kunst-Autodidakt, der sieben Sprachen beherrschte, fand erst mit 41 Jahren seine Lebensaufgabe in der Malerei – in einer Kunst „ohne die Kleidungsstücke der Kultur". Seine Vorbilder fand er in der „art brut" der Primitiven und Kranken, auf seiner Farbenskala standen nicht Chromgelb oder Preußischblau, sondern „Sand", „Schlamm" und „Hanf" als Mittel für die Bildsprache des Banalen und Magisch-Zaubrischen. Er starb am 12. Mai in Paris mit 83 Jahren.

Mildred Scheel

Die Arzttochter aus Köln wurde Röntgenfachärztin, bevor sie 1969 den verwitweten Walter Scheel heiratete. Als der FDP-Chef nach dem Amt des Außenministers das des Bundespräsidenten übernahm – im Jahre 1974 –, spielte sie die Rolle der First Lady („Ich mag den Titel nicht") äußerlich mit charmanter Rauhheit. Um so konsequenter widmete sie sich sozialen Aufgaben, voran der 1979 von ihr gegründeten „Deutschen Krebshilfe e.V.", für die bis 1984 200 Millionen Mark gesammelt wurden. Sie selber wurde das Opfer der tückischen Krankheit und verstarb am Mai mit 52 Jahren.

Walter Richter

Mit Brummbär-Miene und angekauter Zigarre spielte der Kaufmannssohn aus Berlin im Fernsehen den Kommissar Trimmel — und wie so oft überschattete der synthetische Ruhm die Arbeit des großen Schauspielers, der 1931 in Bremerhaven begann und später in Berlin, nach dem Krieg in München Othello und Danton, Fuhrmann Henschel und König Claudius als Kraft- und Machtfiguren auf die Bühne wuchtete. In den sechziger und siebziger Jahren hat der mächtige Mann mit den buschigen Augenbrauen über 50 TV-Filme gemacht. Er starb am 26. Juli mit 80 Jahren.

Karl Heinz Stroux

Der Arztsohn aus dem Kohlenpott begann nach dem Philosophie-Studium als Regie-Assistent bei Jürgen Fehling, wurde von den Nazis, weil widerborstig, in die Provinz nach Erfurt geschickt und während des Krieges, nach Regie-Arbeiten an der Wiener Burg, von Gründgens ans Berliner Staatstheater geholt. Als Nachfolger Gründgens' übernahm er 1955 für 17 Jahre das Düsseldorfer Schauspielhaus, bewährte sich mit 75 Inszenierungen als tüchtiger Regisseur und als souveräner Intendant. Er starb am 2. August mit 77 Jahren.

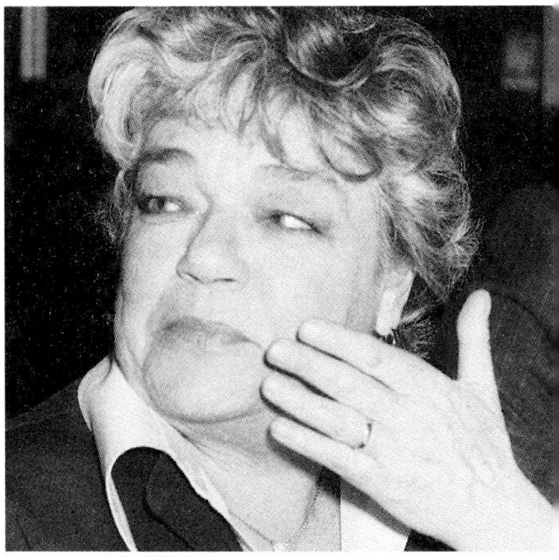

Simone Signoret

Tausende wallfahrteten zum Pariser „Père Lachaise", als sie nach ihrem Krebstod am 30. September beigesetzt wurde — und die politische Prominenz gab ihr ebenso die Ehre wie die kulturelle. 1951 war sie, jung und schön, mit „Goldhelm" bekannt geworden, und ihr Ruhm war nie gefährdet, als sie, füllig und faltig geworden, die „Mama Rosa" spielte, die Ersatzmutter für die Kinder von Huren. Wie ihr Mann Yves Montand verstand die in Wiesbaden geborene Offizierstochter die Arbeit des Künstlers als politische. In ihren letzten Lebensjahren schrieb sie vielbeachtete Romane. Sie wurde 64 Jahre alt.

Yul Brynner

Als kahler König von Siam, den er in Film, Fernsehen und über 4000mal am Broadway spielte, kam der schweizerisch-mongolisch-zigeunerische Schauspieler zu Ruhm und, er selbst hat's bedauert, zum Image des Kraftkerls, der vor allem Revolverhelden und Kommissare, Freibeuter und Pharaonen, biblische Helden und Offiziere spielte. Dabei hatte der Ex-Gitarrist und Ex-Artist in Paris das Regie-Handwerk gelernt und in den USA erfolgreich Fernseh-Filme gemacht, bevor er zur Hollywood-Figur wurde. Der mehrfache Ehrendoktor starb am 10. Oktober, 70jährig, an Krebs.

Emil Gilels

Als 15jähriger schockte der Angestellten-Sohn aus Odessa den längst berühmten Rubinstein: „Wenn der einmal nach Amerika kommt . . ." Gilels kam erst 1955 — nach Ausbildung bei Stoliarskij und Heinrich Neuhaus, bekannt durch Siege bei den wichtigsten Wettbewerben in der UdSSR und in Belgien und als Widmungsträger großer Werke von Prokofieff. Er kam als Virtuose mit Pranke, donnerte die romantischen Reißer von Tschaikowsky, Brahms und Rachmaninow und erstaunte später als subtiler Klassizist. Der vielfach Ausgezeichnete starb am 14. Oktober mit 69 Jahren in Moskau.

Stefan Askenase

Dem pianistischen Donnern war der Pole aus Lemberg, ausgebildet von seiner Mutter und dann von Emil Sauer, zeitlebens abhold. Der spätere belgische Staatsbürger und Konservatoriums-Professor, der u.a. Martha Argerich ausbildete, war ein ins 20. Jahrhundert verschlagener Klavier-Lyriker und erlesen-eleganter Salon-Interpret, der nie die heikle Grenze zwischen Süße und Sentimentalität überschritt und noch als Methusalem Chopin vor ausverkauften Sälen zelebrierte. Er starb am 18. Oktober mit 89 Jahren in Bonn.

Alex Möller

Der „Genosse Generaldirektor", in Dortmund als Sohn eines Reichsbahnsekretärs geboren, legte 1971 sein Amt als Finanzminister nieder mit dem Vorwurf an seine Partei, sie verstehe nicht zu rechnen. SPD-Mitglied seit 1922 und jüngster preußischer Abgeordneter im Jahre 1928, mußte er während der Nazi-Zeit als Versicherungsvertreter arbeiten, wurde Organisationschef seiner Gesellschaft und nach dem Krieg Direktor der Karlsruher Lebensversicherung. Er leitete die SPD im Stuttgarter Landtag und wurde Finanzminister. Er starb am 2. Oktober mit 82 Jahren.

Nelson Riddle

Sein Sound hüllte „The Voice" in Samt – und mit „Only the Lonely" schaffte Frank Sinatra den Durchbruch zu seiner zweiten Karriere. Riddle hatte als Komponist und Posaunist begonnen und war als Arrangeur für Judy Garland, Nat King Cole und Linda Ronstadt lange Zeit eine Graue Eminenz des amerikanischen Musikbetriebs. Der Maßschneider raffinierter Gebrauchs- und Film-Musik erhielt 1975 für seinen Beitrag zu „Der große Gatsby" den Oscar. Am 6. Oktober ist der Altmeister, der zum Schluß noch für die Operndiva Kiri te Kanawa ein Album produzierte, mit 64 Jahren gestorben.

Wolfgang Kieling

Als Kind spielte der Sohn eines Berliner Schneidermeisters im Kino, nach dem Krieg gab er auf dem Theater, vor allem in Berlin, die Schurken von Shakespeare- und die Schufte von (deutschem) Filmformat. Doch selbst auf dem Bildschirm spielte er die Melancholischen und Zweiflerischen, die Zwielichtigen und Zynischen in Lebensgröße. Er lieferte glanzvolle Portraits eines alternden Transvestiten („Reservat"), brillierte in der Feuchtwanger-Verfilmung „Exil" und machte selbst auf dem „Traumschiff" mit. Er starb am 7. Oktober mit 61 Jahren an Krebs.

Rudolf Fernau

Der Landwirtssohn aus München wollte Lehrer werden, verliebte sich unglücklich in eine Schauspielerin und glückhaft in das Theater. Nachdem er 1918 in Regensburg als Don Carlos debütiert hatte, spielte er jugendliche Helden in Hamburg, schaffte den Sprung nach Berlin und zum Film. Mit der Rolle des Doktor Crippen fand er sein Fach. Er spielte mit ausgekühlten Gebärden, beherrschter Mimik und geschliffener Diktion die Unheimlichen, Dämonischen, Satanischen. Der Nervenspieler und Sprachartist starb, 82 Jahre alt, am 7. November.

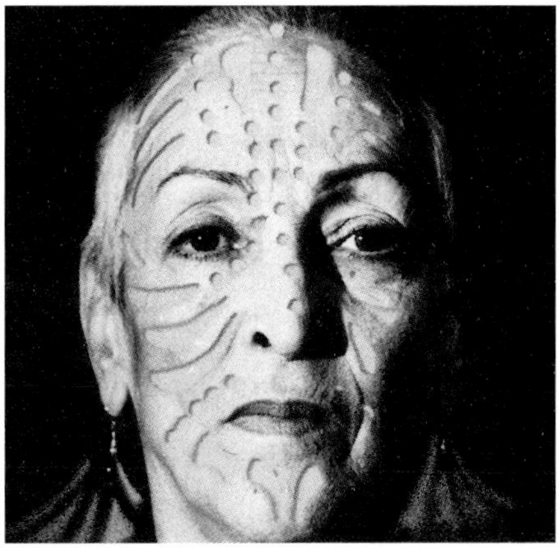

Meret Oppenheim

Die 17jährige Schülerin, aus einer bürgerlichen Berliner Familie stammend, wurde 1930 durch die Collage „Le Cahier d'une Ecolière" bekannt, ging zum Kunst- und Malstudium nach Paris, befreundete sich mit Max Ernst, wurde von Giacometti gefördert und erarbeitete sich den Zutritt zum Salon der Surrealisten. Weithin berühmt wurde sie durch skurrile Objekte wie die „Pelztasse" – heute zu sehen als klassisches Exempel des Surrealismus im New Yorker Museum of Modern Art. Ihr Werk wurde in den fünfziger Jahren weltweit entdeckt. Sie starb, 72jährig, am 15. November in Basel.

Elsa Morante

Die „mit der Feder in der Hand geborene" Römerin war zwanzig Jahre lang, von 1941 bis 1961, mit Alberto Moravia befreundet, zählte die homosexuellen Autoren Umberto Saba und Pier Paolo Pasolini zu ihren Freunden und avancierte durch „La Storia", einen Bericht aus der römischen Armenwelt zwischen 1941 und 1947, zu einer nationalen Institution. Bekannt geworden war sie durch ihre Familienchronik „Lüge und Zauberei", für die sie 1948 den „Premio Viareggio" erhielt. 1983 versuchte die depressive Autorin, sich das Leben zu nehmen. Sie starb am 25. November 67jährig in Rom.

Ein Russe, der die Liebe liebte

Im Moment seiner Geburt brach im Viertel der armen Juden von Witebsk eine Feuersbrunst aus – ein Wunder, daß der kleine Marc Chagall den Flammen entkam. Mit 20 Jahren begann das spätere Sonntagskind der modernen Malerei mit dem Studium in St. Petersburg, das er als Diener eines Rechtsanwalts finanzierte. Ein Mäzen ermöglichte ihm den Wechsel in die europäische Kunsthauptstadt Paris, wo er auf Picasso, Georges Braque, Henri Matisse und Georges Delaunay traf und, unangefochten von allen Vorwürfen des Eklektizismus, seine synkretistische Bildersprache entwikkelte. In seinem rätselhaften Bilder-Universum schweben, wie von der Muse Absinth arrangiert, Fabelwesen umher, Geiger und kopfstehende Häuser, Karren und Kühe und sonstige Traumfiguren aus seiner alten dörflichen Lebenswelt. Ein rotes Tier, halb Rind und halb Esel, steht auf einem Dach und säugt einen grünen Knaben und ein Eselsfüllen. Chagall: „Vielleicht ist meine Kunst die eines Wahnsinnigen, ein funkelndes Quecksilber, eine blaue Seele, die über meine Bilder hereinbricht." Das „Genie der entfesselten Farben", 1914 von Herwarth Walden in dessen Berliner Galerie ausgestellt, ging bei Kriegsausbruch nach Rußland zurück, heiratete seine Jugendliebe Bella – das Selbstportrait des Paars schwebt durch zahllose seiner Bilder –, wurde Soldat und eine Zeitlang auch Kunstkommissar im Bezirk Witebsk, verabscheute aber den neuen Normen-Geschmack. 1922 verließ er die UdSSR und ging über Berlin nach Paris, in das er nach dem Krieg – er hatte vor den Nazis in die USA fliehen müssen – zurückkehrte, gefeiert als Nationalkünstler, überhäuft mit Aufträgen, beschäftigt mit süßen, manchmal sentimentalen Dekorationsarbeiten für Kathedralen, Kirchen und die Pariser Oper, wo er vor einem seiner Wandbilder posiert.

So populär wurden seine Bilder, daß der Historiker Werner Spies urteilte: „Jedes neue Bild garantiert verläßliche Süße, so unverwechselbar wie Chanel Nr. 5." Chagall starb am 28. März mit 97 Jahren.

Der politische Poet

Am 16. Juli starb in dem Voreifel-Ort Kreuzau-Winden der Schriftsteller und Nobelpreisträger Heinrich Böll – ein Bestseller-Autor in aller Welt, in seiner Heimat meist ein Verfolgter. Denn Heinrich Böll war etwas, mit dem sich die Deutschen stets schwer getan haben, ein politischer Poet. An ihm hat sich die Gesellschaft nie vorbeimogeln können bei ihren zahlreichen Versuchen, die Geschichte nach Bedarf zurechtzubiegen, den einzelnen an die Wand zu drücken, auf Humanität zu pfeifen und im Kampf für den Frieden eine Gefährdung der öffentlichen Ordnung zu sehen. Der Zeitgenosse Heinrich Böll hat stets Alarm geschlagen: in den fünfziger Jahren, als wir nicht schnell genug wieder einen Helm auf den Kopf und ein Gewehr in die Hand kriegen konnten, mit seinem Anti-Kriegsroman „Wo warst du, Adam"; in den Sechzigern, als das Generationsbündnis zerbrach, mit dem gewaltigen Monolog eines verlorenen Sohnes „Ansichten eines Clowns"; in den Siebzigern, als die Boulevardpresse vor dem Hintergrund der Terroristen-Auseinandersetzung Intellektuelle als geistige Wegbereiter verleumdete, mit der Erzählung „Die verlorene Ehre der Katharina Blum".

Ein Jahr vor seinem Tode erinnerte Heinrich Böll – „Der Kampf des Menschen gegen die Macht ist der Kampf des Gedächtnisses gegen das Vergessen" – an die „denunziatorische Unschärfe" in den Kolumnen des Springer-Journalisten Peter Boenisch, der es zum Sprecher der Bundesregierung gebracht hatte. Böll, der eine besessene Beziehung zu moralischen Fragen des Alltags hatte, hielt die Trennung von Politik und Literatur für lebensgefährlich. Daß er sich ständig eingemischt hat, hat man ihm, wie jedem Intellektuellen, der dies tat, verübelt. Deswegen haben ihn die Gegenaufklärer und Hüter der Ordnung verfolgt. Die Geschichte der Verteufelung des Heinrich Böll ist ein dunkles Kapitel der Geschichte dieser Republik. Der bedeutende und weltweit gepriesene Schriftsteller, die verläßliche Erste-Hilfe-Station für politisch Verfolgte aus aller Welt, gehört zu denen, die das Bild vom bösen Deutschen in der Welt korrigiert haben.

Abschied von Böll: Er war das Gewissen der Nation, selbst wenn er diese Rolle ungern akzeptierte. Doch der Nobelpreisträger von 1972 war nicht nur der Chronist der Republik, sondern zugleich ihr engagiertester Kritiker. Er hatte Millionen-Auflagen, galt im Ausland als der gute Deutsche – und seine schärfsten Gegner hätten ihn dort auch am liebsten gesehen. Am 19. Juli wurde Heinrich Böll in dem Eifel-Dorf Merten beerdigt. Lew Kopelew, Günter Grass und Böll-Sohn Vincent (links) tragen gemeinsam mit dem Böll-Neffen Christoph, Günter Wallraff und Böll-Sohn René (rechts) den Sarg des Schriftstellers zu Grabe.

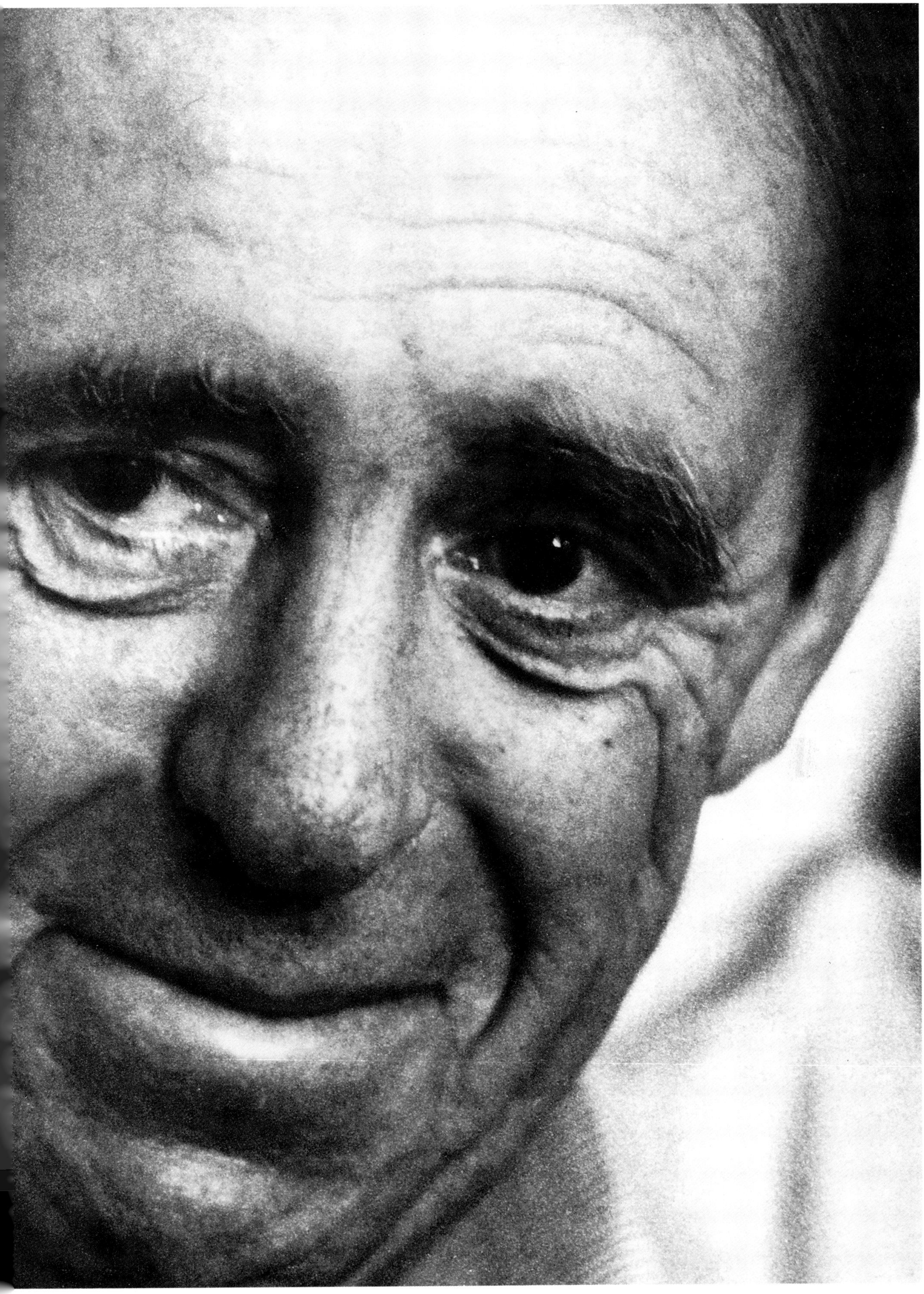

Handschlag statt Erstschlag

Den wundersamen „Geist von Genf" beschworen Konferenzbeobachter, als sich im November der amerikanische Präsident Ronald Reagan und der sowjetische Parteichef Michail Gorbatschow zum insgesamt fünfstündigen Plausch am Kaminfeuer in der Schweizer Konferenz-Metropole trafen – ohne die gegenseitigen Beschimpfungen fortzusetzen.

Vom „Ende der Sprachlosigkeit" war flugs die Rede, sogar vom „Anfang einer neuen Phase der Entspannung". Tatsächlich geschah sehr viel weniger, und doch war es wichtig genug: Nach Jahren der Verteufelung und gegen den Widerstand der Betonköpfe in den eigenen Lagern fanden die Führer der beiden Supermächte erstmalig zueinander, lernten sich kennen, wenn schon nicht schätzen, und vereinbarten weitere Treffs für die Zukunft in Washington und Moskau.

Dies war der eigentliche Erfolg des Genfer Gipfels. Denn in den Streitfragen kamen sich die Kontrahenten nicht einen Schritt näher. Reagan hat die als „strategische Verteidigungsinitiative" verbrämte Militarisierung des Weltraums nicht aufgegeben und Gorbatschow nicht die Modernisierung und den Ausbau des sowjetischen Raketenarsenals. Die Gespräche blieben freundlich im Ton, in der Sache aber ging es nicht voran: Russische Soldaten kämpfen noch immer in Afghanistan,

Lachende Politiker und freundliche Gesten haben dem Wettrüsten der beiden Supermächte bisher kein Ende gesetzt: 1961 trafen sich Chruschtschow und Kennedy in Wien, Breschnjew begegnete drei US-Präsidenten – Nixon 1972 in Moskau, Ford 1975 in Helsinki und Carter 1979 in Wien. Ronald Reagan und Michail Gorbatschow versicherten einander im November in Genf, „daß keiner von beiden Krieg zu führen wünscht". Tröstliche Aussichten immerhin.

die Vereinigten Staaten betrachten Mittel- und Südamerika unverändert als den eigenen Hinterhof, in dem ausschließlich sie das Sagen haben.
Alle verbindlichen Floskeln konnten nicht verbergen, daß Machtpolitik keine Frage der Stimmungen ist, sondern der Interessen. Insofern sind die Schlußerklärungen der beiden Spitzenpolitiker auch nicht mehr gewesen als ein Ausdruck vagen Bemühens und – vielleicht – ehrlichen Wollens. Reagan stellte in Aussicht: „Das Gip-

feltreffen am Kamin bietet die Gelegenheit, eine Welt des Friedens und der Freiheit aufzubauen." Und Gorbatschow versprach: „Es gibt einen ganzen Berg von Problemen abzutragen. Wir sind bereit, dies zu tun – gemeinsam."

Diesen Ankündigungen müssen Taten folgen, soll sich der Geist von Genf nicht als bloße Schimäre erweisen. Möglichkeiten, ja Notwendigkeiten, aufeinander zuzugehen, gibt es genug: bei den Genfer Verhandlungen über Nuklear- und Weltraumwaffen, bei den Wiener Gesprächen über einen kontrollierten Truppenabbau in Europa, bei der Konferenz über vertrauensbildende Maßnahmen in Stockholm – überall dort, wo Sowjets und Amerikaner miteinander reden.

Freilich scheint es derzeit so zu sein, daß das Bedürfnis, zu einer Einigung zu kommen, nicht auf beiden Seiten gleich dringlich empfunden wird. So haben die Amerikaner auf die sowjetischen Vorschläge eines Verbots der bakteriologischen und chemischen Kampfstoffe, eines Einfrierens der nuklearen Mittelstreckenwaffen in Europa auf gleichem Niveau und eines Abbaus der Atomwaffen bis zur Jahrtausendwende nur sehr zögernd reagiert.

Zu ungebrochen ist das Selbstgefühl der Reagan-Administration, zu verführerisch der Popularitätsgewinn. „Mr. Gorbatschow hat verstanden, daß wir auf keinen Fall bereit sind, das strategische Abwehrprogramm SDI aufzugeben", so zog der amerikanische Präsident nach dem Gipfel Bilanz. „Amerika muß stark bleiben" – das ist sein politisches Glaubensbekenntnis. Im Zweifel stärker als jede andere Macht und jedes gegnerische Bündnis. Vor diesem Hintergrund kann es nicht erstaunen, daß europäische Hoffnungen, Washington werde zumindest den vom Kongreß nie ratifizierten Salt-II-Vertrag stillschweigend weiter einhalten, verfrüht waren. „Eine Verlängerung ist noch lange nicht beschlossen", blockte US-Außenminister George Shultz alle Erwartungen ab.

Das SDI-Forschungsprogramm läuft ohnehin ungebremst weiter – mit oder ohne Unterstützung durch die Nato-Partner. „Wir laden jeden ein, mitzumachen", erläuterte Verteidigungsminister Caspar Weinberger die amerikanische Position, „aber wir drängen niemanden und können es auch allein." Mit solchen Sprüchen, die freilich bitter ernst gemeint sind, schockieren amerikanische Politiker nicht nur das westliche Bündnis. Sie verlegen vor allem Michail Gorbatschow den Weg, der den militärisch-industriellen Komplex in der Sowjetunion zugunsten einer längst überfälligen Wirtschafts- und Sozialreform schwächen möchte. Wenn Amerika SDI nicht fallenläßt, „dann wird unsere Rivalität ungeheuer zunehmen, und das Wettrüsten würde unumstößlich". Keiner solle darauf rechnen, die UdSSR werde mit der Supertechnologie und den Superkosten zur Vorbereitung eines „Kriegs der Sterne" nicht zu Rande kommen: „Unsere Lösung wird effektiv sein, weniger kostspielig und schneller zu installieren."

Der Genfer Gipfel hat Ronald Reagan in erster Linie innenpolitisch Gewinn gebracht, er verschaffte ihm die Bühne, sich als Entspannungspolitiker in Szene zu setzen, ohne für irgendeine Zusage in Haftung genommen zu werden. Michail Gorbatschows Lage ist sehr viel unerquicklicher. Er ist gegen den Widerstand der Falken im Politbüro und unter den Militärs nach Genf gereist – und ist mit nichts zurückgekehrt als Berichten über unverbindliche Absichtserklärungen Präsident Reagans.

Schlimmer noch: Gorbatschow hat zwei weitere Treffen verabredet, die ihm bisher jedenfalls keinen besseren Ertrag versprechen. Das heißt, er ist auf Reagans Entgegenkommen angewiesen, wenn er nicht zu Hause unter erheblichen Druck geraten oder die Konferenz-Serie einseitig platzen lassen möchte. Beides kann nicht in seinem Interesse liegen, aber auch nicht in dem der europäischen Bündnispartner beider Supermächte.

Die Verbündeten also sind gefordert. Sie müssen jeden nur möglichen Druck auf Washington und Moskau ausüben, die knappe Frist bis zur nächsten Begegnung im September nicht ungenutzt verstreichen zu lassen. Bewegen sich die Vormächte nicht wirklich aufeinander zu, dann ist nicht nur von Entspannung keine Rede mehr, sondern ein neuer Rüstungswettlauf wäre traurige Wirklichkeit.

Die Frage ist, wer im eigenen Haus stark genug ist, von den jahrelang eisern vertretenen Positionen abzurücken.

Ein glatter Sieg für Raissa Gorbatschowa. Im Wettlauf um die Gunst der Medien ließ die attraktive Philosophie-Dozentin aus Moskau die sehr viel routiniertere amerikanische First Lady um Längen hinter sich. Beide genossen ihre Rolle im Fernseh-Spektakel, ganz anders als Nina Chruschtschowa und Viktoria Breschnjewa, die sich neben den Präsidentenfrauen Jacqueline Kennedy und Betty Ford recht unglücklich fühlten.

Weltstar mit dem 18. Grün

Den Amerikanern gilt er als „Sensation im Golfsport", der französischen Sportillustrierten „L'Equipe" gar als „großes Signal für Europa": Bernhard Langer, 27jähriger Maurersohn aus Anhausen bei Augsburg. Sein überraschender Sieg im 49. US-Masters-Turnier der Golfer in Augusta (USA) hatte ihn am 15. April 1985 schlagartig zum Weltstar gemacht. Denn der Deutsche ist in 50 Jahren erst der dritte Nicht-Amerikaner, der dieses größte Golf-Turnier der Welt gewinnen konnte. Langer, für seine weiten Treibschläge über 250 Meter bekannt, bekam nach seinem Triumph am 18. Grün vom Präsidenten des „Augusta National Golf Club" die Trophäe überreicht: das grüne Klubjakkett, das den blonden Schwaben zum Ehrenmitglied macht und ihm das Recht gibt, lebenslang beim US-Masters mitzuspielen.

Das Monstrum hinterm Haus

Vom Norden Schottlands bis zum Süden Englands suchten die Eheleute Alex und Jeanette Watters 25 Jahre lang nach ihrem Traumhaus. Dann endlich wurden sie fündig: In der Grafschaft Hampshire erwarben sie einen Landsitz im Tudor-Stil aus dem 16. Jahrhundert, umgeben von Buschwald und Farmland. Mit ihren beiden Kindern zogen die Watters ein. Doch aus dem Traum wurde rasch ein Alptraum. Denn über Nacht wuchs auf dem Nachbargrundstück ein Gebilde empor, das wie ein monströser Golfball aussieht, nämlich eine 32 Meter hohe, plastikbespannte Stahlkonstruktion. Proteste blieben ohne Ergebnis. Denn Bauherr ist das britische Verteidigungsministerium, das gleich hinter dem Gartenzaun der Familie Watters eine Leitstelle für ihren Militär-Satelliten „Skynet 4" errichtet hat und keine Baugenehmigung braucht. Dennoch bleibt den Watters noch eine Hoffnung: Der monströse Golfball wird nämlich dann verschwinden, wenn der Satellit in acht Jahren nicht mehr funktionsfähig sein wird.

Ära des Schreckens und des Friedens

Vor vier Jahrzehnten, am Vormittag des 6. August 1945, verglühte die japanische Industriestadt Hiroshima in der Explosion der ersten militärisch eingesetzten Atombombe. Damit hatte die Menschheit erstmals eine Waffe in der Hand, mit der sie sich selbst und ihre Erde ausrotten und zerstören kann. Zum 40. Jahrestag der Bombardierung versammelten sich in Hiroshima die Bürgermeister von 67 Städten aus 23 Staaten der Erde, um gegen das nukleare Wettrüsten zu protestieren und für weltweite Verständigung zu werben. „Hiroshima ist nicht nur ein Zeugnis der Geschichte – Hiroshima ist eine niemals endende Warnung für die Zukunft der Menschheit", sagte Takeshi Araki, der Bürgermeister der wiederaufgebauten Gastgeberstadt. Auch Papst Johannes Paul II. gedachte des Atombombenabwurfs und mahnte mehr Bemühungen um die Erhaltung des Friedens an: „Wir müssen zu Gott beten, daß der Menschheit die Schrekken der atomaren Katastrophe erspart bleiben." Anhänger der Theorie vom Gleichgewicht des Schreckens meinen, die Angst vor der weltweiten Atom-Katastrophe sei die stärkste Friedenssicherung: Weil sich die beiden großen Machtblöcke in Ost und West gegenseitig atomisieren könnten, seien sie dazu verurteilt, Frieden zu halten. Seit vierzig Jahren verhinderten so die Kernwaffen den Dritten Weltkrieg. Statt dessen jedoch wurden in diesen vier Jahrzehnten überall auf der Erde „Stellvertreterkriege" geführt – zwar unterhalb der Atomschwelle, doch todbringend für Millionen Menschen.

Um 8.16 Uhr blieb am Montag, dem 6. August 1945, die Uhr stehen, und ein neues Zeitalter begann: die Ära der Atomwaffen. Die japanische Stadt Hiroshima verglühte im Explosionsblitz der ersten militärisch eingesetzten Kernwaffe. Auf der Pazifikinsel Tinian war der B 29-Bomber „Enola Gay" mit der Bombe beladen worden; eine kleine Gedenkstätte mit einer Palme erinnert heute an diese Stelle auf dem einstigen Flugfeld. Mehr als 100 000 Menschen in der bombardierten Stadt waren auf der Stelle tot, zehntausende weitere siechten jahrelang ihrem Tod entgegen.

IRAS

Das deutsche Doppel und andere Jubelfeste

Beide wurden sie im Frühjahr 1685 geboren, beide bewarben sie sich um dieselbe Organistenstelle, beide sollten sie dafür – der Preis war ihnen zu hoch – dasselbe Mädchen heiraten, und beide wurden sie die überragenden Musiker ihrer Epoche. Im Jahr der Europäischen Musik wurde der 300. Geburtstag von Johann Sebastian Bach und Georg Friedrich Händel weltweit gefeiert. Händel, Wundarztsohn aus Halle, führte ein Leben ohne Frauen und mit nur wenigen Vertrauten, eroberte Italien als Opernkomponist, baute in England ein glanzvolles Opern-Unternehmen auf und wurde schließlich als Organist und Oratorien-Komponist der National-Musiker auf der Insel. Der „Gesamtgeist" Bach (so Albert Schweitzer) führte sein Leben in der Provinz, war zweimal verheiratet, bekam sieben Kinder von seiner ersten Frau Barbara, sechs Söhne und sieben Töchter von seiner zweiten, der Sängerin Anna Magdalena, von denen die Söhne Wilhelm Friedemann, Carl Philipp Emanuel, Johann Christoph Friedrich und Johann Christian ihrerseits bekannte Komponisten wurden. 27 Jahre seines Lebens, von 1723 bis zu seinem Tod im Jahre 1750, hielt Bach das Amt des Thomas-Kantors in Leipzig. Das beneidete Amt war eine Fron: Er mußte die Kirchenmusik beaufsichtigen, bei Trauungen und Beerdigungen spielen, Lateinunterricht erteilen und für jeden Sonntag Kantaten schreiben – allein 295 entstanden in Leipzig, dazu die großen Passionen, Orgelwerke und Motetten.

Johann Sebastian Bach, der Kantor aus Leipzig, und Georg Friedrich Händel, der englische Nationalkomponist deutscher Herkunft, sind sich zeitlebens nicht begegnet. Beide haben, von der Zeitgenossenschaft abgesehen, wenig miteinander gemein. In seiner Händel-Biographie bezeichnete Romain Rolland seinen Helden — hier in einem Portrait von Thomas Hudson — als „überragende Unpersönlichkeit". Über die Musik Bachs schrieb der Philosoph und Anti-Christ Friedrich Nietzsche: „Wer das Christentum völlig verlernt hat, der hört es hier wirklich wie ein Evangelium."

30 Jahre Bundeswehr

Sie war der Preis dafür, daß die noch junge Bundesrepublik Deutschland fast auf den Tag genau zehn Jahre nach der bedingungslosen Kapitulation des Hitler-Staats eine – wenn auch eingeschränkte – Souveränität erhielt: die Gründung der Bundeswehr vor dreißig Jahren. Mit der Bereitstellung eines bundesdeutschen Militärkontingents zur Nato erreichte der damalige Bundeskanzler Adenauer die Aufhebung des Besatzungsstatuts durch die Siegermächte. Es hat also durchaus symbolische Bedeutung, wenn im Jubiläumsjahr ihres dreißigjährigen Bestehens eine Ehrenformation der Bundeswehr zwischen dem Bonner Kanzleramt und der Henry-Moore-Monumentalplastik auf dem Kanzlerrasen paradiert.

Petri Heil

Danny White aus Florida ist ein guter Geschichtenerzähler. Schwer zu sagen, was stimmt und was nicht. „Ich habe nie eine Wahl gehabt", sagt er, „ich mußte schon als Kind lernen, wie man Alligatoren jagt und erlegt. Eines Nachts nahm mich mein Vater mit aufs Boot und sagte zu mir: ‚Komm mir nicht nach Hause, ohne daß du einen gefangen hast.'"

Sein Freund Columbus White jagt die schuppigen Tiere ebenfalls seit der Jugendzeit. Sein Vater und sein Schwiegervater haben bereits vor dem Ersten Weltkrieg damit angefangen.

Die Alligatoren-Jäger können die Aufregung um ihren Job nicht so recht begreifen. Schließlich besteht die Genehmigung zur Jagd seit fünf Jahren. In diesen fünf Jahren killten insgesamt 20 Jäger 272 Alligatoren – in den Seen von Alachua County/Florida mit den klangreichen Namen Orange, Lochloosa, Newnan's.

Elizabeth Howard von der Bewegung „Menschen für die ethische Behandlung von Tieren" kämpft gegen die Jagd dieser „unschuldigen Tiere". Vergeblich. Denn „die Leute finden die Alligatoren fies und widerlich".

Familie Cresco hat Grund dazu. Eines der allein in Florida lebenden Million Schuppentiere hat den 11jährigen Sohn Robbie im St. Lucie River beim Tauchen getötet. Dies ist zwar sei 1978 der erste Todesfall, es erbost abe viele Menschen in Florida, daß die Alligatoren seit 1977 auf der Liste der gefährdeten Arten stehen. Trotzdem is seit 1981 die Jagd auf Krokodile erlaubt, besonders der sogenannte Stör-Alligatoren, die am liebsten in Abflußrohren oder Swimmingpools lebe und dort gehörigen Unfrieden stiften. Da in Florida nur zwanzig Jäger zugelassen werden, ist der Andrang groß denn das Gewerbe ist lukrativ. Ein 60 Pfund schwerer Alligator bringt 20 Pfund Fleisch à fünf Dollar. Die Hau wird gesäubert, gesalzen, gerollt un zu Schuhen und Handtaschen verarbeitet. Na dann, Petri Heil!

Alligatoren-Jagd ist nur nachts möglich. Die Jäger durchkämmen vorsichtig die Uferböschung, um die schreckhaften Tiere nicht zu verscheuchen. Wenn sie einen Alligator auf der Harpune aufgespießt haben, geht der Kampf los, denn die kräftigen Tiere kämpfen verbissen ums Überleben – und haben schon so manchen Jäger ins Wasser gezogen.

„Wegen dieses Babybildes habe ich wütende Leserzuschriften bekommen", erzählt John Moran, der dafür von der Zeitschrift „News Photographer" den dritten Preis bekommen hat. „Die Leute fanden es unverantwortlich, daß ich den Säugling in das offene Alligator-Maul hielt. Erstens hatte das Baby überhaupt keine Angst. Zweitens war es ein ganz friedliches Tier. Drittens haben wir ihm vorher eine Beruhigungsspritze gegeben."

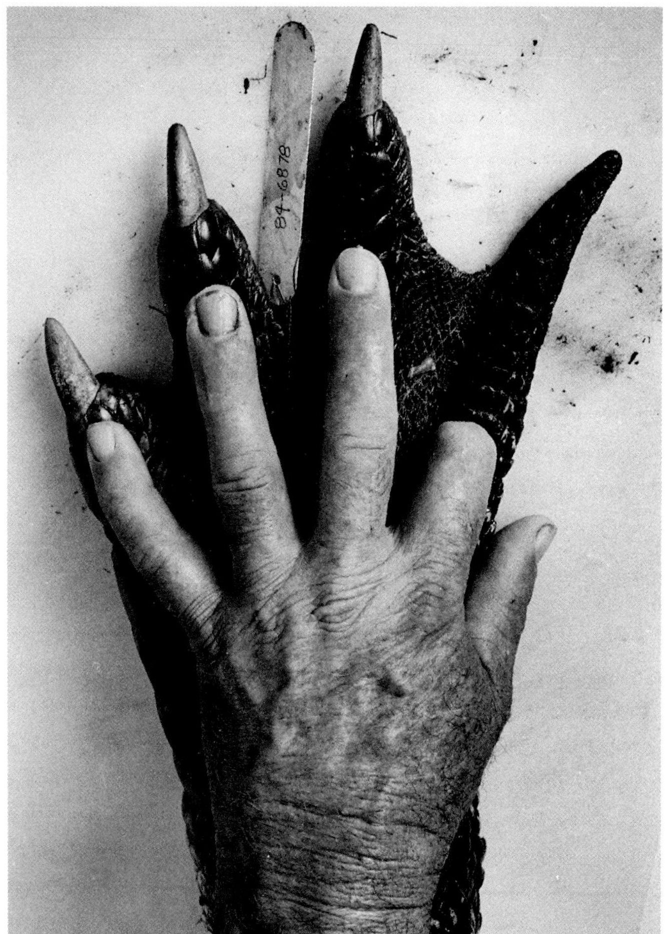

Die Hand mit dem halben Zeigefinger gehört Columbus White. „Ich dachte, der Alligator sei tot", sagt er, „leider war er's nicht." Der Vorfall ereignete sich, als der Jäger einen Alligator aus einem Swimmingpool entfernen wollte.

Zum Überleben in die Tiefe

In einem Land wie den Philippinen, dessen wirtschaftliche Verhältnisse sich von Jahr zu Jahr verschlechtern, sind die meisten Familien darauf angewiesen, daß auch ihre Kinder mitarbeiten. Für 900 Mark im Jahr, weniger als der Preis für ein Videogerät, das bundesdeutsche Kinder auf ihrem Gabentisch zu Weihnachten erwarten, riskieren philippinische Kinder ihr Leben. Zwischen Korallenriffen treiben sie Fische in die Netze. Innerhalb eines Riffs von etwa 800 Metern Durchmesser und über 25 Metern Tiefe legen sie ein großes, sackartiges Netz aus, das sogenannte Muro-Ami, wie es auf japanisch heißt.

Während ihr Schiff einen weiten Halbkreis fährt, springen die Jungen ins Meer. Die Ausrüstung ist spärlich. Die Jungen tragen die zerfetzten Hemden und Hosen, die sie wochenlang nicht wechseln, sowie Schutzbrillen aus Fensterglas und Gummiband.

Ihr einziges Werkzeug ist die sogenannte „Schreckleine", ein etwa 45 Meter langes Seil, an dem in kurzen Abständen Nylonstreifen befestigt sind und dessen Ende mit einem Stein beschwert ist. Die furchtlosen Jungen schwimmen dicht nebeneinander und ziehen ihre Seile hinter sich her, die wie eine Art Unterwasser-Vorhang die Fische des Korallenriffs in das Netz treiben. Der Fang wird in große Metallfässer geschüttet. Alles wird verwendet, von kleinen Haien bis zu winzigen Schmetterlingsfischen.

Eine große Gefahr sind die Haie, die die Jungen unter Wasser zerfleischen, oder die Nadelfische, die, wenn sie aufgeschreckt werden, den unglücklichen Schwimmer aufspießen.

Was passiert mit den Schwerverletzten, die knapp mit dem Leben davongekommen sind?

Der Kapitän zuckt die Achseln: „Die sterben eben."

Mit ihren steinbeschwerten Leinen haben die philippinischen Kinder den Fischschwarm aufgescheucht und ins Netz unter dem Boot getrieben. Der Fang kommt auf Eis oder wird in der Sonne luftgetrocknet. Wer Hunger hat, greift sich einen noch lebenden Fisch und verspeist ihn. Vorzeitig kehren die Schiffe nur zurück, wenn sie ein totes oder schwerverletztes Kind abliefern müssen. Diese Fang-Technik, die Muro-Ami heißt, wird vorwiegend von Kindern zwischen sieben und fünfzehn Jahren betrieben. Ohne Preßluftgerät bleiben sie oft minutenlang unter Wasser. Oft sind diese Kindertaucher bis zu zehn Monate mit den Fischerbooten unterwegs. Tageslohn: 2,50 Mark.

Das Ende eines Aufstands

An dem kalten, verregneten Morgen des 7. November steuert ein Lastwagen auf den Hintereingang des Justizpalasts der kolumbianischen Hauptstadt Bogotá zu. Vor den Augen der entsetzten Passanten stürmt eine Gruppe schwerbewaffneter Guerilleros aus dem Laster und erobert in wenigen Minuten das gesamte Gebäude. Dabei halten sie rund 400 Personen in Schach, unter ihnen fast alle Richter des Obersten Gerichtshofs. In den folgenden 27 Stunden entwickelt sich die Geiselnahme zu einem mörderischen Blutbad, das nach Meinung vieler Kolumbianer durchaus hätte vermieden werden können.

Es begann mit der Bekanntgabe der Forderungen der Rebellen: Die Bewegung „19. April", als die sie sich identifizierte, verlangte die Veröffentlichung aller Akten jener Kommission, die über die Einhaltung eines Waffenstillstands-Abkommens zwischen der Regierung und vier Guerilla-Gruppen wacht. Nach Auffassung der Bewegung 19. April, kurz: M 19, die sich nach dem Tag nennt, an dem 1970 der Präsident gewählt wurde, hat die Regierung ihr Versprechen einseitig gebrochen. Die Terroristen wollen dem Präsidenten deswegen einen Schauprozeß unter Vorsitz der festgehaltenen Richter machen. Doch Präsident Belisario Betancur weigert sich, bei dieser Farce mitzuspielen. Daraufhin erschießen die Rebellen einige ihrer Gefangenen. Eine Geisel darf mit Betancur telefonieren und fleht ihn an: „Bitte verhandeln Sie, sonst werden wir alle erschossen!" Der Präsident jedoch hat sich für die harte Linie entschieden, weigert sich, Gespräche mit den Terroristen zu führen und ordnet den Angriff auf das Gebäude an. Die bedrängten Guerilleros stecken das Gerichtsarchiv in Brand. Vermutetes Motiv: Gegen einige von ihnen lagen Auslieferungsanträge der USA wegen Rauschgifthandels vor. Die Flammen breiten sich vom Archiv schnell in die oberen Stockwerke aus, die Fensterscheiben bersten, und die eindringenden Eliteeinheiten steigen trotz des harten Beschusses durch die Fenster ein. Den Rebellen gelingt es auch mit ihrer schweren Ausrüstung nicht, die

Ein blutiger Gesichtsabdruck im Straßenstaub: Die Terroristin Vera Crabbe, 34, starb im Kugelhagel der kolumbianischen Elitetruppen. Nach dem Abtransport der Leiche lagen neben dem gespenstischen Bild ihre Bluse und ihre Schuhe.

Angreifer fernzuhalten. Wahllos feuern sie in die Menge der Geiseln und ziehen sich mit einigen von ihnen in das dritte Stockwerk zurück. Als ihnen die Polizei dorthin nachstürmt, bietet sich ein blutiges Bild: Angesichts ihrer ausweglosen Situation haben die Terroristen sich und alle restlichen Geiseln erschossen. Bilanz des schwarzen Novembertages: 91 ermordete Geiseln, unter ihnen der Präsident des Gerichtshofs, und ein völlig ausgebrannter Justizpalast. Der Staatschef kündigte in einer Fernsehansprache an, daß das Gebäude restauriert wird und das Gericht bis dahin in der Staatsbücherei tagt. Doch die Bevölkerung ist erschüttert: Sie meint, ihr Präsident hätte erst reden und dann schießen sollen. Und sie befürchtet, daß die Rebellen sich für die Niederlage im Justizpalast schon bald rächen könnten.

Dem massiven Ansturm der kolumbianischen Miliz konnten die Rebellen im Justizpalast von Bogotá fast 25 Stunden lang standhalten. Im Lauf des Gefechts wurden mehrere hundert Geiseln unverletzt befreit und in Sicherheit gebracht.

Kometen-Frust

Der regelmäßige Gast aus den Fernen des Weltraums enttäuschte bei seinem diesjährigen Besuch die Erwartungen der Erdbewohner: seit 2000 Jahren war der Halleysche Komet nicht so schlecht zu sehen. Nur als unscheinbarer, verwaschener Lichtfleck präsentierte er sich gegen Ende des Jahres den Himmels-Beobachtern auf der nördlichen Halbkugel. Dafür blieben aber auch Panik und Selbstmorde aus, wie sie noch 1910, beim letzten Auftauchen des alle 76 Jahre die Sonne umrundenden Schweifsterns, für Aufregung gesorgt hatten – in jenem Jahr strahlte er zeitweise sogar tagsüber deutlich sichtbar am Himmel. So beschränkt sich das Halley-Fieber diesmal auf die Medien, auf die Reklame-Industrie und die Reiseveranstalter: Diese bieten Halley-Trips auf die Südhalbkugel an, wo der Komet im März des kommenden Jahres wenigstens einigermaßen zu sehen sein soll.

Dafür aber bekommt der Gast aus dem fernen Weltraum diesmal selbst Besuch: Gleich sechs verschiedene Raumsonden sind zu ihm unterwegs, darunter die Mitte des Jahres in Kourou/Französisch-Guyana gestartete europäische Sonde „Giotto". Sie soll zum erstenmal Nahaufnahmen des aus gefrorenen Gasen, Eis und darin eingebackenen Staubkörnchen bestehenden Kometenkerns zur Erde funken. Von den Ergebnissen der sechs Weltraum-Expeditionen erhoffen sich die Wissenschaftler Aufschluß über die Entstehung unseres Sonnensystems: Die Kometen, so lautet die vorherrschende Theorie, sind ein seit Jahrmilliarden in der Weltraumkälte konservierter Überrest dieses Vorgangs.

Wegen seiner relativ schnellen Bewegung mußte bei dieser Langzeitbelichtung des Halleyschen Kometen das Fernrohr nachgeführt werden, wodurch die Hintergrundsterne als Lichtspuren erscheinen. Trotz der vergleichsweise schlechten Sichtbarkeit zog der Komet Scharen von mit Ferngläsern ausgerüsteten „Halley-Touristen" an. Kein Wunder: Erst im Jahre 2061 ist er das nächstemal zu sehen.

Falsche Fotos und falsche Spuren erschwerten die Fahndung nach Josef Mengele, dem KZ-Arzt von Auschwitz. Diese Aufnahme, von geschäftstüchtigen Nachrichtenhändlern in den 70er Jahren verbreitet, gehört dazu. Die echten Fotos und den Aufenthaltsort des weltweit Gesuchten hielt die Familie unter Verschluß – bis zum Sommer 1985, als Sohn Rolf Mengele, ein Freiburger Rechtsanwalt, die Fahnung nach seinem Vater, dem Massenmörder, mit der Nachricht beendete, der sei schon im Februar 1979 gestorben.

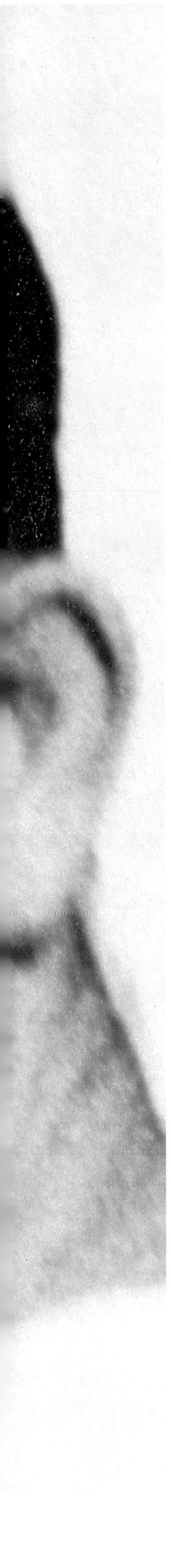

In seiner Freizeit übernahm Mengele gern die Selektionen an der Todesrampe von Auschwitz.

Der „Todesengel"

Josef Mengele ist tot. Seit dem 8. Februar 1979 liegt der wegen grausamster Verbrechen jahrzehntelang gesuchte Lagerarzt des KZ Auschwitz auf dem Friedhof der brasilianischen Stadt Embu. Mengele, der 1911 als Sohn eines wohlhabenden Industriellen im schwäbischen Günzburg geboren worden war, studierte in Bonn, München und Wien Philosophie und Medizin. Nach dem Studium arbeitete er am Frankfurter „Institut für Erbbiologie und Rassenhygiene". Nach einer Verwundung als SS-Truppenarzt wurde Mengele im Mai 1943 in das Konzentrationslager Auschwitz versetzt.

Innerhalb kürzester Zeit begründete er dort seinen blutigen Ruf als „Todesengel" des Lagers. Die Berichte und Zeugenaussagen über seine brutalen Menschenversuche füllen einige hundert Aktenordner der Frankfurter Staatsanwaltschaft, die seit 1961 gegen den Arzt ermittelte – erfolglos. Mengele entzog sich bereits 1949 der deutschen Justiz. Unter dem Falschnamen „Helmut Gregor" floh er von Genua nach Argentinien und, zehn Jahre später, nach Paraguay. 1961 wechselte er nach Brasilien und versteckte sich dort 18 Jahre lang bei Nazi-Freunden im Süden des Landes. Finanziell unterstützt wurde er von seinen deutschen Familienangehörigen und Freunden, die über seinen Aufenthaltsort und die Lebensbedingungen aus einem regen Briefwechsel bestens unterrichtet waren. Ganz im Gegensatz zu dem Wiener Nazi-Jäger Simon Wiesenthal, den Frankfurter Staatsanwälten und dem israelischen Geheimdienst. Sie alle waren der Überzeugung, Mengele sei mit Wissen des Diktators Alfredo Stroessner in Paraguay untergetaucht.

Mit der von deutschen und amerikanischen Gerichtsmedizinern geleisteten Identifizierung der Leiche von Embu ist die reichlich halbherzig betriebene Fahndung nach den „großen" NS-Gewaltverbrechern zu Ende. Der natürliche Tod hat jede denkbare Sühne überholt.

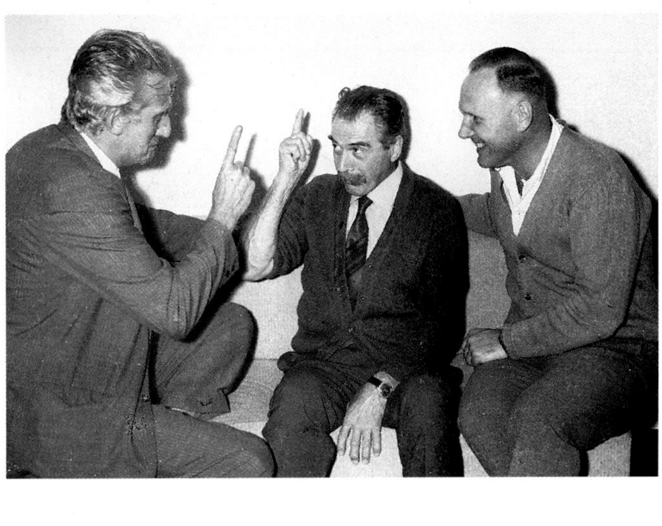

Mengele (Mitte) unterhält sich mit seinen Gesinnungsfreunden und Beschützern in Brasilien, Wolfgang Gerhard und Wolfram Bossert.

Ein Tor in New York

Für einen „Augenblick der Weltgeschichte" wollte der „Macher" HA Schult New York zu Berlin machen. Der Aktionskünstler pflanzte eine hölzerne Nachbildung des Brandenburger Tors vor die Skyline von Manhattan, und vor der Südspitze der New Yorker Insel errichtete er eine dreißig Meter lange Mauer mit deutschen Graffiti. Simultan mit seinem Happening fand ein gleiches vor der realen Berliner Mauer statt – und per Satellit wurde das Unternehmen im Fernsehen übertragen. Die Aktion, 1,5 Millionen Mark teuer, finanzierte HA Schult über den Verkauf von Bildern, Zeichnungen, Grafiken, Collagen und eine Berliner Senatszuwendung in Höhe von 250 000 Mark aus Lottogeldern. Die DDR legte gegen die Schau Protest bei den Alliierten ein, die New Yorker Presse reagierte auf das Spektakel mit desinteressierter Distanz.

Begnadete Körper

„Möge die Übung gelingen" – mit dieser zwanzigmal wiederholten Floskel kündigte Frau Way Yun die einzelnen Auftritte der Artisten an, die der Wiener Künstler André Heller aus Hefei, einer kleinen Stadt in der Provinz Anhui, für seine Schau der „Begnadeten Körper" in die Bundesrepublik geholt hatte. Doch schon nach zwei, drei Übungen war zu spüren, daß Frau Way Yuns Ankündigung keine Floskel war, sondern eine Beschwörung. Und die Übungen waren Wunder.

Drei Monate lang war Heller auf Einladung der chinesischen Regierung durch das Land gereist und hatte „das Beste gesehen, was es auf der Welt gibt" – eine Artistik, die der zirzensischen Sensation abhold ist und ohne alle Glamour-Effekte auskommt.

Er ließ kleinste Mädchen, Püppchen schier, Handstände auf dem Kopf eines Zwölfjährigen vollführen und dabei ein halbes Dutzend Schüsseln jonglieren; ließ Diabolo-Mädchen eine Art von Jojo vorführen, bei dem die Rollen auf den Seilen ein wahnwitziges Ballett tanzten; ließ junge Burschen an Bändern tollkühne Stürze exerzieren; eine Pyramide aus sieben Stühlen auf nur zwei Beinen türmen und darauf Mädchen im Handstand sich strecken.

Vorgeführt wurde, mit vollkommener Gelassenheit, jene „Kunst", die sich in vollkommener Zwecklosigkeit erfüllt und zugleich die absolute Einheit von Körper, Seele und Geist erreicht.

Schon im Kindesalter beginnt das Training derer, die „Großmeister" werden wollen. Bei einer der schwierigsten Balanceübungen bilden zehn Kinder ein Pfauenrad, während ein Mädchen das Fahrrad steuert. Eine Großmeisterin balanciert mit einem Brett auf einem Holzzylinder, während sie auf der Nase eine Glaspyramide trägt.

Überbrückungen an der Seine

Aus 40 000 Quadratmetern feuerfesten Stoffs aus Polyamid, mit elf Kilometern Seil und einem Etat von über sieben Millionen Mark inszenierte der in New York lebende Exil-Bulgare, der sich Christo nennt, eines seiner längst schon berühmten „Seherlebnisse". Nach dem „Running Fence" und den „Surrounded Islands" hüllte er den Pariser Pont Neuf in ein goldenes Festkleid – und Tausende, Zehntausende, die gemeinhin nicht ins Museum gehen, strömten zu diesem verfremdeten Kunstwerk, hockten sich in die gepolsterten Nischen. Wie schon des öfteren war die Realisierung des Spektakels diffizil: Zwar hatte der Künstler – nach wie immer endlosem Zureden – die Behörden in Watte gepackt, doch wollte der Polizeipräfekt das surrealistische Unternehmen gigantischer Zwecklosigkeit unterbinden, und erst nach dem Eingreifen Mitterrands konnten Seiler und Schiffsleute, Taucher und Zimmerleute der ältesten Brücke der Seine-Metropole einen Plissee-Anzug anziehen. Wie immer hatte der Künstler das Projekt, das der Stadt Devisen brachte, selbst finanziert: durch den weltweiten Verkauf von Skizzen und Zeichnungen, Fotomontagen und Reliefbildern, deren Wert nur steigt, je öfter und souveräner der Künstler seine tollen Phantasi[e] durchsetzen kann. Schäden an der Brücke, durch die Strom- und Telefonkabel gehen, gab es nicht. Christo brauchte nicht einen einzigen Dübel, sondern befestigte das riesige Kleid mit Klebstoff, Gewichten und Seilen – so geschick[t], daß die Passanten

fragten: „Wo sind die Knoten?" Einer der Gäste der Schau war der Berliner Kultursenator Volker Hassemer. In dessen Stadt will der Bulgare den Reichstag verpakken, was bisher am Veto des Hausherrn Philipp Jenninger gescheitert ist, der mit moderner Kunst dann und wann schon einmal Probleme hatte und diese durch Abreißen löste. Christos Verpackungen, Trost für den CDU-Politiker, müssen nach einiger Zeit entfernt werden.

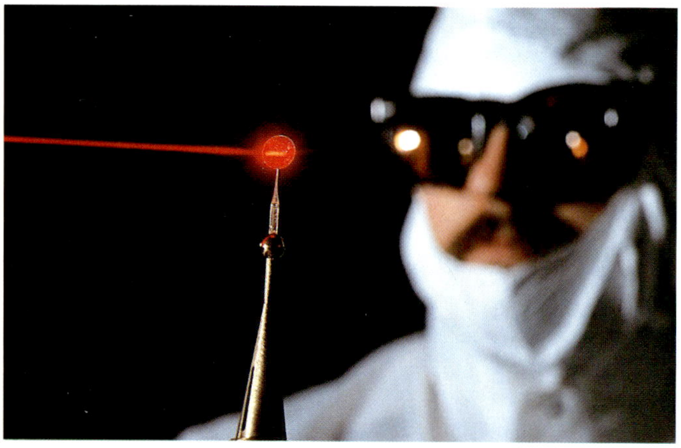

Ein amerikanischer Techniker überprüft mit einem schwachen Kontroll-Laser eine mit Wasserstoff gefüllte Glaskugel. Ist die Oberfläche absolut glatt und rund? Anschließend wird die Glaskapsel exakt im Zentrum einer kugelförmigen „Brennkammer" montiert. Dort treffen sich die Strahlen von zehn gewaltigen Laserkanonen. Sie sollen den Wasserstoff schlagartig auf 100 Millionen Grad erhitzen, so daß die Atome miteinander zu Helium verschmelzen – ein Prozeß, wie er bei der Explosion einer Wasserstoffbombe abläuft.

Der Käfig, in dem die Wasserstoffbombe gezähmt werden soll

Der Name ist jenen seltenen Sternen entlehnt, die urplötzlich aufleuchten und kurz darauf wieder verlöschen. „Nova" tauften US-Techniker vom kalifornischen „Lawrence Livermore Laboratorium" die größte Laserkanone der Welt, mit der sich Lichtblitze tausendbillionenmal heller als die Sonne erzeugen lassen.

Die gut eine halbe Milliarde Mark teure Anlage, die Anfang des Jahres fertiggestellt wurde, besteht aus zehn mehr als 200 Meter langen Rohren, in denen eine Kette von Verstärkern mehr und mehr Energie in Laserlicht pumpt. Am Ende wird es dann von metergroßen Spiegeln und Quarzlinsen exakt auf den Mittelpunkt einer viereinhalb Meter großen Aluminiumkugel gebündelt. Dort konzentrieren die Strahlen eine Leistung von 200 Milliarden Kilowatt. Das ist, wenn auch nur für den Bruchteil einer Sekunde, weit mehr, als alle Kraftwerke der Erde zusammen erzeugen.

Fernziel der „Nova"-Konstrukteure ist die Erschließung einer neuartigen Energiequelle – die Verschmelzung von Wasserstoffatomen zu Helium. Durch Laserbeschuß, so die Idee, sollen wasserstoffgefüllte Glaskügelchen auf das Zehnfache der Sonnentemperatur erhitzt werden, um den Fusionsprozeß in Gang zu setzen. Doch obwohl in den letzten Jahren weltweit ständig leistungsstärkere Strahlenkanonen konstruiert wurden, rückte die Hoffnung, mit ihnen gleichsam Miniatur-Wasserstoffbomben zünden zu können, in immer weitere Ferne. Auch

„Nova" ist trotz ihrer gigantischen Dimensionen eine reine Versuchsanlage, die weit mehr Energie frißt, als sie durch Kernverschmelzung erzeugt.
Ein Hindernis vor allem versperrt bislang den Weg zum Fusionskraftwerk. Damit genügend Atomkerne miteinander verschmelzen, müssen die Laserstrahlen den Wasserstoff nicht nur auf 100 Millionen Grad erhitzen, sondern das Gas auch so stark zusammenpressen, daß es zehnmal dichter als Blei und entsprechend schwer wird. Voraussetzung dafür ist, daß die äußere Hüllschicht der millimetergroßen Wasserstoffkapseln unter dem Strahlenbeschuß schlagartig verdampft und der Rückstoß der raketengleich auseinanderfliegenden Teilchen die zurückbleibende Gaskugel zusammendrücken. Wie sich diese Kompression erreichen läßt, soll mit „Nova" erforscht werden.
Die Livermore-Physiker rechnen sich gute Erfolgschancen aus. Je kürzer die Wellenlänge der Laserstrahlen ist, so zeigten Vorversuche, um so wirkungsvoller läßt sich der Fusionsprozeß „zünden". Die infraroten Lichtblitze von „Nova" werden deshalb von speziellen Filtern erst in grünes und dann in ultraviolettes Licht umgesetzt und anschließend in extrem kurzwellige Röntgenstrahlen verwandelt.
Diese Besonderheit hat das Interesse der Militärs an „Nova" geweckt. Denn als Herzstück von SDI – Reagans „Strategischer Verteidigungsinitiative" – planen die Amerikaner den Bau riesiger Röntgenlaser, um sowjetische Interkontinentalraketen im Anflug zerstören zu können.

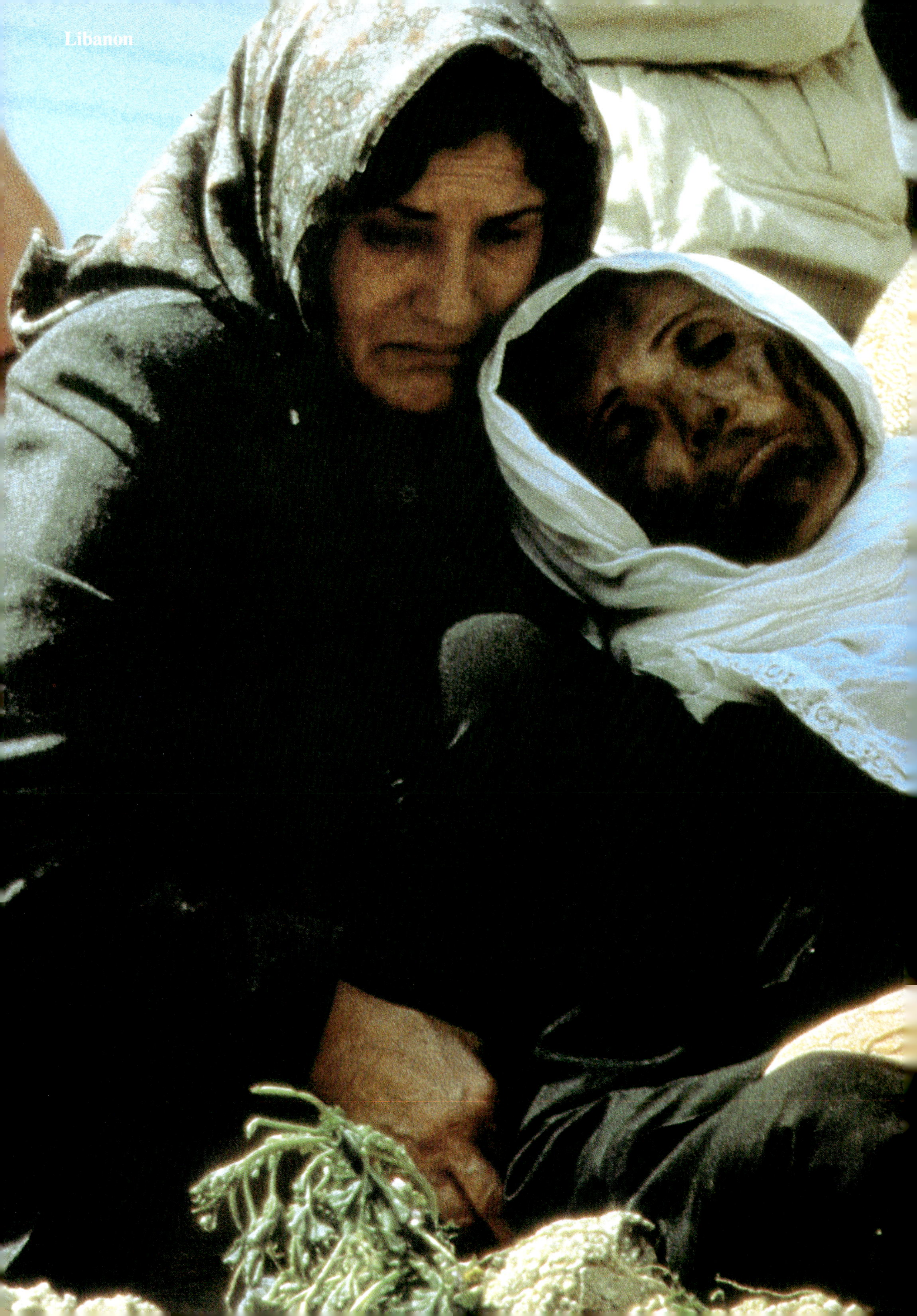

Israels Libanon-Fiasko

Terror und Trauer im Südlibanon: Eine Schiitin mit der Fotografie ihres von den Israelis getöteten Sohnes. Mit einer Politik der „Eisernen Faust" versuchten die Besatzer aus Tel Aviv in den ersten Monaten dieses Jahres, den wachsenden Widerstand der südlibanesischen Bevölkerung zu brechen. Vergeblich: Selbstmord-Terroristen, die mit Autos voller Sprengstoff in israelische Stellungen und Kolonnen rasten, zwangen die jüdische Armee zu einem nicht geplanten schnellen Rückzug. Am dritten Jahrestag des Beginns des Libanon-Feldzugs „Frieden für Galiläa", am 6. Juni, räumten die Besatzer das Nachbarland – bis auf einen zwölf Kilometer breiten „Sicherheitsgürtel" an der Grenze. Israel hatte über 650 Soldaten verloren. Bitter wog aber auch die Erkenntnis, daß ihre Armee den Nimbus der Unbesiegbarkeit verloren hatte.

Gesichter Japans

Zwei Schwestern im Masken-Magazin des Jujion-Hospitals in Tokio. Hier lagern die Gesichtsabdrücke von Patienten, die sich in der bekanntesten japanischen Klinik für plastische Chirurgie haben operieren lassen. Unter den tausend Menschen, die pro Jahr unter das Messer kommen, sind vor allem Frauen, die rundere Augen und größere Nasen wünschen, um europäischer auszusehen als ihre Mitmenschen im Büro und im Restaurant. Weil die nach den Gesichtern von Pin-up-Fotos geformten Gesichter die Berufschancen in Japan angeblich verbessern, kommen die Patienten nicht immer aus eigenem Entschluß. In der Sprechstunde tauchen oft auch Teenager mit ihren Eltern auf, weil die Karriere der Kinder per Skalpell gesichert werden soll.

Seine letzte Rolle

Als er sie spielte, war er schon vom Tode gezeichnet. Rock Hudson, der romantische Star des amerikanischen Nachkriegs-Kinos, der saubere Liebhaber, von Frauen vergöttert und Männern bewundert, hatte Aids. Ob er seine Diagnose der Öffentlichkeit an jenem 25. Juli 1985 tatsächlich durch seinen Sprecher mitteilen lassen wollte oder ob ihm die Gerüchte der Wochen zuvor keine andere Wahl gelassen hatten – Hudsons Eingeständnis war nicht nur das Ende seines Doppellebens, in dem er aus Angst vor den Produzenten Hollywoods seine Homosexualität 37 Jahre verborgen hatte.
Es war zugleich der Anfang einer großen Diskussion in Amerika über eine Seuche, die den meisten bis dahin als Problem einer Randgruppe gegolten hatte.
Präsident Reagan rief seinen Kollegen aus alten Zeiten an und ermunterte Hudson, den Kampf gegen die tödliche Abwehrschwäche aufzunehmen. Doch für Rock Hudson kam jede Hilfe zu spät. Auch die Ärzte des Pariser Pasteur-Instituts konnten ihn mit der angeblichen Wunderdroge HPA 23 nicht mehr ret-

ten. So flog Hudson mit einem gecharterten Jumbo-Jet der Air France zum Sterben nach Los Angeles zurück. Sein Tod half vor allem der Wissenschaft. Die US-Regierung erhöhte im Sommer die Forschungsgelder von 83 auf 126 Millionen Dollar. Elizabeth Taylor, an deren Seite er in dem Film „Giganten" gespielt und es damit zur Oscar-Nominierung gebracht hatte, organisierte eine Aids-Gala in Los Angeles, an der fast alle Hollywood-Größen teilnahmen und spendeten. Hudson machte als Todkranker Schlagzeilen wie nie zuvor. Denn um den ehemaligen Flugzeugmechaniker der Navy, späteren Briefträger und Lastwagenfahrer, der 1948 zum ersten Mal für den Film „Jagdstaffel" vor der Kamera gestanden und danach in 64 Filmen mitgespielt hatte, war es ruhiger geworden. Am ehesten berichteten die Zeitungen in den letzten Jahren noch über Alkoholexzesse und Schlägereien, in die der hochgewachsene Schauspieler verwickelt war. Bevor der 59jährige die Welt noch einmal als Aids-Kranker beschäftigte, trat er als Gast in der Fernseh-Serie „Denver" auf. Abgemagert stand er zum letzten Mal vor der Kamera. Ein paar Monate später, am 2. Oktober 1985, war er tot.

Ein Vater küßt seinen Sohn. Beide leiden an Aids. D Amerikaner Patrick Burk hat über seine Frau seinen Sohn Dwight angesteckt. Während der Schwangerschaft oder der Geburt ha

ich der Junge infiziert. Da Patrick luterkrank ist, alt er seit Ausruch der Seuche ls Aids-gefährdet. Doch seit Kranke wie er Frauen und Kinder infizieren, ist die Angst vor der Ansteckung weiter gewachsen. Patrick und Dwight haben nur geringe Überlebenschancen. Ihre Abwehr ist bereits so geschwächt, daß sie immer wieder ins Krankenhaus müssen. Bei Lauren, der Mutter, ist die Seuche noch nicht ausgebrochen. Aber auch sie hat das Aids-Virus im Blut. Allein die Tochter aus Laurens erster Ehe ist noch gesund.

Die neuen Opfer

Es waren nicht die Zahlen der Toten und Kranken, die Aids zum Thema des Sommers '85 machten. Obwohl in der Bundesrepublik bis zum Jahresende 370 Menschen erkrankt und 165 gestorben waren, obwohl in den USA 8161 Tote und 15948 Kranke in den Statistiken standen, wuchs die Angst vor der Seuche aus einem anderen Grund: Das Aids-Virus hat die traditionellen Risikogruppen verlassen. Nicht länger werden nur Homosexuelle, Bluterkranke und Drogenabhängige infiziert. Auf dem Weg über bisexuelle Männer und Prostituierte hat der Erreger seinen Weg in die ersten Familien gefunden. Kinder und Frauen haben sich angesteckt. Die Seuche hat das Ghetto verlassen.

Zugleich stellte sich heraus, daß die Hoffnung auf einen Impfstoff in naher Zukunft unrealistisch war. Als im April 1984 die Entdeckung des Aids-Virus gelungen war, glaubten Forscher noch, binnen drei Jahren sei ein Impfstoff entwickelt. Doch 1985 mußten sie erfahren, daß das Aids-Virus kompliziert ist. Mehr als hundert Varianten haben sie inzwischen entdeckt. Und für jede brauchen sie einen eigenen Impfstoff. Auch die Behandlung der Kranken gelingt den Ärzten nicht recht. Mittel, die im Reagenzglas die Vermehrung des Virus stoppen, versagen am Menschen. Wer das letzte Stadium der Krankheit erreicht, hat kaum eine Chance zu überleben.

Schocker der Saison

Jeder, der Rang und Namen hatte im Mode-Business 1985 und alle, die sich zur Avantgarde-Kundschaft im Klamotten- und Kosmetik-Karussell zählten, waren verknallt. Die Erleuchtung hatte als erster der italienische Stoff-Weber Agnona. Der färbte seine wollenen Gabardines in phosphoreszierenden Neontönen ein. Die griff der US-Designer Stephen Sprouse für seine Moden im 60er-Jahre-Stil auf, machte damit international Furore und brachte so auch andere Branchen auf Trab. Die Schmink-Industrie stieg voll auf den neuen Leucht-Trend ein, kam mit den schrillsten, knalligsten Neon-Tönen für Lippenstift, Lidschatten und Nagellack auf den Markt, die Haar-Kosmetiker folgten und gingen der jungen Kundschaft mit Gel, Spray und Glitzerstaub in Knall-Farben an die Mähnen. Das ließ die Hersteller von Bademoden, Strumpfwaren und Pullovern nicht ruhen. Auch sie warfen tonnenweise Phosphoreszierendes auf die Ladentische – als Leuchtsäulen wandelten Boys und Girls durch das 85er Jahr.

Ganz schön entspannt im Hemd

Zur Sommerpause in Bonn verpaßte der STERN unseren Politikern die Kluft zum Ausspannen: Bundesfinanzminister Gerhard Stoltenberg macht selbst im T-Shirt noch Staat. Bundeskanzler Kohl sieht mit Snoopy lässig aus. Bayerns Ministerpräsident Franz Josef Strauß nimmt sich was kühles Blondes zur Brust. Bundesinnenminister Hans-Dietrich Genscher läßt sich mit rassigen Beauties ein. Bundesinnenminister Friedrich Zimmermann kommt großkariert daher, und der SPD-Fraktionsvorsitzende im Bundestag, Hans-Joachim Vogel, wird als Jogger mit Busenfreundin gesichtet.

Hervorragende Stützen

Das hätte sich der Schwabe Sigmund Lindauer nicht träumen lassen. Was er 1913 unter der Nummer 190 110 beim Patentamt in Berlin registrieren ließ – den ersten Büstenhalter der Welt –, hat heutzutage Hochkonjunktur bei allen namhaften Modemachern von Tokio bis Paris. Die Kleiderkünstler der 80er Jahre greifen das Ur-Stück des schwäbischen Mieder-Bastlers auf und zaubern daraus hervorragende Ideen. Die intimen Stützen von anno dazumal werden in den flotten 80er Jahren nicht länger mehr unter Bluse und Pulli versteckt. Der BH ist heute außen vor – als Schau-Stück. Wie dieses Gebilde, das der Pariser Mode-Avantgardist Jean Paul Gaultier aus blauem Samt zu dekorativen Pyramiden hochdrapierte.

Hippie Amadeus reizt die Sinne

Londons junge Fashion-Designer sind auf dem Romantik-Trip. In vollen Zügen genießen sie den Spaß, mit ihren Moden ein märchenhaftes Happening zu inszenieren. „Amadeus" Mozart hat sie zu den Neuen Hippies verführt. Die kommen mit wehendem Langhaar daher, das Wams aus Samt und Seidenbrokat oder goldgestreift, die Hände schwer beringt.

Billard auf dem Boulevard

Grand Prix de Monaco 1985 – da wird gefahren, daß die Funken fliegen. Bei Tempo 250 gerät der Brabham des Brasilianers Nelson Piquet (oben rechts) mit dem Alfa des Italieners Ricardo Patrese aneinander. An den filigranen Fahrmaschinen brechen sofort Räder ab, der Brabham zieht einen Kometenschweif hinter sich her, sein Öltank gerät in Brand. Von den Leitplanken wird der Alfa im-

mer wieder wie eine Billardkugel in die Bahn zurück geschleudert, karamboliert mehrmals mit dem Brabham. Das Wunder: Zwei unverletzte Fahrer klettern aus dem Schrott. Wo vor dreißig Jahren Altmeister Fangio noch mit Tempo 150 über die Boulevards bummelte, rasen heute 1000-PS-Monster mit Tempo 250 durch die gleichen engen Kurven. Niki Lauda bekennt: Hier beherrscht die Maschine den Menschen, nicht umgekehrt.

Ein Rad mit 600 PS

Dieses Monstrum soll ein Motorrad sein. David Morris, sein Konstrukteur und Fahrer, liegt vor dem quer eingebauten Rennmotor. Das verringert den Luftwiderstand und bringt Gewicht auf das Vorderrad, damit die Kiste beim Start keinen Salto rückwärts macht. Immerhin wuchtet der mit Nitro-Methan gefütterte Motor bis zu 600 PS auf das dreißig Zentimeter breite Hinterrad. Im Rennen geht es darum, aus dem Stand die Distanz von 402 Metern in möglichst kurzer Zeit zu durchfahren. Beim Start im englischen Saint Pod schaffte Morris die Viertelmeile in acht Sekunden und war im Ziel fast 300 Stundenkilometer schnell.

JADE
WARRIOR
WARRIOR

Vollgas und links rum

Sandbahnrennen – der Dreck fliegt, nur wer vorn ist, sieht etwas. Im Gedränge von acht Fahrern um die Spitze ist der 17jährige Dirk Müller gestürzt. Der nächste Fahrer kann nicht mehr ausweichen, rollt mit dem Hinterrad über Müllers Kopf. Nur der Sturzhelm rettet dem Jungen das Leben. Vier Wochen liegt er mit schwerer Gehirnerschütterung, gestauchter Wirbelsäule und schweren Prellungen am ganzen Körper im Krankenhaus. Von seiner Entlassung erfährt Vater Egon, Weltmeister und vielfacher Deutscher Meister, auf dem Weg zu einem Motorradrennen. Auch Sohn Dirk fährt wieder – jetzt international.

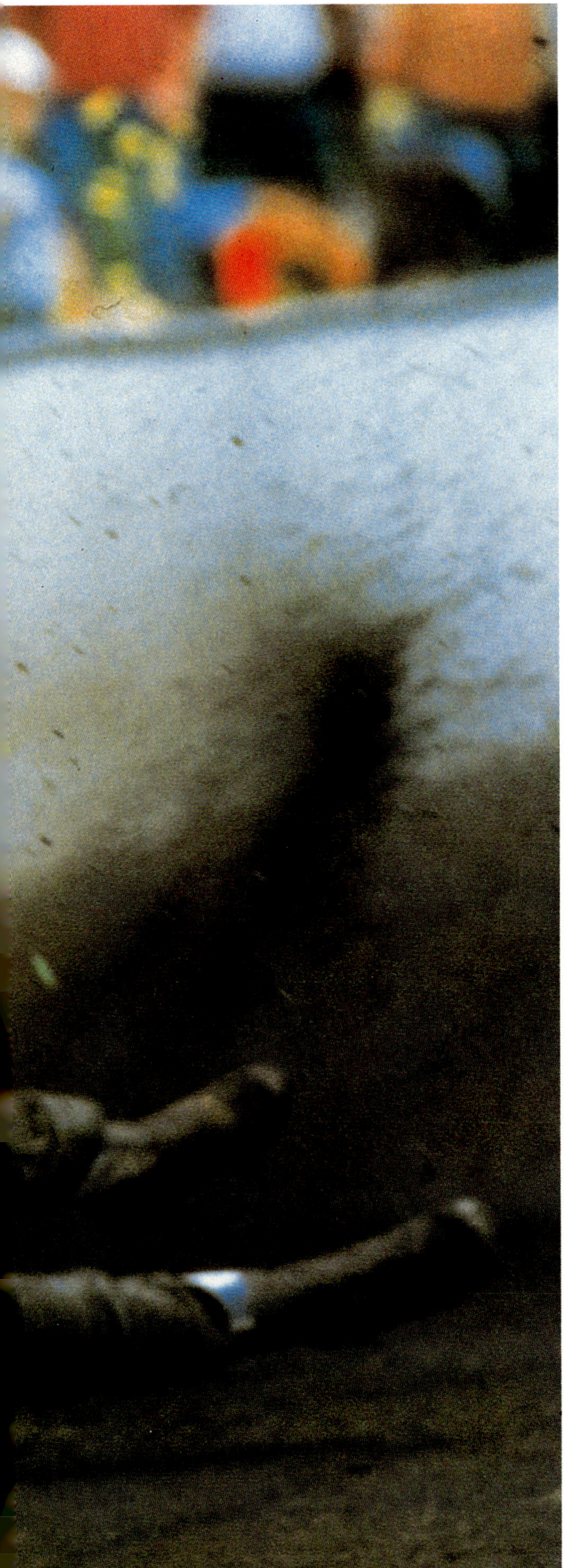

Hier stürzt sich der Nachwuchs in die Kurve. Ihre schweren Maschinen mit 60 PS starken Alkoholmotoren halten die Fahrer in der delikaten Balance zwischen Kippen und Schleudern. Dirk Müller schafft den Drahtseilakt nicht, ihn schmeißt es nach außen vom Rad (Bild oben). Er war entweder zu schnell oder nicht schräg genug. Zu schnell geht das alles für den Fahrer dahinter. Er versucht zwar noch, seine Maschine herumzureißen (unten), kann das Unglück aber nicht verhindern.

Präsident Daniel Ortega joggt mit einem Leibwächter im Central Park. Der Sandinisten-Chef weilte zum UNO-Besuch in New York. Die amerikanische Regierung setzte ihre Kampagne gegen Ortega fort, in dem sie weiterhin einen auf Umsturz in ganz Mittelamerika abzielenden Diktator sieht.

Bei einer Revolutionsfeier in Nicaragua lassen begeisterte Anhänger einen Sandinisten-Führer hochleben.

Der Krieg der Contras

„Wenn wir den Krieg in die Städte tragen, dann werden wir wie ein Erdbeben das böse Regime zerstören." Das erklärte Enrique Bermudez, ein Anführer der antisandinistischen Contras in Nicaragua, im letzten Sommer voller Optimismus. Aus diesen Plänen ist nichts geworden. Zwar hält der Druck auf die sandinistische Regierung Nicaraguas an. Aber die Revolutionäre in Managua halten sich an der Macht – sechs Jahre nach dem Sturz der Somoza-Diktatur. Im Mai verhängte US-Präsident Ronald Reagan ein Handelsembargo gegen das mittelamerikanische Land. Der US-Kongreß gab im Juni 27 Millionen Dollar für die antisandinistischen Guerilleros frei. Die Verweigerung der Gelder für die „Contras", so hatte US-Außenminister George Shultz gewarnt, könnte die US-Regierung zu einem direkten militärischen Eingreifen zwingen. Im Sommer folgte dann eine militärische Offensive der Contras. Die zahlenmäßig stärkste Fraktion der Rebellen, die FDN, hat sich im Innern des Landes festgesetzt. Sie soll zwischen 9000 und 15 000 Mann unter Waffen halten. Im August erzielten die Aufständischen spektakuläre Erfolge bei Vorstößen auf die Städte Esteli und Cuapa im Nordwesten Nicaraguas. Doch die Regierung schlug zurück. Bisher ist die nicaraguanische Armee den von den USA finanzierten Rebellen deutlich

überlegen. Diese Überlegenheit bleibt bestehen, obwohl die Rebellen über modernste Waffen verfügen, die sie nach eigener Aussage „auf dem internationalen Markt" gekauft haben.
Die Sandinisten werfen den USA vor, die Contras ausgerüstet zu haben. Im Dezember 1985 schossen diese mit einer sowjetischen Boden-Luft-Rakete vom Typ SAM-7 einen Kampfhubschrauber ab, den die Sowjets an die Sandinisten geliefert hatten. Trotz dieses Erfolges konnten die Rebellen ihr ehrgeiziges Ziel nicht erreichen, den Krieg in die Städte zu tragen. Auch haben es die Contras nicht geschafft, innerhalb Nicaraguas eine schlagkräftige Organisation aufzubauen, die den Sturz der Sandinisten durch einen landesweiten Aufstand erzwingen könnte. Deshalb werden die USA ihre politischen Ziele in Nicaragua mit Hilfe der Contras nicht durchsetzen können. Aber der Krieg gegen die Guerilleros bindet viele Mittel und belastet die ohnehin kränkelnde Volkswirtschaft. Auch Anhänger der Sandinisten kritisierten die Verhängung des Ausnahmezustands als Reaktion auf die Offensive der Contras. Bisher jedenfalls scheint es so, als könne das kleine mittelamerikanische Land dem Druck der Supermacht USA standhalten. Nicaraguas Revolution ist nicht perfekt, aber die Alternative der Contras schreckt auch viele Sandinisten-Gegner ab.

Washington hat auf das falsche Pferd gesetzt. Die Contras erhalten ihr Geld nicht nur aus der Staatskasse und von anti-kommunistischen US-Bürgern. Nach Informationen amerikanischer Regierungsstellen finanzieren die Contras ihren Krieg gegen die Revolutionäre in Managua auch mit Rauschgiftschmuggel. So beteiligten sich die Sandinisten-Gegner im letzten Jahr in Costa Rica am Transport von Kokain, das von Lateinamerika in die Vereinigten Staaten gebracht wird. Ein Contra-Führer hat mit dem heißen Geld aus dem Kokain-Geschäft Waffen im Wert von 250000 Dollar und einen Hubschrauber gekauft. Ironie der Geschichte: Im vergangenen Jahr warf Ronald Reagan der Regierung Nicaraguas vor, „Rauschgift zu exportieren, um unsere Jugend zu vergiften". Der US-Präsident wollte mit diesem Vorwurf, der niemals belegt wurde, Verständnis in der amerikanischen Öffentlichkeit dafür wecken, daß Washington die Contras unterstützt. Humberto Ortega, der Verteidigungsminister Nicaraguas, gab sich zu Jahresende siegesgewiß: „Wir können mit Sicherheit sagen, daß die Söldnerarmee der Contras einen unabänderlichen Prozeß des Niedergangs und des Zerfalls erreicht hat." Die 70 Millionen Dollar, die aus den USA in die Kriegskassen der Contras geflossen sind, waren eine politische Fehlinvestition.
Auch in den USA selbst reißt die Kritik an der Mittelamerika-Politik Washingtons nicht ab. So hat die Menschenrechtsorganisation „Rat für Angelegenheiten der Hemisphäre" heftige Vorwürfe erhoben: „Die von den USA unterstützten Contras sind systematische Verletzer der Menschenrechte." Dennoch setzen die Contras darauf, auch 1986 Gelder vom Kongreß für ihren Krieg in Nicaragua zu erhalten.

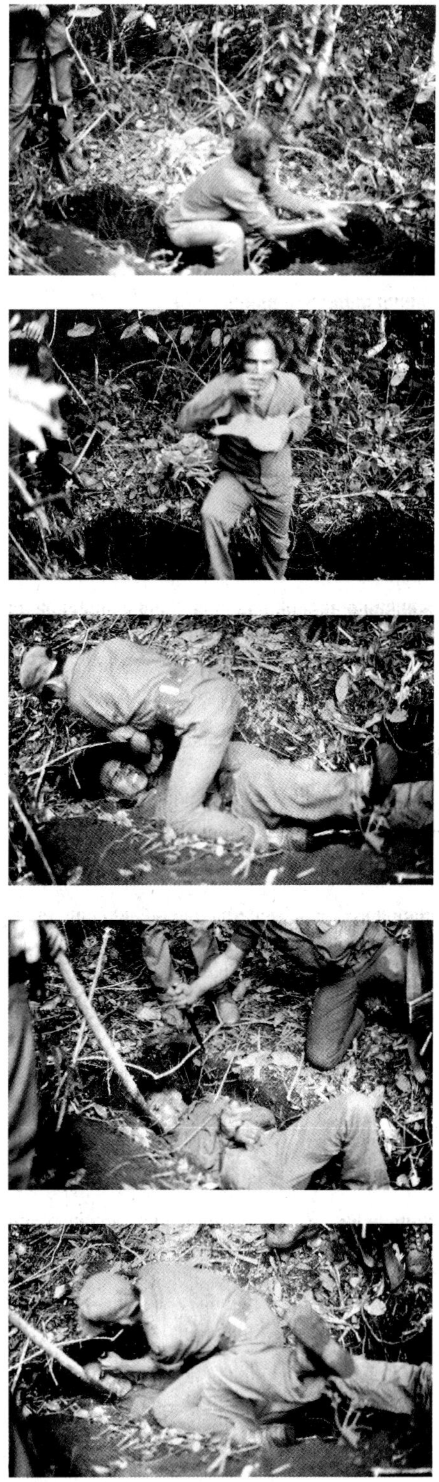

Der brutale Krieg der Contras: Die Rebellen zwingen einen gefangenen Sandinisten-Kämpfer dazu, sein eigenes Grab auszuheben. Als Henkersmahlzeit erhält der Todgeweihte Trockenmilch. Dann legt er sich hin. Ein Rebell schneidet ihm die Kehle durch. Ein zweiter Mann sticht auf den Bauch des Sterbenden ein. Die Hinrichtung im Dschungel fotografierte ein US-Student, der drei Monate bei den Contras verbrachte.

Steinewerfer in Uniform

„Die Übermacht war zu groß, da mußten sich unsere Leute mit dem wehren, was gerade zur Hand war", sagte später der Polizei-Pressesprecher zu den Bildern von steineschleudernden Beamten. „Das war noch immer besser als schießen." Doch die Brutalität, mit der die Polizei – wie hier bei der Rückeroberung des Anwesens Singel 114 – gegen die „Kraaker", die Hausbesetzer, in Amsterdams Problemviertel Staatsliedenbuurt bei Festnahmen und Räumungen vorging, gab dieser fast schon vergessenen Bewegung im Herbst 1985 neuen Auftrieb.

Nach dem Anruf aus Stockholm setzten Kollegen dem frischgebackenen Nobelpreisträger vom Stuttgarter Max-Planck-Institut einen Lorbeerkranz auf. „Forschen ist für mich mein Lebensinhalt", sagt der 42jährige Klaus von Klitzing.

Die Krönung eines Physikerlebens

„Das Supergehirn Deutschlands, ein deutsches Wunderkind, das zweite schon in diesem Jahr", überschlug sich die Bildzeitung in Boris-Becker-Euphorie. „Sie sind in neue Dimensionen vorgestoßen", bewunderte Bundesforschungsminister Heinz Riesenhuber den Mann. Bundespräsident Richard von Weizsäcker gratulierte: „Die deutsche Wissenschaft und all ihre Landsleute freuen sich mit Ihnen und danken Ihnen für das Vorbild und die Ermutigung, die Sie der Jugend geben." Und Bundeskanzler Helmut Kohl war froh darüber, „daß nach längerer Zeit wieder ein deutscher Wissenschaftler den Nobelpreis für Physik erhält".

Für Klaus von Klitzing war in Erfüllung gegangen, wovon jeder Forschergeist als Krönung seiner Karriere träumt. Der schwedische König Carl XVI. Gustaf verlieh dem 42jährigen Direktor des Stuttgarter Max-Planck-Instituts für Festkörperforschung den Nobelpreis für Physik. Urkunde, Medaille und Scheck im Wert von 600 000 Mark, die der Deutsche am 10. Dezember im Blauen Saal des Stockholmer Stadthauses erhielt, waren die Ehrung für von Klitzings Entdeckung des „quantifizierten Hall-Effekts".

Seit vielen Jahren schon erforscht der Wissenschaftler das komplizierte Wechselspiel zwischen Atomen und Elektronen in Metallen und Kristallen; vor allem aber in sogenannten Halbleitern, aus denen heute alle mikroelektronischen Bauelemente bestehen. Die nobelpreiswürdige Idee war dem Physiker am 6. Februar 1980, morgens um zwei Uhr „bei einer Brotzeit mit Rotwein, Käse und Baguette" gekommen. Von Klitzing hatte untersucht, was passiert, wenn sehr starke Magnetfelder auf sehr dünne Halbleiter wirken und dabei den „quantifizierten Hall-Effekt" gefunden. Ein derart kompliziertes Phänomen, darauf weist der Entdecker ironisch hin, daß er es bis heute selbst nur zur Hälfte kapiert habe. Dennoch: Die beobachteten mikroskopischen Vorgänge – und das ist die überragende Bedeutung der Messungen des Stuttgarter Physikers – werden wahrscheinlich dafür sorgen, daß künftige Halbleiter- und damit neue Computer-Bauelemente noch schneller und leistungsfähiger werden.

Beinahe wäre der Nobelpreis an von Klitzing vorbeigegangen. Denn als der Wissenschaftler seine Arbeit im renommierten Fachblatt „Physical Review Letters" veröffentlichen wollte, lehnten die Gutachter ab. Erst als einer der Experten später zufällig einmal einem Vortrag von Klitzings lauschte, erkannte er die Bedeutung der Entdeckung und setzte sich dann doch für die Veröffentlichung ein – die Fachwelt horchte auf und schlug den Stuttgarter Physiker dem Nobelkomitee vor. Wissenschaftler ist der Nobelpreisträger mit Leib und Seele. Jetzt komme es noch darauf an, sagt von Klitzing, „möglichst das Niveau zu halten". Für seine Frau und die drei Kinder bleiben da wenig Zeit. „Wissen sie", schwärmt der Physiker, „mein Beruf ist mein Hobby. Da gibt es keinen Sonnabend und keinen Sonntag. Meine Familie hat mich in diesem Jahr vielleicht drei bis vier Tage gesehen."

Der Physiker schwärmt für die Grundlagenforschung: „Ich kann Fragestellungen nachgehen, die ich ursprünglich gar nicht im Auge hatte. In der angewandten Forschung ist das nicht möglich, man muß immer in der Richtung des gesteckten Ziels weitergehen."

Auf den Kanzler kommt es an

Auch wenn er es bis zuletzt nicht wahrhaben wollte: Es war kein gutes Jahr für den Bundeskanzler. In Bonn reihte sich Affäre an Affäre, machten Skandale und Koalitionszwistigkeiten Schlagzeilen, und beim Wähler mußten Helmut Kohl und die CDU deutliche Sympathieverluste hinnehmen. In der Landtagswahl an Rhein und Ruhr führte Kohls Ziehkind Bernhard Worms die Union in eine katastrophale Niederlage; ein Minus von 6,7 Prozent war das Ergebnis. In Berlin blieb Kohls Kandidat Eberhard Diepgen zwar Regierender Bürgermeister, aber die Partei verlor 1,6 Prozent. An der Saar wurde Kohls farbloser Statthalter Werner Zeyer von den Wählern aus dem Amt des Ministerpräsidenten gejagt (CDU-Verlust: 6,7 Prozent). Und auch über das Ergebnis der Kommunalwahlen in Hessen konnte sich die CDU nicht freuen: Zwar blieb Bürgermeister Walter Wallmann in Frankfurt siegreich, aber im Land mußte die Partei kräftig Federn lassen.

Nach den Wahlpleiten war Kohl zum Kanzler auf Bewährung geworden. Beflissen versicherte der rheinland-pfälzische Ministerpräsident Bernhard Vogel: „Wir halten auch jetzt zu Helmut Kohl, wenn schwere Wetter aufziehen." Aber diese Treue war in Wahrheit ein Mangel an überzeugenden Alternativen. So durfte Kohl weitermachen – mit einer Regierung, die zerstrittener denn je war und kein Konzept verriet.

In der Innen- und Rechtspolitik befehdeten sich Christdemokraten und Liberale hingebungsvoll. Ob es nun um Datenschutz, Zusammenarbeit von Polizei- und Geheimdiensten oder um die Verfassungsklage gegen die Abtreibung auf Krankenschein ging, eine gemeinsame Linie war nicht erkennbar. In der Wirtschafts- und Sozialpolitik hatte die Koalition ohnehin keine guten Karten, seit klar war, daß der sachte konjunkturelle Rückenwind an der Massenarbeitslosigkeit vorüberstrich: Rund vier Millionen registrierte und nichtregistrierte Arbeitslose, fünf Millionen Menschen, deren Einkommen am Rand des Existenzminimums lag, leere Rentenkassen und über 12500 Firmenpleiten in einem Jahr – keine gute Bilanz.

Außenpolitisch war das Verhältnis zu den USA wie zu Frankreich beschädigt, seitdem Kohl durch sein Verwirrspiel um eine deutsche Unterstützung des amerikanischen SDI-Projekts und der französischen „Eureka"-Idee jede Berechenbarkeit der deutschen Politik preisgegeben hatte. In Osteuropa hatte die Bundesregierung sowieso schon jedes Gewicht und Ansehen verloren, weil keiner der dortigen Machthaber mehr vorhersehen konnte, wer gerade die Richtlinien der Politik bestimmte. Betonte der CDU/CSU-Fraktionsvize Volker Rühe die „politische Bindungswirkung" der Ostverträge, hielt Strauß die „Offenheit der deutschen Frage" dagegen. Forderte Außenminister Genscher eine „neue Phase der Entspannungspolitik", kon-

terte CDU/CSU-Fraktionschef Alfred Dregger, „Kontinuität" dürfe „nicht der Wegweiser sein".
Doch Kohl focht das Durcheinander nicht an. Er vertraute darauf, daß sich die Angriffe seiner Kritiker abnutzen würden. Und er behielt recht. Ohne sein Zutun wendete sich das Blatt gegen Ende des Jahres wieder. Optimistische Prognosen aller Konjunkturforschungsinstitute signalisierten den Aufschwung. Der Wirtschaftsmotor sprang wieder an, die Auftragsbücher füllten sich. Was störte es da noch, daß die Arbeitslosigkeit nicht zurückgehen wollte. Die nächste Bundestagswahl, Anfang 1987, schien für den Kanzler schon gewonnen – dreizehn Monate vorher. Doch der Frühstart kann sich noch als Fehlstart herausstellen.

In den vergangenen zwölf Monaten mußte CDU-Kanzler Helmut Kohl oft schwere Stunden überstehen: Affären, Wahlniederlagen und Koalitionsstreitigkeiten verstärkten die Zweifel an seiner Führungskraft und ließen seinen Kurswert gegen Null sinken. In der CDU wurde offen über seine Ablösung spekuliert. Doch niemand hatte den Mut, den Hut in den Ring zu werfen.

Der Hoffnungsträger

Zwölf Jahre Opposition hatte Herbert Wehner nach dem Machtverlust im Herbst 1982 seiner Partei vorausgesagt. Doch seit dem Frühjahr 1985 sieht die SPD ihre Rückkehr an die Schalthebel der Macht in greifbare Nähe gerückt. Die hervorragenden Wahlergebnisse im Saarland und in Nordrhein-Westfalen spiegelten sich auch bundesweit in Umfragen wider. Gleichzeitig hängte Johannes Rau nach seinem Wahlsieg an Rhein und Ruhr den amtierenden Bundeskanzler Helmut Kohl im Popularitätsvergleich so deutlich ab, daß er als der geborene Herausforderer bei der Bundestagswahl 1987 erschien. Zunächst wehrte sich der 54jährige spätverheiratete Familienvater mit der Erklärung, dies passe nicht in seine „Lebensplanung"; doch konnte er nicht mehr verhindern, daß ihn der Parteivorstand schließlich am 15. Dezember 1985 in seiner eigenen Düsseldorfer Staatskanzlei auf den Schild hob. Tags darauf verkündete er im westfälischen Ahlen, wo 1947 die CDU der britischen Zone ihr geradezu sozialrevolutionäres „Ahlener Programm" verabschiedet hatte, die Grundlinien seiner Politik: Als Kanzler werde er eine „neue Phase der Entspannungspolitik" einleiten, Arbeit und Umwelt in Einklang bringen, die Massenarbeitslosigkeit energisch bekämpfen, für sozialen Ausgleich sorgen und Steuergerechtigkeit herstellen. Sein Leitwort: „Versöhnen statt spalten. Johannes Rau – den Menschen näher." Die menschliche Seite ihres Kandidaten ist es denn auch, die nach dem Willen der SPD-Strategen herausgestellt und der „Ellbogengesellschaft" der Union entgegengestellt werden soll. Kritiker vermuten allerdings dahinter auch, daß die Schwächen Raus bei der Formulierung konkreter politischer Aussagen verborgen werden sollen. Obwohl die Sozialdemokraten in Hessen das Experiment einer rot-grünen Koalition eingegangen sind, will Rau dieses Modell für sich ganz und gar ausschließen. Er hat es auf die Wähler der Mitte abgesehen. Da bleibt nicht mehr viel Raum für die breit angelegte Programm- und Grundsatzdiskussion, die sich die SPD für 1986 eigentlich vorgenommen hatte. Jetzt lautet die Devise: „Mit Rau setzen wir auf Sieg!"

Für Parteichef Willy Brandt ist Johannes Rau der neue „Hoffnungsträger", der die SPD 1987 wieder an die Macht bringen soll. Für kritische Beobachter war der frühe Start allerdings zunächst ein Fehlstart: Unbekümmert versprach Rau die Rücknahme aller Sozialkürzungen – und mußte sich wieder korrigieren. Und mit der Einweihung des Kohlekraftwerks Ibbenbüren mit seinem hohen Stickoxidausstoß ließ der Kohl-Herausforderer Zweifel an seiner Umweltpolitik aufkommen.

Wie ein Monarch

In den letzten Monaten hatte die CSU vor allem Parties statt Politik im Kopf. Es galt, den 70. Geburtstag des Landesvaters Franz Josef Strauß würdig, also mit großem Zeremoniell zu begehen. Und tatsächlich feierte der Freistaat im Herbst über Wochen ein „Jubelfest, wie es Bayern seit der Monarchie nicht mehr erlebt hat" (so die Münchner „tz"). Doch die Lust am Feiern konnte die Sorgen um den Machterhalt nicht völlig verdrängen. Zwar hat Strauß nicht damit zu rechnen, bei der Landtagswahl im Oktober 1986 von der SPD auf die Oppositionsbank gedrängt zu werden, aber Stimmenverluste, die seinen Einfluß auf die Christen-Union und auf Kanzler Helmut Kohl schmälern würden, drohen ihm durchaus. Denn in den Augen der Wähler haftet die CSU für alle Taten der Bundesregierung mit. Jetzt rächt sich, daß Strauß die welt- und bundespolitischen Vorstellungen seiner Partei stets deutlicher formuliert hat als die landespolitischen Alltäglichkeiten, die ihm wie Kleinkram vorkommen. Die Bonner Beschlüsse von CDU/CSU und FDP über den Abbau von Sozialleistungen zu Lasten der Arbeitslosen, Rentner, Jugendlichen und Frauen; die neuerlichen Belastungen für Bauern und Mieter wurden in Bayern der CSU angekreidet. Daran konnte auch das von Strauß perfekt beherrschte Doppelspiel nichts ändern, in München lautstark gegen die Bonner Entscheidungen zu polemisieren, an denen die CSU-Kabinettsmitglieder selbst beteiligt waren. Verprellt hat die Strauß-Partei vor allem die Bauern, bislang ihre treuesten Wähler.

Kein Wunder, daß Strauß mit seinen Bonner Abgesandten unzufrieden ist. Die Minister Zimmermann (Inneres), Kiechle (Landwirtschaft), Dollinger (Verkehr), Schneider (Bau) und Warnke (Entwicklungshilfe) haben erfahren müssen, daß es wenig Lob einbringt, Diener zweier Herren zu sein. Bundeskanzler Helmut Kohl hofiert die fünf, um sie gegen seinen Münchner Rivalen Strauß in Stellung zu bringen. Oder er trickst sie aus. Bei Strauß sind die christsozialen Minister in Ungnade gefallen, weil sie dem ungeliebten Kanzler immer wieder auf den Leim gehen und gegenüber der FDP zu nachgiebig sind. Ein weiterer Vorwurf kommt noch hinzu. Für Strauß sind – Zimmermann ausgenommen – die übrigen vier blasse Fachminister geblieben, die nichts zur Schärfung des CSU-Profils beigetragen haben. So sieht sich Strauß allein auf sich gestellt, wenn es 1986 darum geht, die Wähler bei der Stange zu halten. Er wird in die Niederungen der Landespolitik hinabsteigen müssen, wenn er verhindern will, daß seine Partei unter die 58-Prozent-Marke fällt. Bleibt er unter diesem Wert, gibt es in München keinen Grund mehr zum Feiern.

Einst mußte der kleine Franz für den Vater das Bier holen. Heute ist Franz Josef Strauß 70 Jahre alt und populärer Ministerpräsident in Bayern. Vom landespolitischen Alltag nicht ausgefüllt, versucht er immer wieder, mit gezielten Vorstößen und Seitenhieben in Bonn mitzuregieren.

1985 wurde für Bayerns Ministerpräsidenten Franz Josef Strauß zum Jahr der Festivitäten – nicht nur wegen der Faschingstage. Am 6. September feierte er seinen 70. Geburtstag, wie es sich für einen Landesfürsten gehört: 14 Tage lang und mit Tausenden von Gratulanten. Was Strauß vielen Bayern wert ist, zeigte der Run auf die vom Jubilar autorisierte, vom Münzamt geprägte silberne Geburtstagsmedaille, den „FJS-Taler" (Preis: 95 Mark). Die 2000 Stück waren nach drei Tagen ausverkauft.

Zwei Liberale, die zur Zusammenarbeit verurteilt sind: Der neue FDP-Vorsitzende, Wirtschaftsminister Martin Bangemann, und sein Amtsvorgänger, Außenminister Hans Dietrich Genscher, wissen, daß sie nur gemeinsam Wähler für die Freidemokraten gewinnen können. Dabei möchte Bangemann, der vielen Liberalen als Fehlbesetzung im Parteivorsitz gilt, nach der Bundestagswahl am liebsten selbst Außenminister werden.

Die Liberalen wittern Morgenluft

Oft totgesagt, doch immer wieder auferstanden – die Freidemokraten haben auch in den vergangenen zwölf Monaten deutliche Erfolge im Genesungsprozeß erzielen können. Die Landtags- und Kommunalwahlen wurden nicht zum Fiasko.

Die Liberalen haben sich inzwischen einen Namen als konsequente, bisweilen kompromißlos auftretende Interessenvertretung der Selbständigen und besserverdienenden Angestellen und Beamten gemacht. Ideologisch in Richtung einer Wirtschaftspartei von Otto Graf Lambsdorff vorgeprägt, ging die von Hans Dietrich Genscher gewendete FDP unter dem neuen Vorsitzenden Martin Bangemann den Weg zu einer Partei zu Ende, in der die Durchsetzung wirtschaftsliberaler Interessen den absoluten Vorrang hat. Das soziale Gewissen schlägt nicht mehr – wie die Härte bewiesen hat, mit der Bangemann die Diskussion um den Streikparagraphen 116 des Arbeitsförderungsgesetzes geführt und dabei in Kauf genommen hat, daß der soziale Friede in der Bundesrepublik auf Dauer beschädigt ist.

Dafür ist allerdings von der alten Rechtsstaatspartei FDP nicht viel übriggeblieben. Die Liberalen haben über Bord geworfen, was ihnen gerade noch verzichtbar schien, in früheren Jahren aber den Kern der eigenen Programmatik ausgemacht hat: ein uneingeschränktes Demonstrationsrecht, ein menschenwürdiges Ausländerrecht, ein offenes Asylrecht, die strikte Trennung der Befugnisse von Polizei und Geheimdiensten, die Bedenken gegen ein Volkszählungsgesetz, ein konsequent betriebener Datenschutz. Auch in der Außen- und Deutschlandpolitik sind die Bremsspuren sichtbar geworden. Zum innerdeutschen Verhältnis erlaubte sich die FDP keine eigenen Gedanken mehr – mit Rücksicht auf den Kanzler. Und in der Außenpolitik durfte Genscher auch nur so lange gegen den Strom schwimmen, wie Helmut Kohl und damit der Nerv der Koalition nicht getroffen wurden. Genscher mußte deshalb beim Streit um die Waffenexporte und die SDI-Unterstützung einlenken. Machterhalt kostet eben einen hohen Preis.

Obwohl nicht mehr in Amt und Würden, prägt Otto Graf Lambsdorff, Ex-Wirtschaftsminister, Wende-Betreiber und wegen seiner Verstrickung in die Flick- wie Parteispendenaffäre aus der Regierung ausgeschieden, weiterhin das Bild der FDP. Die Wandlung der Liberalen von einer Rechtsstaats- zur Wirtschaftspartei ist wesentlich auf seinen Einfluß zurückzuführen. Die FDP als Lobbyisten-Kartell für Arbeitgeber, Ärzte und Architekten – ob das ein Überlebensrezept ist, steht dahin; jedenfalls, wenn der Erfolg ausbleibt. Die Steuerreform in einem Schritt konnte die FDP nicht verwirklichen, die angemahnte Privatisierung der knapp 200 unmittelbar dem Bund gehörenden Unternehmen beschränkt sich bisher auf einen Teilverkauf der VEBA. Und entgegen der lautstarken Forderung nach Abbau der Subventionen wurden zwei Milliarden Mark an die Stahlindustrie, acht Milliarden unter die Häusle-Bauer und 20 Milliarden an die Bauern verteilt.

Die grüne Front

Die Landtagswahlen im Saarland (2,6 Prozent) und in Nordrhein-Westfalen (4,6) brachten für die Grünen eine ganz neue Erfahrung: Wahlen können auch verloren werden. Nach der selbstbewußten Einschätzung von Grünen-MdB Heinz Suhr („Wir sind die alternative Volkspartei") zeigten sich jetzt für die Ökologen erstmals Grenzen des Wachstums. Und die junge Partei reagierte mit Fassungslosigkeit, Schuldzuweisungen und politischer Apathie.

Um so stärker lebten auf der Bundesversammlung die Flügelkämpfe zwischen den „Realpolitikern" und den „Fundamentalisten" auf. Forderte Otto Schily die „Bereitschaft, in eine Regierung der Sozialdemokraten" einzutreten, qualifizierte Bundesvorstand Rainer Trampert einen grünen Minister als „Karikatur". Die Debatte um „Fundis, Realos, Koalas und Zentralos" dominierte auch 1985 die innerparteiliche Diskussion. Verdeckt wurden dabei die inhaltlichen Forderungen der linken Oppositionspartei.

Ob Asylgesetze, Entgiftungsprogramme, Neue Medien, Raumfahrt, Gen-Technologie oder Sozialhilfe – die 27köpfige Bundestagsfraktion erarbeitet mit Fleiß handfeste Vorlagen. Allerdings schwächte die Rotation der Abgeordneten zu Beginn des Jahres die personelle Präsenz und den politischen Transport der grünen Ideen. In den meisten Landesverbänden wurde das heilige Rotations-Prinzip inzwischen revidiert.

Treu steht die junge Partei zu ihrem Grundsatz, auch eine Bewegung blei-

Hannegret Hönes, Fraktionssprecherin, befürwortet eine Zusammenarbeit mit der SPD. Man dürfe nicht immer „Nein danke" sagen.

Rainer Trampert, Bundesvorstand und entschiedener Kritiker von Koalitionen, setzt auf die Stärkung der sozialen Bewegungen.

Heinz Suhr, Abgeordneter der Grünen, entwarf eine „Perspektive 87". Seine Partei müsse zur Beteiligung an der Macht bereit sein.

Christian Schmidt, Fraktionssprecher im Rollstuhl, vertritt eine fundamentalistische Linie. Er pocht auf Beschlüsse der Basis.

Lukas Beckmann, Bundesvorstand, sucht einen Ausgleich. „Mit anderen können wir Kompromisse machen, aber nicht mit uns selbst."

Der parlamentarische Geschäftsführer der Grünen, Eberhard Bueb, pflanzt in Wackersdorf einen Baum. Die bayerische Landesregierung ließ die Rodung unter Polizeischutz fortsetzen.

ben zu wollen. So fuhren in Reisebussen die Delegierten der Bundesversammlung in Offenburg am 14. Dezember zum Bauplatz der geplanten Wiederaufarbeitungsanlage für Atommüll im bayerischen Wackersdorf. Dort demonstrierten die Grünen außerparlamentarische Geschlossenheit. Am nächsten Tag wies die Bundesversammlung einen Mißtrauensantrag der Realos gegen den Parteivorstand zurück. Das grüne Experiment geht weiter – wenn auch unter härteren Bedingungen als zuvor.

Das Kreuz mit der Kernenergie. Im bayerischen Wackersdorf markierten Atomgegner die Stationen des Widerstandes. Die Grünen unterbrachen eine Bundesversammlung und demonstrierten mit.

Auf dem Marsch durch die Institutionen

„Ich schwöre, daß ich das mir übertragene Amt unparteiisch nach bestem Wissen und Können verwalten sowie Verfassung und Gesetz in demokratischem Geiste befolgen und verteidigen werde." Am 12. Dezember leistete Joseph „Joschka" Fischer, 37, ehemaliger Bundestagsabgeordneter der Grünen, seinen Amtseid im Wiesbadener Parlament. Mit der Inthronisierung des ersten grünen Umweltministers im Kabinett von SPD-Ministerpräsident Holger Börner ging ein dreijähriges Ringen um eine rot-grüne Koalition in Hessen zu Ende.

In einem „Tolerierungsabkommen" vom Juni 1984 versuchten SPD und Grüne zunächst, gemeinsame politische Ziele festzulegen und in dem hochindustrialisierten Bundesland durchzusetzen. Übereinstimmung wurde in der Agrarpolitik, der Wiederverwendung von Müll und der Einsparung von Energie erzielt. Doch der Streit um den Weiterbetrieb und Ausbau von Nuklearanlagen im hessischen Hanau beendete das rot-grüne Zusammenspiel schon nach 167 Tagen. Da keiner der Partner Neuwahlen wagen wollte, regierte die SPD als Minderheitsregierung. Zugleich setzte Holger Börner weiterhin auf eine „neue Mehrheit links von der Mitte" (SPD-Vorsitzender Willy Brandt) und ein „rot-grünes Bündnis gegen die Wende in Bonn". Obwohl der SPD-Vorstand nach den Wahlniederlagen der Grünen 1985 im Saarland und Nordrhein-Westfalen auf Distanz zu den Alternativen ging, verhandelte Börner beharrlich mit ihnen. Schließlich war der Weg für eine rot-grüne Koalition geebnet: Die grüne Landtagsabgeordnete Marita Haibach rückte als Staatssekretärin ins Gesundheitsministerium ein, Verhandlungsführer Karl Kerschgens übernahm diesen Posten bei Umwelt- und Energieminister Fischer.

Für die nuklearen Energieanlagen besitzt der grüne Minister nach den Koalitionsvereinbarungen keine Kompetenz. Bundesinnenminister Friedrich Zimmermann (CSU) machte bereits

Der erste grüne Minister Joschka Fischer, 37, wird am 12. Dezember im hessischen Landtag von SPD-Ministerpräsident Holger Börner vereidigt. Zur grünen Kleiderordnung gehören Jeans und Turnschuhe. Ein rot-grünes Bündnis wird auch für die nächste Legislaturperiode angestrebt.

gegenüber dem Land Hessen von seiner Weisungsbefugnis im Nuklearbereich Gebrauch. Minister Fischer will als „Anwalt der Umwelt" auch mit der Industrie Konflikte austragen. Strittig ist die Eröffnung einer Sondermülldeponie in Mainhausen, der Export von Industriemüll nach Schönberg in der DDR, die Einleitung von Schmutzwasser der Chemie in den Untermain und die Sanierung von teuren Altlasten.

BDI-Präsident Hans-Joachim Langmann, Vorstandschef des Chemiekon-

zerns Merck in Darmstadt, drohte mit einer „Standortverlagerung von Unernehmen" aus dem rot-grün regieren Land. Die Hoechst AG dagegen bleibt in dem Bundesland mit hohem Wachstum und geringer Arbeitslosigkeit. Sie gab ein Millionen-Investitionsprogramm bekannt.

Die Ministerkür brachte die Grünen elbst an den Rand der Spaltung. Der „fundamentalistische" Parteiflügel kriisiert die „Juniorpartnerschaft" mit den Sozialdemokraten, in der die „grüne Identität" verlorengehen könne. Der „realpolitische" Grüne Joschka Fischer will die erste Koalition dagegen zu einem Erfolg machen. Fischer in einem STERN-Gespräch: „Ich bin kein Ankündigungsminister."

Einen Tag nach der Vereidigung demonstrierte der „Privatmann" Fischer in Wackersdorf gegen den Bau einer Atomfabrik. Der bayerische Umweltminister Alfred Dick beschwerte sich über den neuen Kollegen. Die Grünen bleiben Partei und Bewegung.

Ein Minister ohne Pomp. In seiner Bonner Wohnung studiert Ex-MdB Fischer Akten für seinen neuen Job in Hessen. Der ehemalige APO-Kämpfer könnte 1987 in der Hauptstadt am Rhein den „Marsch durch die Institutionen" fortsetzen.

Der Sturm gegen Marcos

Auf den Philippinen wird seit der Ermordung des Oppositionsführers Benigno Aquino der Widerstand gegen Ferdinand Marcos ständig heftiger. Der Diktator kämpft mit dem Einsatz von Polizei (sogar weiblicher wie auf diesem Bild) und Militär um sein politisches Überleben. Doch seine Tage scheinen gezählt. Selbst die USA, die Marcos 20 Jahre unterstützt haben, setzen nun auf die bürgerliche Opposition. Aber die eigentliche Gefahr für das Marcos-Regime stellen die Guerilleros der NPA dar, die immer mehr Gebiete militärisch kontrollieren. Die Neue Volksarmee wird in erster Linie von den armen Bauern unterstützt, deren wirtschaftliche Situation hoffnungslos geworden ist.

Mit von der „Live Aid"-Partie: die Sängerin Madonna, in den USA die Pop-Aufsteigerin des Jahres '85. Mit wenig Stimme, aber viel Busen, erotischen Posen und zweideutigen Songs („Like A Virgin") eroberte die 24jährige auch in der Bundesrepublik die Hitlisten. Das Mädchen aus streng katholischem Elternhaus läßt sich in aufreizendem Outfit ablichten: „Kruzifixe sind sexy."

„Live Aid" – der längste Tag des Rock'n' Roll

Tina Turner röhrte im Duett mit Mick Jagger den Song „State Of Shock" – Schockzustand. Auch Eric Clapton, Phil Collins, The Who, Sting, David Bowie und 60 andere Pop-Stars formierten sich am 13. Juli zur größten Show der Rock-Geschichte. 16 Stunden dauerte das furiose „Live Aid"-Konzert zugunsten der Hungernden in Afrika, das gleichzeitig in London und Philadelphia/USA über die Bühne ging. 172000 Menschen verfolgten das Mammutspektakel live, zwei Milliarden Zuschauer in 160 Ländern die Satellitenübertragung im Fernsehen. „Rock's longest day" (so das Magazin „Newsweek") brachte der Afrika-Hilfe über 160 Millionen Mark ein und demonstrierte die moralische Macht der Musikszene. „Live Aid"-Organisator Bob Geldof, der die Musiker zusammengebracht hatte, kümmerte sich später in Afrika selbst um die Verteilung von Spendengeldern.

USA

Qual im All

Sie waren die ersten Menschen im Weltraum, die nicht die Helden spielten. Unverblümt gaben die beiden deutschen Wissenschaftsastronauten Reinhard Furrer und Ernst Messerschmid nach ihrer Landung bekannt, daß Raumfahrt zunächst eine Qual ist. Schwerelosigkeit macht anfangs jeden Menschen „raumkrank" – auch die ausgesuchten, durchtrainierten Profi-

„Wie eine alte Straßenbahn", so empfand es Reinhard Furrer, schieben die zwei mächtigen Hilfsraketen den Space Shuttle rumpelnd in den Himmel. Die drei Haupttriebwerke dagegen arbeiten „wie Seide". Ernst Messerschmid (links) und Reinhard Furrer hatten die Reise vorher im Starfighter geübt. Im Kinderkarussell nahmen sie nur für den STERN Platz.

Astronauten der USA. Die geben das nur nicht zu – sie spielen noch immer die Heldenrolle aus den Anfangstagen der bemannten Raumfahrt, als der Ritt auf der Rakete tatsächlich ein riskantes Abenteuer war.

„Ich habe ganz klar Schwierigkeiten am ersten Tag gehabt", bekannte Reinhard Furrer nach dem Raumflug „Spacelab D-1" vom 30. Oktober bis 7. November. „Niemand paßt sich der Schwerelosigkeit sofort und ohne Mühe an. Ich will hier nur soviel verraten: Von dem Abendessen des ersten Tages wurde nicht eine einzige Portion gegessen. Es ging jedem schlecht. Jeder hatte Spucktüten dabei. Die Tüten steckten zu Hunderten gestapelt überall in der Raumkapsel."

Reinhard Furrer und Ernst Messerschmid hatten sich fünf Jahre lang für den 400 Millionen Mark teuren Raumtrip präpariert. Sie führten 75 Experimente aus, die auf der Erde undurchführbar sind, zum Beispiel:

- Wie mischen sich ungleich schwere Stoffe im Zustand der Schwerelosigkeit, wenn man sie schmilzt und dann erstarren läßt?

- In welche Richtung wachsen Pflanzen, wenn ihnen die Schwerkraft nicht mehr den Weg „nach oben" zeigt?
- Welche Bewegungen registriert das Gleichgewichtsorgan eines Menschen, der mit verbundenen Augen auf einem Wägelchen durch das schwerelose Raumschiff geschoben wird?

„Ich habe noch nie in einer Woche so hart gearbeitet", bekannte Ernst Messerschmid nach der Rückkehr aus dem Weltraum. „Diese Europäer waren nach den Standards der Nasa ‚Non-Astronauts'", berichtete Reinhard Furrer dem STERN. „Nach den Standards der Nasa waren wir die Leute, die eigentlich gar nicht ins Weltall gehören. Wir haben den Nimbus der amerikanischen Astronauten nicht. Wir haben uns die Seele aus dem Leib gekotzt. Aber eine Minute später waren wir an den Experimenten und haben weitergearbeitet."

Sie hatten keine Hemmungen, sich selbst als Versuchsobjekte zu benutzen. So nahmen sie absichtlich keinerlei Medikamente gegen Übelkeit. Sie verschmähten die „Anti-g-Hosen", die bei der Rückkehr das Wiedereintauchen ins irdische Schwerefeld erleichtern. „Nach den Standards der Amerikaner haben wir alle Vorsichtsmaßregeln verletzt", sagte Reinhard Furrer. Die beiden deutschen Wissenschaftler wollten ganz bewußt herausfinden, was der menschliche Organismus in der fremdartigen Umgebung aushält. Und getreu wissenschaftlicher Arbeitsweise machten sie kein Hehl aus den Ergebnissen – inklusive ihrer Raumkrankheit.

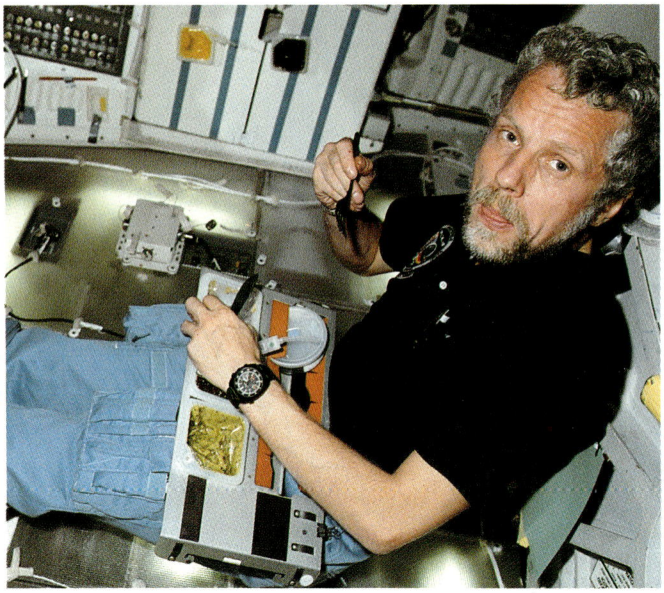

Aufgedunsene „Babygesichter" und gekrümmte Körperhaltung sind typische Erscheinungen in der Schwerelosigkeit. Sitzgelegenheiten sind überflüssig. Zum Essen klemmt sich Furrer das Tablett per Klettverschluß aufs Knie. Messerschmid schwebt „verkehrt herum" durch das

Spacelab, eine milliardenteure Blechröhre mit Experimentierschränken. An einem der Schränke arbeitet Bonnie Dunbar, amerikanische Astronautin bei dem einwöchigen Raumflug im November.

DFVLR

Probe für die Raumstation

„Binnen zehn Jahren", so hatte US-Präsident Ronald Reagan im Januar 1984 angekündigt, wollen die Amerikaner eine ständig bemannte Raumstation in der Umlaufbahn errichten. Im November 1985 unternahmen sie den ersten Schritt zu diesem Ziel: Auf einem achttägigen Raumflug mit „Atlantis" erbauten die Astronauten Sherwood Spring und Jerry Ross filigrane Fachwerk-Strukturen von 15 Meter Länge – Gerüste, wie sie für die künftige Raumstation erforderlich sind. Solche Strukturen müssen federleicht sein, weil der Transport jedes Kilogramms Material in den Weltraum immer noch 7500 Mark kostet. Sie müssen simpel zu montieren sein, weil Astronauten in ihren unförmigen Raumanzügen keine diffizilen Arbeiten verrichten können. Immerhin müssen die Gerüste keine große Festigkeit haben, weil auch die schwersten Brokken einer Raumstation – etwa Wohnräume – in der Umlaufbahn infolge der Schwerelosigkeit kein Gewicht haben.

Reichlich 300 Kilometer über der Erde schlossern zwei Astronauten einen Turm aus Aluminium-Stangen. Sinnreiche Steckverbindungen, die sich mit dicken Handschuhen handhaben lassen, werden erstmals getestet. Zum Schluß läßt Jerry Ross sich vom Bordkran der Raumfähre umherschwenken (rechts) und schiebt dabei den im Weltraum gewichtslosen Turm vor sich her.

Stehend über den Atlantik

Am 15. Juni, einem Sonnabend, waren Fred Beauchêne und Thierry Caroni in New York gestartet, am 23. Juli, einem Dienstag, kamen sie im rund 6800 Kilometer entfernten Lizard/Südengland an. Genau 38 Tage, 2 Stunden und 21 Minuten hatten die beiden jungen Franzosen gebraucht, um als erste im Stehen den Atlantik zu überqueren: auf einem Doppel-Surfbrett – einer 800 Kilogramm schweren, 8,20 Meter langen und 1,90 Meter breiten Spezialanfertigung aus Kunststoff. Mit der erreichten sie – einen Tornado und Flaute-Zeiten inklusive – eine Durchschnittsgeschwindigkeit von immerhin 7,45 Stundenkilometern. Schneller wäre kaum gegangen: Für einen Hilfsmotor hatten die beiden Stehsegler auf ihrem Brett keinen Platz gelassen. In der kleinen Kajüte unterdecks (Kopfhöhe 80 Zentimeter) war gerade genug Raum für Koje, Kochplatte und lebensnotwendige Navigationseinrichtungen.

MONITEUR
RACER
SONY
CGM
CN PINTA
Astral

Colle
VILLA
DE
LANS
villard de LANS
SKIS DYNASTAR
CMP
AREM
SPYDER
Hanson
LOOK
99

Volldampf im Schnee

Aerodynamischer Helm, superleichter Anzug, windschlüpfige Verkleidung für alle hervorstehenden Körperteile, extralange Skier und Kleinsttriebwerke an den Fersen – das ist die Grundausstattung für das „Full-Speed-Skiing", eine Wintersportart, die mit dem herkömmlichen Skilaufen fast nur noch den rutschigen Untergrund gemeinsam hat. Betrieben wird sie von Leuten, denen schneller immer noch nicht schnell genug sein kann. Ihr Ziel: als lebende Raketen auf Brettern die magische Grenze von 200 Stundenkilometern zu überschreiten. Der französische Skiort Les Arcs ist einer von vier Plätzen auf der Welt, wo die Rekordversuche gefahren werden können: Benötigt werden 400 Meter Anlauf-, 100 Meter Meß- und 1000 Meter Auslaufstrecke.

Goldener Albatros

Lichte Höhe: 1,99 Meter, Spannweite über alles: 2,27 Meter, Höchstgeschwindigkeit: 6,15 Stundenkilometer. Seit nunmehr über fünf Jahren planscht der „Deutsche Albatros" Michael Groß so munter in der Schwimmer-Weltelite, daß die Konkurrenz manchmal nur prustend hinterherkommt: Im vergangenen Jahr hielt der 21jährige Offenbacher, seit Oktober Germanistik-Student an der Frankfurter Uni, allein vier von zwölf möglichen Wasser-Weltrekorden. Und zwischen dem 30. Juli und dem 12. August holte er – damals noch als Bundeswehrsoldat – bei den Schwimm-Europameisterschaften in der bulgarischen Hauptstadt Sofia von zusammen sechs bundesdeutschen Goldmedaillen drei im Solo. Die drei anderen erschwamm er gemeinsam mit der Nationalmannschaft. Die Medaillen aus den Vorjahren hinzugerechnet, hat sich Groß damit insgesamt elf europäische Meisterschaftstitel an Land ziehen können. Auch das ein Europarekord. Kleiner Groß-Gag: Vor dem Start in Sofia hatte sich der Rekordjunge die Abkürzung FRG (englisch für BRD) in kyrillischen Buchstaben ins Nackenhaar färben lassen.

23

Surfer auf heißen Reifen

Am Himmel steht eine sengende Sonne, der Wind bläst mit Stärke sieben bis acht, und die Kruste des ausgetrockneten Salzsees Schott-El-Djerid (zu deutsch: Palmenstrand) am Rand der tunesischen Sahara ist hart wie eine Betonpiste. Genau das richtige Ende der Welt für 63 Männer und Frauen aus ganz Europa, um dort die Weltmeisterschaft im Speedsail auszutragen. Speedsail ist Wind-Surfen auf Rädern – nur schneller und gefährlicher: Die zwei Meter langen Polyesterbretter können auf dem Salz Geschwindigkeiten bis zu 120 Stundenkilometern erreichen. Wer da die Balance verliert, landet meist im Sanitätszelt. Obwohl Speedsail eine französische Erfindung ist, wurde die Weltmeisterschaft in Tunesien für die 46 Franzosen zum Fiasko: In allen Disziplinen gingen belgische Fahrer als erste durchs Ziel.

Als antike Jagdgöttin Diana posiert die monegassische Prinzessin Stéphanie. Die Hüften sind schmal, der Po ist flach, Rücken und Bauch sind trainiert wie bei einem Sportler – und doch ist der Sinnenreiz ganz und gar weiblich.

Die Amerikanerin Grace Jones ist in alle Rollen des androgynen Spiels geschlüpft. Mal haucht sie Sinnliches ins Mikro, mal taucht sie ab in den Dschungel für ein James Bond-Abenteuer – und immer will sie stärker sein als der Mann.

Ein bißchen Frau – ein bißchen Mann

Das schöne Mädchen sieht fast aus wie ein Knabe. Der Knabe bewegt sich so anmutig wie ein Mädchen. Die Frisuren – gleich. Das Make-up – gleich. Für den erotischen Grenzgang findet sich bei den alten Griechen das Wort: Androgyn. Es bezeichnet ein Wesen, in dem die Gegensätze der Geschlechter aufgehoben sind. Der „Andro" wurde in den letzten Jahren zum Mode-Typ. Man inszenierte Szene-Auftritte – witzig, frech, anzüglich – als erotische Grenzgänge und spielte mit der sexuellen Mehrdeutigkeit auf Nerven, Sinnen und Empfindungen der Teenies beiderlei Geschlechts herum. Ob freilich dem „dritten Geschlecht" die alten Gegensätze zwischen Mann und Frau überwunden werden für eine „Gesellschaft, die jedem seine vielen Geschlechter läßt" (so „Der Spiegel"), steht dahin. Eher wohl verbirgt sich dahinter ein wieder von Männern ausgedachtes Rollenspiel, bei dem alle zu Voyeurs werden und sich bespiegeln in den Treffs und Tempeln des Körperkults, dessen höchstes Gesetz lautet: Du mußt schön sein.

Der Idealmensch für die moderne Gesellschaft, so sagen Psychologen, gehört zum dritten Geschlecht. Er verbindet Männliches und Weibliches. Dieses Spiel demonstrieren der Starfotograf Steven Meisel und Partner(in) – who is who?

Die All-Mächtigen

Während die Militärs schon nach den Sternen greifen, versuchten die beiden Supermächte in Genf erneut, die Gefahr eines atomaren Weltuntergangs zu bannen. Die Konferenz zwischen dem Sowjetchef Gorbatschow und US-Präsident Reagan dauerte länger als ursprünglich vorgesehen. Es wurde auch das gute Gesprächsklima gerühmt. Doch der Weg zu greifbaren Fortschritten dauert erfahrungsgemäß Jahre — und die Rüstungsspirale dreht sich derweil weiter.

Auf dem streng bewachten amerikanischen Armee-Camp Waldheide am Stadtrand von Heilbronn waren bereits neun Pershing-II-Abschußrampen mit ihren Projektilen und Atomsprengköpfen stationiert. Da geriet bei der Montage einer neugelieferten Rakete deren erste Stufe in Brand. Demonstranten protestierten anschließend gegen die mögliche Gefährdung der Bevölkerung.

Zwei amerikanische Soldaten waren auf der Stelle tot, ein dritter starb auf dem Weg ins Krankenhaus, 13 weitere Soldaten wurden mehr oder minder schwer verletzt, und die Montagehalle nebst drei Fahrzeugen brannte völlig aus. Nachdem die 3,2 Tonnen Raketentreibstoff einmal Feuer gefangen hatten, waren sie unlöschbar geworden; selbst unter Wasser würde der Treibstoff weiterbrennen.

Drei Tote bei „Pershing"-Brand

Was angeblich völlig unmöglich war – am Stadtrand von Heilbronn geschah es am 11. Januar gegen zwei Uhr nachmittags: Im US-Camp „Redleg" auf der Waldheide oberhalb der Stadt fing eine Pershing-II-Mittelstreckenrakete Feuer. Drei US-Soldaten starben, 16 weitere wurden verletzt. Das Geschoß war erst kurz zuvor aus den USA nach Süddeutschland an die 56. Feld-Artillerie-Brigade der US-Armee ausgeliefert worden. Der Zusammenbau des Projektils verlief angeblich vorschriftsmäßig: Mit einem Kran wurde die erste Antriebsstufe der Rakete aus ihrem Transportcontainer gehoben. Dabei fiel sie zu Boden und fing Feuer. Die drei Soldaten, die getötet wurden, standen in unmittelbarer Nähe des Raketenmotors, aus dem eine mehrere Meter hohe Stichflamme schoß. Auch drei Fahrzeuge, darunter ein schwerer Sattelschlepper, verschmorten in den

Glut von 3,2 Tonnen brennendem Raketentreibstoff HTPB. Es war der erste schwere Unfall mit einer Pershing II auf deutschem Boden. Nach Aussagen von US-Armee und amerikanischem Verteidigungsministerium habe keine Gefahr einer größeren Katastrophe bestanden: Es sei kein Atomsprengkopf in der Nähe gelagert gewesen. Tatsächlich jedoch standen nur 400 Meter entfernt startbereite Pershing II mit aufmontierten Sprengköpfen. Bereits am Tag nach dem Unfall flogen aus den Vereinigten Staaten zwei Expertenteams ein, um die Ursache zu erforschen. Als Ergebnis ihrer Arbeit wurden in der zweiten Jahreshälfte alle Pershing II neu angestrichen und geerdet, denn Brandursache sei eine elektrostatische Entladung gewesen. Namhafte Physiker zweifeln an dieser Erklärung. Die Nato-Nachrüstung wurde indessen planmäßig fortgesetzt: Zum Ende des Jahres waren alle 108 Abschußrampen samt Raketen auf deutschem Boden stationiert.

Raketen-Handbuch auf dem Müll

Manchmal kommt Brisantes auf sehr kuriose Art ans Licht. Auf vielen Pershing-II-Raketen in der Bundesrepublik steckt ständig ein zündbereiter Atomsprengkopf, die Hälfte aller Geschosse ist ständig startklar auf ein Ziel gerichtet, und überdies soll es viel mehr solcher Projektile auf deutschem Boden geben, als die Bundesregierung wahrhaben will. Dies alles enthüllte eine Trainingsanleitung für die Pershing-Crews, die ein US-Sergeant im süddeutschen Leinzell mitsamt 13 Patronen auf den Müll warf. Trainingshandbuch und Patronen fand Ende März ein Einwohner aus dem benachbarten Schechingen und trug sie zu seinem Bürgermeister, Jürgen Schaich. Der versuchte dreimal, den Amerikanern ihre Sachen zurückzugeben, doch alle Telefongespräche endeten gleich: Der Bürgermeister wurde ausgelacht. Er übergab das Handbuch nun dem STERN. Danach brach es über den Bürgermeister herein: Landrat und Kriminalpolizei drohten mit Verfahren. Derweil wiegelten US-Armee und Bonner Verteidigungsministerium ab: Das Handbuch sei veraltet, und geheim sei es auch nicht. Geheim kann nur eine Regierungsakte sein – das Handbuch ist aber von der Pershing-Herstellerfirma herausgegeben worden. Und die ist immerhin so gut informiert, daß sie schrieb, wo das Geheimdepot ist, in dem über die 108 Nachrüstungs-Pershing hinaus weitere Raketen eingelagert werden sollen: in Weilerbach in Rheinland-Pfalz.

Brisantes zwischen Kladden und Pausenbroten im Müllcontainer neben der Schule der süddeutschen Gemeinde Leinzell: ein Handbuch für die Crews der Pershing-II-Raketen.

Fast wie ein Raketenstartplatz sieht die Oberfläche des amerikanischen Atomtestgeländes in Nevada aus – allerdings nicht für lange Zeit. Nachdem in 300 Meter Tiefe die Kernladung gezündet wurde, bleibt nur noch ein riesiger Krater. Auch diese unterirdischen Tests sind Vorarbeiten für den „Krieg der Sterne": Mit ihnen werden Satellitenbaustoffe erprobt und auch am Röntgenlaser geforscht, der mit einer Atomexplosion gezündet wird.

Probe für den Sternenkrieg

Im Prinzip klingt das ja alles ganz einfach: Wenn man die Atomraketen überflüssig machen will, muß man nur dafür sorgen, daß sie ihr Ziel nicht erreichen können – man muß sie also während ihres Fluges zerstören. So etwa dachte es sich der US-amerikanische Präsident Ronald Reagan, als er die Welt mit der Idee verblüffte, mit einer „Strategischen Verteidigungs-Initiative (SDI)" einen Schutzschirm im Weltraum aufzuspannen, den künftig keine feindliche Rakete mehr durchbrechen könnte. So könne auf alle Zei-

ten der Frieden auf Erden gesichert werden. So einfach dieser Gedanke zunächst klingt – seine technische Verwirklichung ist das Schwierigste, was irdischen Wissenschaftlern an Aufgaben je vorgesetzt worden ist. Die Mondlandung – so das Fazit amerikanischer Experten – war dagegen eine Kleinigkeit. Denn Reagans Schutzschirm, schnell mit dem Schlagwort „Krieg der Sterne" belegt, wird nicht nur aberwitzig teuer, er bedarf auch einer noch kaum abzuschätzenden Zahl von automatischen Kampfstationen, die unablässig die Erde auf Satellitenbahnen umkreisen. Und sie müssen so beschaffen sein, daß sie vollautomatisch und ohne menschliches Zutun erkennen können, ob ein Raketenangriff droht und wie er am besten abzuwehren ist. Daß so etwas in absehbarer Zeit möglich ist, wird von angesehenen Fachleuten bezweifelt. Sie verweisen darauf, daß selbst das vergleichsweise wenig komplizierte Frühwarnsystem der US-Luftwaffe ständig Fehlalarme produziert. Im übrigen – so Skeptiker – sei es für die Sowjetunion nicht allzu schwer, den Schutzschirm im All zu überwinden: Sie müsse nur einfach mehr Raketen aufstellen, als SDI bewältigen kann. Damit wäre der Frieden nicht – wie vorgeblich geplant – sicherer geworden, sondern nur noch unsicherer. Für Deutschland und Mitteleuropa wird SDI ohnehin nur sehr begrenzten Schutz bieten können. Gegen die Kurzstreckenraketen und auch gegen Marschflugkörper ist die Abwehr im Weltraum ungeeignet, atombombentragende Flugzeuge können mit ihr nicht bekämpft werden, und gegen die Tausende von Atom- und Giftgasgranaten hilft sowieso nur ein Mittel: Frieden um jeden Preis bewahren. Doch ausgerechnet das könnte durch SDI erschwert werden. In dem Maß, in dem sich die beiden Supermächte gegenseitig unangreifbar machen, steigt die Versuchung, den Kampf um die Vormachtstellung auf der Erde mit „Stellvertreterkriegen" auszutragen – seien es Wirtschaftskriege zwischen den Blöcken oder seien es lokal begrenzte Schießkriege. Kritiker sehen in SDI überdies eine neue Runde in dem Versuch, die Sowjetunion mit der überlegenen amerikanischen Wirtschaftskraft „totzurüsten". Damit aber verstärkt sich erneut die Gefahr eines weltweiten Krieges – vom Unterlegenen noch schnell vom Zaun gebrochen, um vielleicht militärisch der wirtschaftlichen Niederlage zu entgehen.

Daß der „Krieg der Sterne" mehr wird als nur ein Hirngespinst fortschrittsgläubiger Wissenschaftler, beweist die rasch zunehmende Zahl amerikanischer Experimente. 1985 gelang es erstmals, die Hülle einer Raketenstufe mit einem Laserstrahl zu zerstören. Gegnerische Satelliten können die USA ebenfalls vernichten: indem sie sie mit hochfliegenden Raketen abschießen oder aber mit ihren Raumfähren einfach einsammeln.

Nach 24 Partien entthront

Der König ist tot, es lebe der König: Seit dem 9. November heißt der neue Schachweltmeister Garry Kasparow; der bisherige Titelträger Anatoli Karpow ist entthront. 24 außergewöhnlich spannende Partien mit einer Fülle überraschender Züge lieferten sich die beiden Kontrahenten in ihrem mehrwöchigen, von Schachfreunden in aller Welt verfolgten Duell im Moskauer Tschaikowskijsaal (links). Erst am Ende der letzten Partie stand das 22jährige jüdisch-aserbeidschanische Schachgenie aus Baku als Sieger fest (unten mit seiner Freundin, der Moskauer Schauspielerin Marina Neolowa) – zur Freude der Schachfans, denen der lockere, showbewußte Star weit sympathischer ist als der „Liebling der Partei" Karpow. Bis zuletzt hatte die Moskauer „Karpow-Clique" und der Weltschachverband FIDE versucht, mit zum Teil illegalen Tricks den Herausforderer zu benachteiligen. Einer davon: Schon Anfang nächsten Jahres muß er gegen Karpow zum Revanchekampf antreten, ein bisher völlig unüblicher Vorgang.

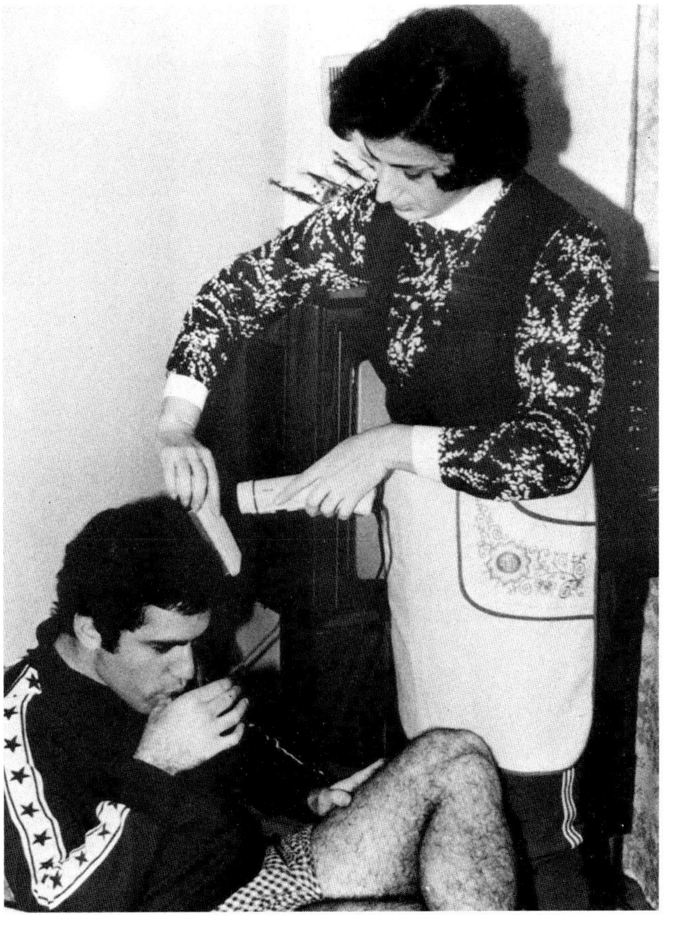

Während der Guru längst in der Höhenluft des Himalay weilt, plagen seine Ex-Geliebte Ma Anand Sheela weitaus profanere Sorgen. In einer Nacht- und Nebelaktion sind sie und ihre Freundinnen Cathrin Jane Elsea und Diane Evonne Onang in deutsch-amerikanischer Kooperation verhaftet und erst nach Waldshut, dann nach Bühl verfrachtet worden. Die Anklage lautete auf Mordversuch an Bhagwans Leibarzt Swami Deveraj. Die drei Damen sollen ihm auf einer Party eine Spritze mit einer hochgiftigen, im Körper nicht nachweisbaren Substanz in den Popo gespritzt haben. Sheela zu diesem Vor-

Die 35jährige Inderin ist eine sehr sinnliche Frau. Im warmen Klima von Oregon sonnte sie sich gern nackt mit ihren Kammerdienern. „Ich habe einen schönen Körper", sagt sie, „und den zeige ich gern." In der Gefängniszelle von Bühl fühlte sich Sheela den Umständen entsprechend gut. Sie verlangte frisches Obst und deutsche Lehrbücher, um ihre Sprachkenntnisse zu verbessern. Wenn ihr Journalisten von der Straße aus zuriefen, kam Sheela ans Gitterfenster und lächelte in die Kameras: „Ich bleibe in Deutschland und kaufe ein Hotel."

Ein Guru dankt ab

Fast ein Jahrzehnt flogen ihm die Herzen zu – und die Bankguthaben zivilisationsmüder und sexualfrustrierter junger Menschen aus aller Welt. Sie verließen Heim, Hof, Weib und Kinder für ihn, schenkten ihm insgesamt 92 (oder waren es mehr?) Rolls Royce und Uhren im Stückwert von bis zu einer Million Mark. Wenn er sich, was immer seltener geschah, im Rajneeshpuram auf einer Spazierfahrt sehen ließ, jubelten die Jünger und bewarfen seinen chauffeurgesteuerten Rolls Royce mit Blumen. Das genügte ihm eines Tages nicht mehr.

Als er am 28. Oktober 1985 mit Uhren im Wert von 58000 Dollar in einer Blitzaktion in seinem privaten Lear-Jet auf dem Flughafen von Charlotte (North Carolina) verhaftet wurde, war er ganz der hoheitsvolle Guru: „Herr Kommissar", sagte er mit vollendeter Höflichkeit, „bitte reden Sie nicht so laut mit mir."

Doch als er seine seidene Robe abgelegt und mit dem graugrünen Häftlingskittel vertauscht hatte, wurde er friedlich wie gewohnt.

Sanft gestand er, eine Scheinehe zum Zweck der illegalen Einwanderung gestiftet und die amerikanischen Behörden darüber belogen zu haben. Weil sich der Guru so kooperativ zeigte, ließen die Ermittler ihrerseits großzügig die insgesamt 32 Anklagepunkte fallen. Sie reichten von Steuerbetrug bis zu illegalem Waffenbesitz.

Im Augenblick befindet sich der reiselustige Meister im indischen Himalaya und sagt, er habe nicht die Absicht, einen neuen Ashram zu gründen. Wollen wir's ihm glauben?

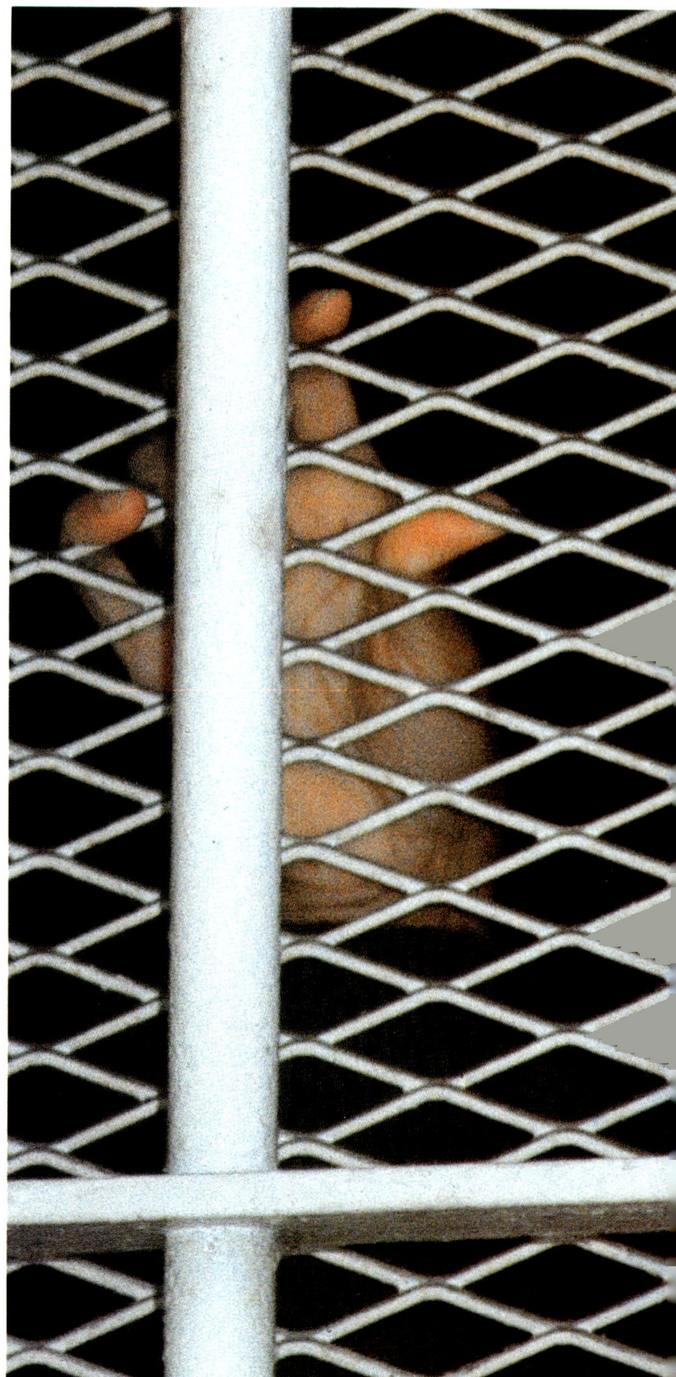

wurf: „Ich kann dazu gar nichts sagen. Es ist so lächerlich.”

Obwohl Generalstaatsanwalt Ernst Bauer behauptete, die Amerikaner seien lediglich zur Beobachtung und Identifizierungshilfe dabei gewesen, konnten die Fernsehzuschauer wenige Stunden später Mr. Paul Keller, Mitarbeiter der Anklagevertretung in Oregon, dabei beobachten, wie er in beschlagnahmten Medikamenten wühlte. Für das Polizeiaufgebot von 25 Mann zeigten selbst die Nachbarn kein Verständnis, die sonst von den abtrünnigen Bhagwan-Jüngern „reschtlos” die Nase voll haben.

Das Bundesjustizministerium ließ am Tage nach der Verhaftung verlauten, daß die drei Frauen so lange in Untersuchungshaft bleiben müßten, bis die amerikanischen Behörden die Originalunterlagen geschickt hätten. Dies muß innerhalb von vierzig Tagen geschehen. Ein Rechtsanwalt, der die Hauptverdächtige Diane Evonne Onang betreute, hatte sofort Akteneinsicht beantragt.

Er mußte jedoch zu seiner Verblüffung feststellen, daß außer einem langen Telex, das von den amerikanischen Behörden geschickt worden war, nichts Substantielles existiert. Ma Anand Sheela ließ daraufhin aus ihrer Zelle verlauten: „Die Vorwürfe sind einfach absurd. Wahrscheinlich will mich die US-Regierung nach Amerika bekommen, damit ich dort gegen Bhagwan aussage.”

Diese Vermutung hat sich nicht bestätigt. Sowohl die deutschen als auch die amerikanischen Behörden sind heilfroh, den Unruhestifter endlich los zu sein. Über den Gipfeln des Himalaya ist Ruh? Man wird es erfahren.

Dem inhaftierten Trio ging es gut in den Zellen von Waldshut und Bühl. Sie verlangten frisches Obst und deutsche Lehrbücher, damit sie in der Haftzeit

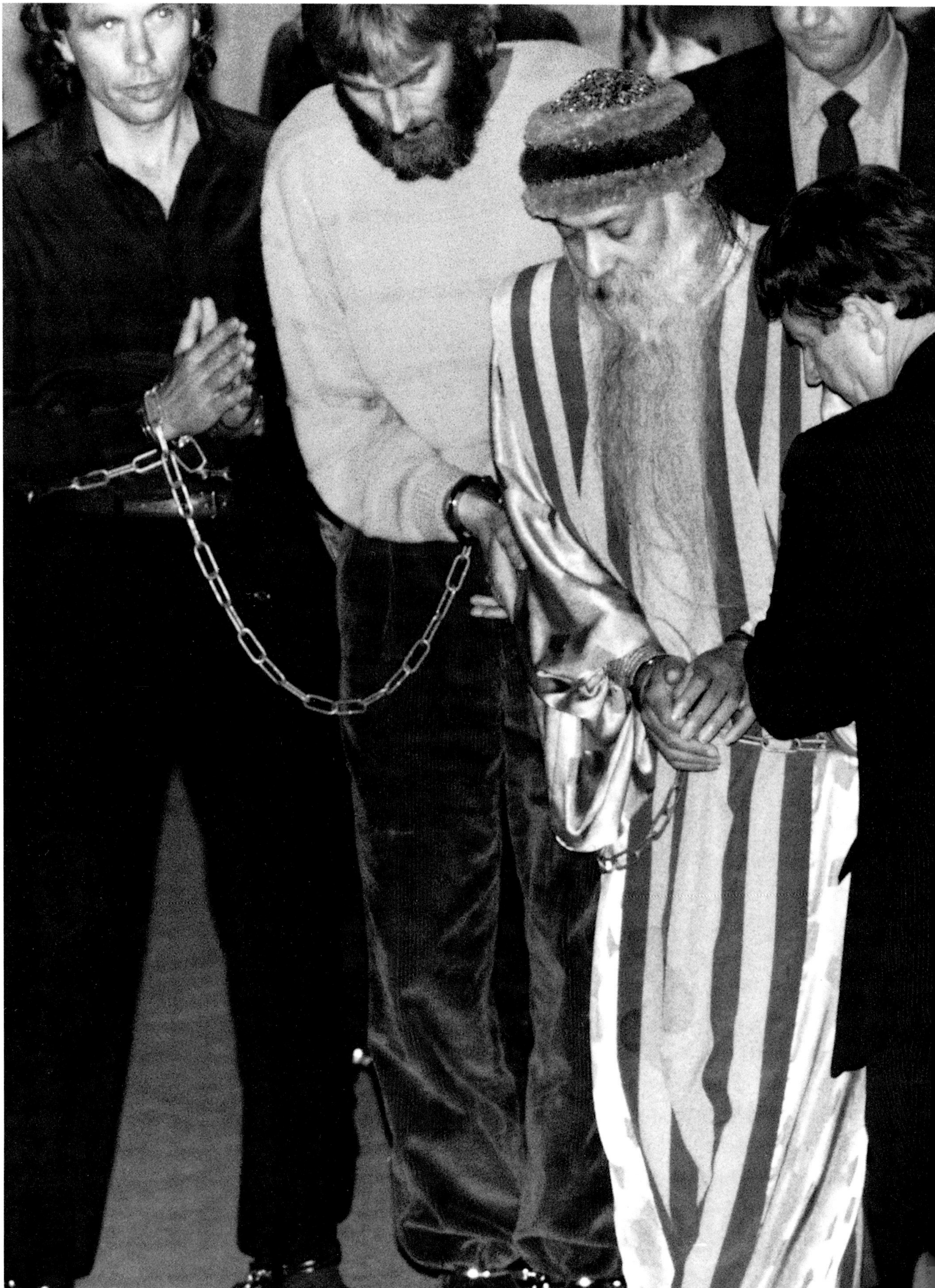

Den Erleuchteten bringt so schnell nichts aus der Ruhe. Als Bhagwan Shree Rajneesh im Oktober 85 bei einem Fluchtversuch in North Carolina verhaftet wurde, sorgte er sich zunächst um die Temperatur in seiner Zelle. Der kränkelnde Guru verlangte 23 Grad. Daß er nach drei Wochen von einem Gericht in Portland (Oregon) wegen Organisation von Scheinehen und Irreführung der Behörden zu zehn Jahren Haft und 400000 Dollar Geldstrafe verurteilt wurde, ließ ihn kalt. Bhagwan erklärte, er wolle sofort ausreisen und nie mehr in die USA zurückkehren. Er verließ die Staaten in Richtung Himalaya.

Vokabeln lernen können. Dann säuberten sie die Duschen und die Zellen. Sheela zu Journalisten: „Die deutschen Beamten sind nicht so aggressiv wie ihre amerikanischen Kollegen vom FBI. Und gegen meine Einsamkeit hilft mir die Meditation, die Bhagwan uns gelehrt hat!"

Auch die Vollzugsbeamten äußerten sich angetan, denn gegen das, was sonst in den Gefängnissen einsitzt, „sind diese Frauen die reinste Erholung".

In dem Dorf Häusern, in dem die Bhagwan-Diaspora für zwei Monate wohnte, schieden sich unterdessen die Geister der Dorfbewohner.

Hans-Günther Rieckmann wurde in der Zeit von seinen Nachbarn sehr schmallippig gegrüßt. Hatte er doch die Impertinenz, sein leerstehendes Haus zur Nachsaison an „diese Sekte, diese Kinderverführer" zu vermieten. Es gab dezente Hinweise, daß es ja noch andere Elektroläden als den des Herrn Rieckmann gebe.

Häuserns Bürgermeister, Gottfried Mutter, hat drei Kreuze geschlagen, als seine ungebetenen Gäste endlich nach Baden-Baden abschwirrten, wo sich der harte Kern von fünf Getreuen eine Wohnung genommen hat. Der Rest ist in seine Heimatländer zurückgekehrt. Das Paradies auf Erden, wie der Ashram von den Bhagwan-Jüngern genannt wurde, gibt es nicht mehr.

In ein 2000 Meter hoch gelegenes Tal des Himalaya, 16 Autostunden nördlich von Neu Delhi, hat sich Bhagwan jetzt zurückgezogen. Seine Zufluchtsstätte heißt „Berghotel Span", in dem er mit seiner 19köpfigen Gefolgschaft acht Pavillons bewohnt. Nach zehn Stunden Schlaf frühstückt er, labt sich an indischer Musik und tritt gegen Mittag auf die Terrasse, um die Jünger zu begrüßen. Seine neue Geliebte heißt Vivec, eine 35jährige Engländerin. Sein nächstes Ziel: „Ich will dafür sorgen, daß Meditation als Schulfach eingeführt wird."

Von Frostschutz- und anderen Lebensmitteln

Das Wort des Jahres, traditionell von der „Gesellschaft für deutsche Sprache" auf den Schild gehoben, hieß für 1985 „Glykol". Seine öffentliche Karriere begann am 9. Juli, als das Bundesgesundheitsministerium einen Skandal zugeben mußte, der Insidern schon seit Ende April bekannt war: Weine aus Österreich waren in großer Menge mit Diäthylenglykol (DEG) „verbessert" worden. Die Chemikalie, die gewöhnlich als Enteisungs- oder Frostschutzmittel dient, sollte einfachere Kreszenzen zu Auslese- oder gar Eisweinen aufwerten. Das Wunder der seltsamen Vermehrung solcher Raritäten, über die sich Experten seit Jahren den Kopf zerbrochen hatten, war nun aufgeklärt. Daß man nicht früher darauf gekommen war, lag an unzureichenden Analyseverfahren. Nur durch Zufall waren österreichische Weinkontrolleure auf den Zusatz gestoßen. Ein Chemiker hatte mehreren Winzern, darunter bekannte Großlieferanten, den Tip mit dem Glykol gegeben. Bei den üblichen Laboranalysen sorgte dieser Zusatz für die notwendigen Extraktwerte.

Über die Wirkung des DEG auf den menschlichen Organismus stritten sich zwar die Wissenschaftler, doch in größeren Mengen über längere Zeit genossen führt es zu Schädigungen des Nervensystems und der inneren Organe. Wie auch immer: Auch in geringsten Mengen gehört der Stoff nicht in den Wein.

Nachdem die Lebensmittelchemiker wußten, wonach sie zu suchen hatten, nahm der „Glykolskandal", wie das Schlagwort schnell hieß, von Tag zu Tag größere Dimensionen an. Es zeigte sich, daß die meisten Austria-Importe der großen deutschen Abfüller mit dem heimlichen Süßmacher verseucht worden waren. Tanks mit Millionen Litern wurden versiegelt, innerhalb weniger Tage verschwanden sämtliche Österreich-Weine aus deutschen Weinregalen. Das Bundesgesundheitsministerium erstellte laufend Listen mit den inkrimierten Weinen. Die am 30. September vorgelegte „vorläufige Gesamtliste" enthielt 1625 Weine mit 3208 Proben. Darunter freilich nicht nur Tropfen österreichischer Provenienz. Denn sehr bald war das

DEG in kleineren Mengen auch in deutschen Weinen entdeckt worden. Offenbar hatten deutsche Großabfüller die vermeintlichen Auslese-Weine aus Österreich als Süßreserve benutzt, um deutsche Mieslinge gefälliger zu machen. So kam in der Folge des zunächst nur auf Österreich begrenzten Skandals auch der deutsche Wein ins Gerede. Im Ausland verschwanden „Liebfraumilch" oder „Oppenheimer Krötenbrunnen" aus den Weinläden, aber auch in der Bundesrepublik ging der Umsatz erheblich zurück. So wurde im August/September ein Umsatzrückgang beim Weißwein in Höhe von 24 Prozent gegenüber dem Vorjahr ermittelt. Einige Großabfüller waren besonders betroffen. Die Firma Seidel in Alsheim, bei der als erster auch in deutschem Wein Glykol gefunden worden war, mußte die Pforten schließen. Und der Branchenriese Pieroth in Burg Layen bei Bingen wankte erheblich. Rund hundert Mitarbeiter mußten gehen, das Management wurde ausgetauscht.

Die politischen Folgen waren nicht minder erheblich: In Rheinland-Pfalz mußten Spitzenbeamte der Weinabteilung des Landwirtschaftsministeriums ihre Schreibtische räumen. Neue Kontrollinstanzen wurden geschaffen. Allerdings: Die versprochene Verschärfung des Weingesetzes verlief im Sande. Anders in Österreich: Die sozialliberale Regierungsmehrheit verabschiedete im Eiltempo im National-

Eier waren nicht selten „Schleudereier", zerkleinerte Ausschußware mit abgestorbenen Embryos, von Bazillen verseucht. Der holländische Hauptlieferant Johannes van Loon aus Arnheim gestand, allein von Januar 1983 bis Mai 1984 vierzig Millionen solcher verbotenen Bruteier vorwiegend an Teigwarenhersteller in Baden-Württemberg geliefert zu haben. Erst als Ministerpräsident Lothar Späth in aller Öffentlichkeit Nudeln aß, glaubten die Verbraucher allmählich den Versprechen der Hersteller, daß nunmehr wieder alles in Ordnung sei.
Unzulässige Pharmazeutika brachten das Fleisch aus deutschen Landen mal wieder ins Gerede. In Niedersachsen wurde nicht nur ungenießbares Fleisch von falsch geimpften Schweinen entdeckt, es wurden auch 11000 Kälber, die mit verbotenen Hormonen gemästet worden waren, dank Justitia einstweilen vor dem Schlachthof bewahrt. In Schleswig-Holstein wurde der Verkauf von Wildenten von der Unterelbe verboten, weil sie zuviel Pflanzengifte und Chlorrückstände enthielten. Das Bundesgesundheitsministerium warnte vor einer bestimmten Sorte giftiger Dosen-Bohnen. Und Diäthylenglykol wurde sogar in den beliebten Gummibärchen entdeckt – allerdings in so geringen Mengen, daß nicht gleich ein Verbot erlassen werden mußte. Und um die Schreckensmeldungen abzurunden: In Rheinland-Pfalz entdeckten Lebensmittelkontrolleure in 53 Metzgereien Wurst- und Fleischwaren, die das krebserregende Formaldehyd enthielten.

Frostschutzmittel im Wein, zerkleinerte Hühnerembryos in Nudelteig – wie selten zuvor wurde die Lebensmittelbranche 1985 von Skandalen heimgesucht. Wie giftig das Diäthylenglykol in welchen Konzentrationen wirklich ist, mag umstritten sein; doch in den Wein gehört es nicht. Hier wie bei den „Schleuder-Ei"-Nudeln war auch

rat das, wie es hieß, „schärfste Weingesetz der Welt".
Glykol war nicht das einzige Gift, das im Wein gefunden wurde. Monobromessigsäure in italienischem Spumante, der „Sprengstoff" Natriumazid in 100000 Litern österreichischem Wein und kurz vor Weihnachten dann noch Äthylenglykol aus undichten Kühlschlangen in „Gräflich Kageneckschen" Sekten aus dem Badischen machten Schlagzeilen.
Die Nachrichten von der Weinfront waren nicht die einzigen Hiobsbotschaften auf dem Lebensmittelmarkt. Nicht einmal die deutschen Frischei-Nudeln sind, so erfuhr der Freund von Spätzle, Zöpfli und Sphaghetti, mehr das, was sie mal waren. Die frischen

Behördenschlamperei im Spiel. Warnungen und Hinweisen wurde nicht sofort nachgegangen. So waren die Praktiken des holländischen Flüssigei-Königs van Loon schon lange im Gerede. Und daß aus Österreich ein Vielfaches der Mengen an Auslese- und Eisweinen auf den deutschen Markt kam, die auch in besten Sonnenjahren hätten heranreifen können, war seit Jahren ein offenes Geheimnis.

Hinter dem Lächeln ein Mann aus Eisen

Am Morgen des 11. März blendete das sowjetische Fernsehen auf Staatstrauer um. Brahms-Musik bereitete das 270-Millionen-Volk auf eine wichtige Mitteilung vor, die dann um 14 Uhr über den Äther lief: Nach nur 13 Monaten an der Spitze der Supermacht Sowjetunion war Konstantin Tschernenko am Vorabend gestorben. Es folgte etwas Einmaliges in der sowjetischen Geschichte: Noch am selben Tag, zwei Stunden später, gab die KPdSU bekannt, wen ihr Zentralkomitee zum neuen Generalsekretär gewählt hatte. Es war, von vielen erwartet, das Politbüromitglied Michail Sergejewitsch Gorbatschow, erst am 2. März 54 Jahre alt geworden. Sein Bild – und nicht das des verstorbenen Tschernenko – beherrschte am folgenden Tag die Titelseiten der „Prawda" und aller Zeitungen des Landes. Mit der Wahl Gorbatschows hatte die Sowjetunion endlich vollzogen, was längst überfällig zu sein schien: den Generationswechsel im Kreml, die Abwendung von der politischen Stagnation, die unter Leonid Breschnjew eingesetzt hatte, die der kurzlebige Parteichef Jurij Andropow nach dessen Tod am 7. November 1982 nicht beenden konnte und die unter Tschernenko wiederum alles lahmlegte. Mit Gorbatschow trat ein Mann an die Spitze, der schon allein aufgrund seines Alters und seiner Vitalität in der Lage wäre, die UdSSR in das nächste Jahrhundert zu führen. Doch Gorbatschow verkörpert auch einen neuen Führungsstil – offener, sogar charmant – und eine neue Entschlossenheit. Er ist ein überzeugter Kommunist, der realitätsbewußt und zupackend sofort daranging, das Riesenland wieder in Schwung zu bringen. „Dieser Mann hat ein nettes Lächeln", charakterisierte ihn Außenminister Andrej Gromyko, „aber er hat Zähne aus Eisen." Seinen Biß bewies er schon im ersten Jahr, indem er unter den Alten im Partei- und Regierungsapparat mit verbissener Gründlichkeit aufräumte und seine Machtposition in erstaunlich kurzer Zeit festigte. Als erster mußte sein Politbüro-Rivale Grigorij Romanow gehen. Ihm folgte der greise Ministerpräsident Nikolaj Tichonow und am Jahresende der Stadtparteichef von Moskau, Wiktor Grischin. In ZK und Ministerrat ebenso wie in den Provinzen wurden Funktionäre, die unter Breschnjew oder früher Karriere gemacht hatten, zu Dutzenden gefeuert. „Macher" vom Typ Gorbatschows traten an ihre Stelle, so der neue Ministerratsvorsitzende Nikolaj Ryshkow, der neue Planungschef Nikolaj Talysin und der neue Außenminister Eduard Schewardnadse (Gromyko wurde in das Amt des Staatsoberhaupts „wegbefördert"). In unverblümten Grundsatzreden, aber auch in den politischen und ökonomischen Vorbereitungsdokumenten zum 27. KP-Kongreß am 25. Februar 1986 legte der im Kaukasus-

Vorland von Stawropol aufgestiegene Gorbatschow seinen Kurs fest. Nicht grundlegende Reform des sozialistischen Systems heißt die Linie, sondern „Modernisierung" und „Perfektionierung" des Vorhandenen, Kampf gegen Schlendrian und Schlamperei, „die Beseitigung von allem, was die Entwicklung behindert". Mit harten Strafen und Preiserhöhungen ging er den Alkoholismus, Rußlands Erzübel, an. Mit einem „radikalen Wandel" und „höchsteffektiver Arbeit" soll in den nächsten 15 Jahren das Wirtschaftspotential in der UdSSR verdoppelt werden. Westliche Experten bezweifelten indes, ob dies ohne Systemveränderung wie in China, ohne Abkehr von der Planwirtschaft geht. Hilfreich wäre der Abbau der Rüstungsausgaben. Und hier machte der neue Mann weiterreichende Vorschläge als jeder seiner Vorgänger, die er im November in Genf mit US-Präsident Reagan erörterte. Sein Ziel: die Abschaffung aller Nuklearwaffen auf der gesamten Welt.

Diesmal war alles anders: Als Kreml-Chef Konstantin Tschernenko am 13. März in Moskau zu Grabe getragen wurde, trug kein Politbüro-Mitglied den Sarg, und dahinter ging nur einer – Michail S. Gorbatschow. Er war zwei Tage zuvor zum Generalsekretär der KPdSU und damit zum neuen starken Mann der Sowjetunion gewählt worden. Der 54jährige aus Stawropol verkörpert den längst fälligen Generationswechsel in Moskau und einen neuen Führungsstil. Von seinem Charme hatten sich 1983 die Kanadier überzeugen können. Bei seinem Besuch posierte er sogar mit Cowboy-Hut.

Rotes Ufo auf dem Eis

Ein Trümmerhaufen auf dem vereisten Inari-See in Nordfinnland lockte im Januar Pressefotografen in die Arktis. Nach langer Suche hatten finnische Soldaten gefunden, was am 28. Dezember 1984 als „unbekanntes Flugobjekt" in seinem Hoheitsgebiet abgestürzt war, nachdem es zuvor den östlichen Zipfel des Nato-Lands Norwegen überflogen hatte: einen sowjetischen Marschflugkörper vom Typ SS-N-3 (Nato-Codename „Shaddock"). Die veraltete Flugwaffe – Ersteinsatz 1958 – war bei Zielübungen der roten U-Boot-Flotte in der Barents-See total vom Kurs abge-

kommen. Norwegen und Finnland legten gegen die Luftraumverletzung Protest ein, und Moskau entschuldigte sich für den „unbeabsichtigten Zwischenfall", für einen „technischen Irrtum". Überdies versicherte die UdSSR, der Flugkörper habe „weder Munition noch giftiges Material" getragen, was sich beim Auffinden des Wracks bestätigte. Westliche Experten glaubten dem ungewöhnlichen Eingeständnis: So kurz vor der Wiederaufnahme der Verhandlungen mit den USA war Moskau nicht an „Provokationen" wie einem Test der Nato-Luftabwehr im hohen Norden gelegen.

Die rote Zarin rückt ins Bild

Wann immer Parteichef Michail S. Gorbatschow in der Öffentlichkeit auftrat – wie hier bei Komsomolzen auf dem Land, bei Werksbesichtigungen und Staatsempfängen –, war seine Frau nie fern.

Als erste Kremlchef-Gattin seit Menschengedenken durfte sie sich so in Szene setzen, daß selbst „Prawda" und Staatsfernsehen nicht umhin kamen, sie zu zeigen (wenn auch immer noch ohne Namensnennung). Aber wirklich in den Mittelpunkt trat die „Geheimwaffe des Kreml" (so der Pariser „Figaro") erst bei den Auslandsreisen – in London, Paris und Genf, wo sie Nancy Reagan, First Lady der USA, fast die Show stahl. Stets charmant und chic, erntete sie Lobeshymnen. Gorbatschow schätzt an ihr mehr als Cartier-Ohrringe und Gucci-Handtaschen: Dr. phil. Raissa findet sein Gehör auch als Beraterin für Fragen der Sozialpolitik.

Hand in Hand meisterten der wegen seiner Kritik am Sowjetregime verbannte Physiker und Nobelpreisträger Andrej Sacharow und seine Frau Jelena Bonner eines der schwersten Jahre ihres Exils in der Industriestadt Gorkij. Mit einem Hungerstreik erzwang Sacharow für seine Gefährtin eine Reise in den Westen zur Behandlung ihrer Herz- und Augenleiden. Der 64 Jahre alte Dissident blieb zurück, Frau Bonner wurde zum Stillschweigen verpflichtet.

Der Unbeugsame von der Wolga

Jedes Jahr am 10. Dezember begeht auch die Sowjetunion den „Tag der Menschenrechte". Dann ist von den ihrer sozialen Sicherheit beraubten Arbeitslosen in Westeuropa und den verelendenden Indianern Amerikas die Rede. Das Schicksal der in Lagern und Gefängnissen festgehaltenen Regimekritiker im eigenen Land bleibt ein Tabu-Thema. Daran hat auch der neue Kurs Gorbatschows nichts geändert. Als der Parteichef von französischen Interviewern gefragt wurde, ob es in der UdSSR wirklich vier Millionen politische Gefangene gebe, schnaubte Michail Gorbatschow nur: „Absurd, absurd." Seine Position in dieser Frage lag ganz auf der Linie Leonid Breschnjews oder der seines Mentors Jurij Andropow, der als KGB-Chef die nur auf wenigen hundert Köpfen basierende Menschenrechtsbewegung der Sowjetunion in ihrer praktischen Bedeutung ausgeschaltet hatte. Gorbatschow nahm zwar Appelle entgegen, so in Paris die Fürbitte des französischen Staatspräsidenten François Mitterrand zugunsten des seit 1977 inhaftierten Anatolij Schtscharanskij – geschehen ließ er nichts. Vor allem ein Mann zieht nach wie vor als Symbol der Unbeugsamkeit den Haß der Kreml-Gewaltigen auf sich: der 64jährige Andrej Sacharow, einst hochdekorierter Physiker und „Vater der sowjetischen Wasserstoffbombe", nun seit sechs Jahren isoliert und verbannt in der für Ausländer gesperrten Stadt Gorkij an der Wolga. Sein Eintreten für politische Freiheiten wurde 1975 mit dem Friedensnobelpreis gewürdigt. 1985 erhielt, genau am „Tag der Menschenrechte", ein anderer Sowjetbürger unter Protesten diesen Preis:

der Kreml-Arzt Jewgenij Tschasow, Ko-Vorsitzender des Komitees „Ärzte gegen den Atomkrieg". 1973 hatte dieser Tschasow mit einer Unterschriftenaktion der Akademie der Wissenschaften die Kampagne gegen den unbequem gewordenen Sacharow eröffnet. Vor der Presse wiegelte er ganz im offiziellen Sinne ab: Sacharow gehe es gut, er lebe und arbeite in einer der schönsten Städte der Sowjetunion. Wie es 1985 wirklich um den kranken Physiker stand, erfuhr die Welt nur bruchstückhaft, immer wieder irritiert durch Videofilme, die offenbar der KGB ganz gezielt westlichen Medien zuspielte. Als Sacharow in einem dieser Streifen beim Spaziergang mit seiner Frau Jelena Bonner gezeigt wurde, befand er sich in Wirklichkeit im Krankenhaus, wo Ärzte seinen Hungerstreik mit Zwangsernährung zu brechen versuchten. Zu diesem Protest hatte sich der Dissident trotz seines labilen Gesundheitszustands entschlossen, um der seit 1984 mit ihm verbannten Jelena Bonner eine Reise in den Westen zu ermöglichen. Am Ende hatte er Erfolg: Vor Jahresschluß konnte sie in Italien ihre Augen und in den USA ihr Herz behandeln lassen. Sie war zur Heimkehr entschlossen, Tausende aber, die für immer das Land verlassen wollten, warteten vergebens: 1985 durften nur 1140 Juden und 460 Deutsche ausreisen. Es bleibt wie gehabt: Unzufriedene werden mundtot gemacht, aber ziehen läßt man sie nicht.

Mit Bildern Sacharows demonstrierten im Dezember in Oslo Hunderte gegen den Friedensnobelpreisträger 1985 aus der Sowjetunion: Dr. Jewgenij Tschasow erhielt die Prämie zusammen mit dem Amerikaner Bernhard Lown für sein Eintreten gegen die Gefahr eines weltweiten Atomkrieges. Tschasow ist ein früher Gegner Sacharows.

Der Spion, der aus der Kneipe kam

Ein 48jähriger Regierungsdirektor, dem Alkohol sehr zugetan, bescherte der Pannenregierung Kohl im Sommer den schlimmsten Spionageskandal seit Bestehen der Bundesrepublik. Mitte August fehlte an seinem Schreibtisch im Kölner Bundesamt für Verfassungsschutz (BfV) Hans-Joachim Tiedge, einer der obersten Agentenjäger im Zentrum der westdeutschen Spionageabwehr. Er meldete sich kurz darauf aus Ost-Berlin. Mit Tiedge war der intimste Kenner des DDR-Geheimdienstes und seiner West-Kundschafter zum Gegner übergelaufen. Tiedge kannte nicht nur die gesamte Struktur des BfV und alle Beamten, sondern auch die für das Kölner Amt arbeitenden Sonderagenten in der DDR. Außerdem hatte er eng mit den Nachrichtendiensten der Verbündeten kooperiert. Der ehemalige BfV-Präsident Richard Meier über Tiedges Flucht in den Osten: „Eine Katastrophe."
Wie recht Meier hatte, enthüllte Monate später der vertrauliche Schlußbericht des Bundesinnenministeriums (BMI). Das Ergebnis: Ob Tiedge schon seit Jahren für die DDR gearbeitet hatte oder nur spontan übergelau-

Es war ein großer Tag für den Verfassungsschützer Hans-Joachim Tiedge, als er in der Kölner Karnevalsgesellschaft „Die Großen von 1823" zum Senator aufstieg. Denn das war seine Welt – der Karneval und die Kneipen. Er feierte gern, er trank oft und ausgiebig – am liebsten Altbier und Korn. Sein Alkoholismus war bekannt, sogar im Bundesamt für Verfassungsschutz, wo er zu den intimsten Kennern der DDR-Spionage in der Bundesrepublik gehörte. Als ihm die häuslichen Probleme (ständiger Krach mit der Familie und Finanznöte) über den Kopf wuchsen, setzte er sich bei Nacht und Nebel nach Ost-Berlin ab.

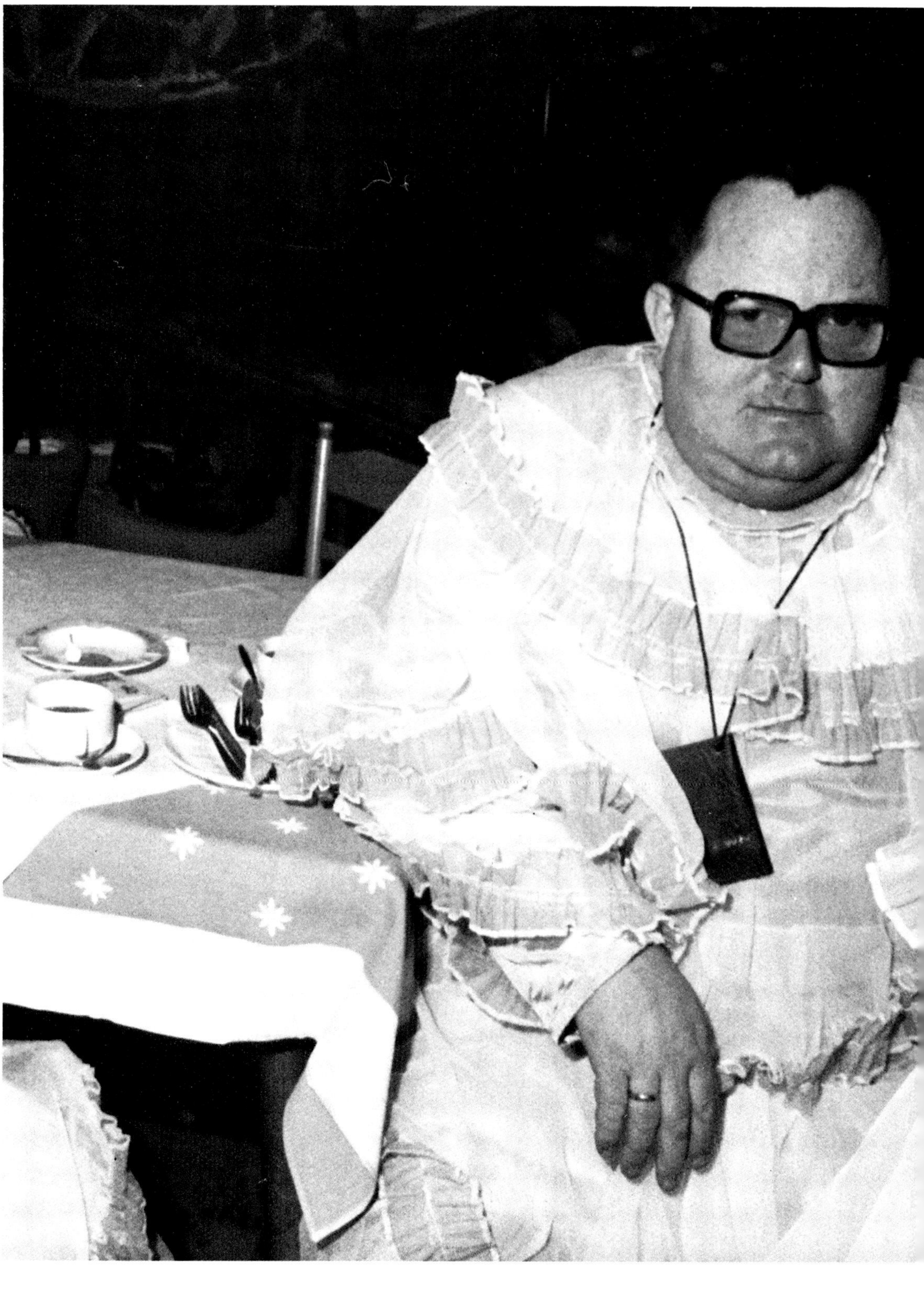

fen war – die Arbeit der westdeutschen Nachrichtendienste war durch seinen Verrat gelähmt. Zu fast allem im Bereich der Verfassungsschutzämter hatte Tiedge Zugang. Er konnte jederzeit über seine Mitarbeiter das Nachrichtendienstliche Informationssystem (Nadis) anzapfen, in dem alle Bundesbürger gespeichert werden, die den Geheimdiensten auffallen. Die Beamten im Ministerium notierten außerdem über Tiedge: Bei „einem auch im Detail bemerkenswerten Gedächtnis muß davon ausgegangen werden, daß alle sensiblen Erkenntnisse und Operationen, auch diejenigen der Landesbehörden für Verfassungsschutz, verraten worden sind".

Das Dossier listet auf, daß Tiedge

- die operativen Verbindungen zu mehreren für die Verfassungsschutzbehörden tätigen Bürgern in der DDR kannte, denen kein Fluchtweg aus der DDR offensteht;
- von DDR-Bürgern wußte, deren West-Verwandte Verbindung zum Bundesamt für Verfassungsschutz haben;
- Bundesbürger kannte, die häufiger in Ostblockstaaten reisen und dort Kontakt mit deren Nachrichtendiensten haben;
- geheime Mitarbeiter und Zielobjekte sowie dort arbeitende Zielpersonen des BfV kannte.

Mehr noch: Der einst als Spionage-Star gerühmte Tiedge kannte – so der interne Bericht – auch „den Aufenthalt und die evtl. neue Identität von Überläufern" aus der DDR, „die entweder in der Bundesrepublik oder im westlichen Ausland leben", und wußte über konspirative Wohnungen und Dienststellen des BfV Bescheid. So weit hätte es nicht kommen müssen, wenn die Kölner Amtsspitze Tiedge rechtzeitig aus dem Verkehr gezogen hätte. Denn sie kannte Tiedges Alkoholabhängigkeit, seine Labilität und die Geldsorgen, mit denen er sich herumschlug. In der Nachbarschaft war bekannt, daß der Verfassungsschützer mehr in der Kneipe saß als zu Hause. Kehrte er heim, so berichtete einer der Nachbarn, „ging die Brüllerei los". Anfangs hielten die Tiedges noch die bürgerliche Fassade aufrecht, vor allem Ehefrau Ute, eine Lehrerin, bemühte sich um Kontakte mit den Nachbarn. Doch nach einigen Jahren gesellte sich Frau Ute mehr und mehr dem Kneipenleben ihres Mannes zu.

BfV-Präsident Heribert Hellenbroich beließ Tiedge auf seinem Posten, obwohl dessen Alkoholexzesse protokolliert waren. Die Begründung: Der Abwehrmann habe heikle Operationen geleitet. Seine Versetzung oder gar Entlassung hätte zu unvorstellbaren Reaktionen führen können. Er wäre zu einem Sicherheitsrisiko geworden.

Tiedges Frontenwechsel in den Osten brachte auch Innenminister Friedrich Zimmermann in die Schlußlinie. Denn als politisch für den Geheimdienst verantwortlicher Dienstherr hat er es an der notwendigen Zusammenarbeit und Kontrolle fehlen lassen. Um sich selbst zu retten, brachte er ein Bauern-Opfer: Hellenbroich, bis zum 31. Juli BfV-Präsident und seither Chef des Bundesnachrichtendienstes, mußte im Spätsommer den Dienst quittieren.

Heribert Hellenbroich, CDU-Mitglied, bis Ende Juli Verfassungsschutz-Präsident, danach für wenige Wochen Chef des Bundesnachrichtendienstes, mußte im Spätsommer gehen, weil der Dienstherr, Innenminister Zimmermann (CSU), seinen eigenen Kopf retten wollte. Hellenbroich, der Tiedges Lebenswandel gekannt, aber nicht eingegriffen hatte, wurde geopfert, damit Zimmermann von der eigenen politischen Verantwortlichkeit ablenken konnte.

Diener zweier Herren

„Unsicherheitsminister" beschimpften einst CSU-Bundestagsabgeordnete den letzten Innenminister der sozialliberalen Koalition, Gerhart Baum (FDP). Das Wort ist zum Bumerang geworden. Hatte Nachfolger Friedrich Zimmermann (CSU) das Amt im Herbst 1982 noch forsch und selbstbewußt angetreten („Die Unterwanderung unserer Demokratie durch Kommunisten und Chaoten muß gestoppt werden"), so steht er heute vor einem Scherbenhaufen. Nach drei Jahren Amtszeit hat Zimmermann so viele Pannen, Fehler und Versäumnisse im Geheimdienstbereich zu verantworten wie keiner seiner Vorgänger im Innenressort. Die Spionagefälle dieses Sommers haben sich zu einer Affäre ohne Ende entwickelt. Da war der Fall

- der langjährigen KGB-Agentin und Sekretärin von Wirtschaftsminister Martin Bangemann, Sonja Lüneburg, die sang- und klanglos hinter dem Eisernen Vorhang verschwinden konnte und eine aufgeschreckte, aber völlig ratlose Bundeshauptstadt zurückließ;
- der Ost-Spionin Ursula Richter und ihres Freundes und Helfers Lorenz Betzing, denen trotz angeordneter Überwachung die Flucht in den Osten gelang;
- des Abwehrchefs im Kölner Bundesamt für Verfassungsschutz, Hans-Joachim Tiedge, der nach Ost-Berlin überlief;
- des Ehepaares Astrid und Herbert Willner – sie im Kanzleramt, er bei der FDP-nahen Friedrich-Naumann-Stiftung beschäftigt –, das trotz jahrelangen Verdachts unbehelligt blieb und sich rechtzeitig in die DDR zu den Auftraggebern vom Ministerium für Staatssicherheit absetzen konnte.

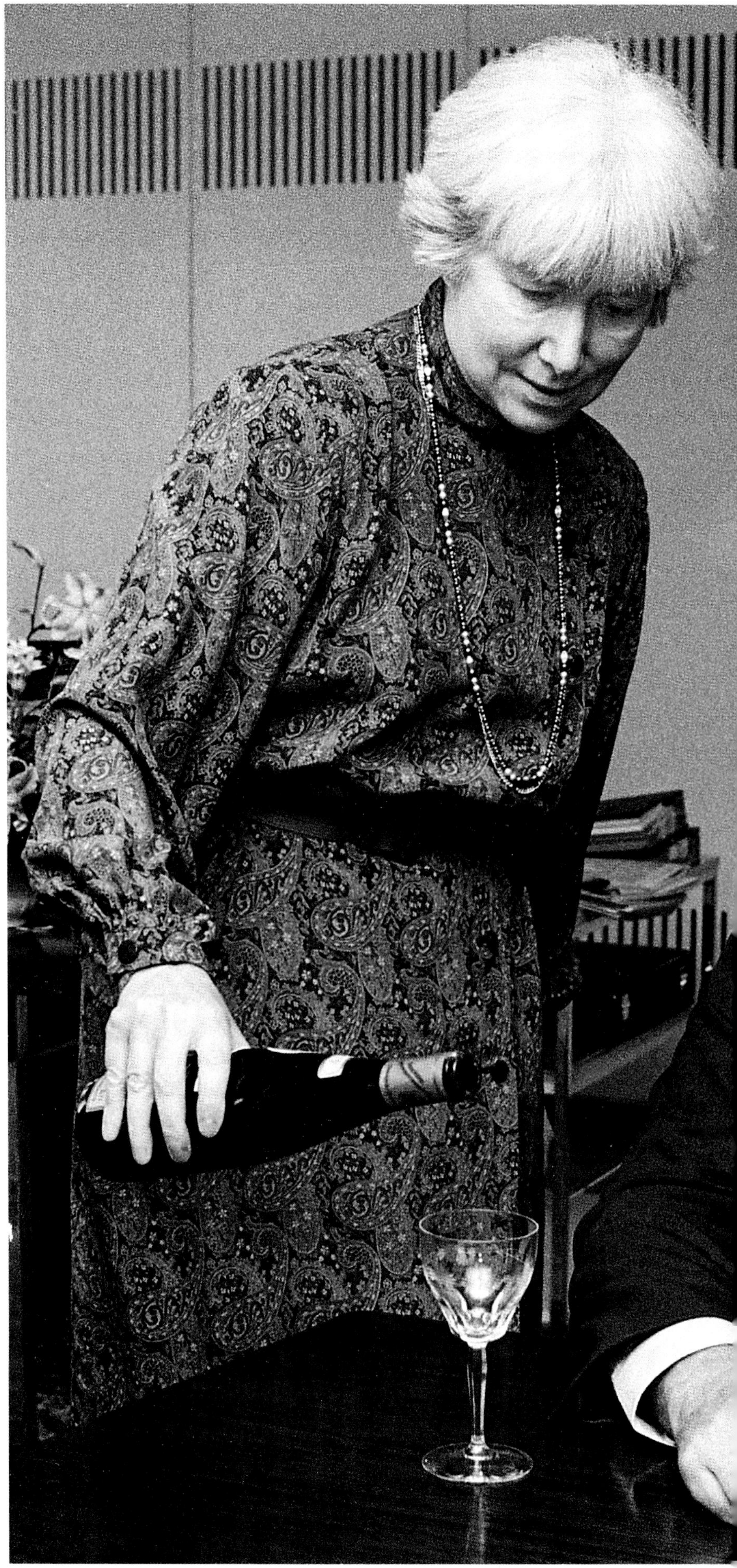

Die zwei Gesichter einer Frau: Über Jahre war Sonja Lüneburg der FDP und Martin Bangemann treu zu Diensten. Niemand ahnte, daß sie ein Doppelspiel trieb – als Agentin des sowjetischen Geheimdienstes KGB. Aus Furcht vor einer Enttarnung setzte sie sich im August hinter den Eisernen Vorhang ab.

Und da war der Fall der Spionin im Bundespräsidialamt, Margarete Höke, die zwar gerade noch festgenommen werden konnte, die aber Zimmermann trotzdem nur Verdruß bereitet hat. Denn es stellte sich bald heraus, daß Frau Höke keineswegs ein kleiner Fisch war, wie die Sicherheitsbehörden zunächst angenommen hatten. Die einstige Sekretärin im Präsidialamt hatte Zugang zu den Informationen des Verteidigungsministeriums und des Bundesnachrichtendienstes, die an den Bundespräsidenten gingen. Dabei handelte es sich vor allem um periodische Lageberichte und Detailnachrichten aus dem militärischen Geheimbereich. Über ihren Schreibtisch sind die Materialien für die streng geheimen Stabsübungen Wintex und Cimex der Bundeswehr gegangen. 1973 und 1979 hatte sie sogar als Sekretärin an solchen Übungen teilgenommen. Außerdem konnte sie in ihrem Job die Themen und Beratungsergebnisse des Bundeskabinetts und des Bundessicherheitsrates studieren und natürlich auch für ihre Auftraggeber notieren und an das Ministerium für Staatssicherheit weiterleiten. Der dritte sensible Bereich, aus dem die Spionin nach Ostberlin liefern konnte, waren die eigenen Ausarbeitungen des Verteidigungspolitischen Referats im Präsidialamt. Margarete Höke kannte jedes Detail der Planung von Besuchen des Bundespräsidenten bei den alliierten Streitkräften und sah die Gesprächsnotizen, die bei solchen Treffen gemacht wurden. Selbstverständlich waren ihr die persönlichen Daten der Amtsangehörigen bekannt und natürlich konnte sie auch jederzeit an die in einem Metallschrank verwahrten Sicherheitsakten gelangen. Die Geheimnisträgerin leistete ganze Arbeit.
Hätte Friedrich Zimmermann, der selbsternannte Garant der Inneren Sicherheit, seine Dienstaufsicht über den Verfassungsschutz nicht vernachlässigt, die Agentin wäre schon früher aufgeflogen. Als die Geheimdienstler ihren Anfang 1985 geschöpften Verdacht erhärten wollten und deshalb beim Minister eine Telefonüberwachung beantragten, wurde die Genehmigung bis in den Juni verschleppt. SPD-Fraktionschef Hans-Jochen Vogel: „Mangelnde Aufsicht hat dazu geführt, daß der Schaden nicht beizeiten begrenzt wurde."

Rechtzeitig in den Osten abgesetzt: Herta-Astrid Willner, Sekretärin im Bonner Kanzleramt. Gemeinsam mit ihrem Ehemann Herbert spionierte sie für den DDR-Staatssicherheitsdienst.

Herbert Willner arbeitete jahrelang für die FDP und die ihr nahestehende Friedrich-Naumann-Stiftung. Er galt als Musterbeispiel eines ruhigen, zurückhaltenden Agenten, der möglichst nicht auffällt.

Gerade noch rechtzeitig festgenommen: Margarete Höke, Sekretärin im Bundespräsidialamt, war eine Top-Agentin der DDR: Über ihren Schreibtisch gingen auch Protokolle des Bundessicherheitsrats.

Was Helmut Kohl im September 1984 gelungen war, als er mit Frankreichs Staatspräsident über die Schlachtfelder von Verdun schritt, wollte er im Mai 1985 mit dem US-Präsidenten wiederholen: Eine Geste der Versöhnung über den Gräbern des Soldatenfriedhofs in Bitburg sollte die deutsch-amerikanische Freundschaft bekräftigen und den Reagan-Besuch krönen. Doch statt dessen wurde das Unternehmen zu einer beispiellosen Peinlichkeit. Denn Bitburg, wo auch Tote der Waffen-SS begraben sind, steht für das Ende des Hitler-Reiches mit seinem Rassenwahn und dem Holocaust von Millionen jüdischer Menschen. In den USA kam es zu massiven Protesten, aber der Präsident stand, trotz des massiven Drucks, zu seinem Wort: Gemeinsam mit Kohl und den ehemaligen Generalen Ridgway und Steinhoff besuchte er den Friedhof – ohne einen Blick auf die Gedenksteine zu werfen.

Ein Amerikaner in Bonn

Manch einer kam gar nicht mehr aus dem Smoking heraus: Sechs Tage im Mai stand Bonn im Zeichen des Doppelereignisses Weltwirtschaftsgipfel und Staatsvisite des US-Präsidenten Ronald Reagan. Glanz und Gloria waren so nahe beieinander wie Pannen und Peinlichkeiten. Kohls undurchdachte Idee, Versöhnung über Soldatengräbern zu zelebrieren, und Reagans beharrliches Festhalten an einer einmal gegebenen Zusage überschatteten das Gipfel-Spektakel. Dabei hatte sich der Kanzler seinem hohen Staatsgast als gelehriger Musterschüler präsentieren wollen. Schließlich ist die deutsch-amerikanische Freundschaft für den Mann aus Oggersheim ein Wert an sich – frei von jeder politischen Kritik: die USA als westliche Führungsmacht, die Bundesrepublik als ihr getreuer Ekkehard. Als selbsternanntem Enkel des westdeutschen Ur-Kanzlers Konrad Adenauer ist ihm dessen Bekenntnis ständige Verpflichtung: „Die Deutschen sind loyale Partner auf dem Weg zur Freiheit und zum Frieden, auf dem die Vereinigten Staaten allen Nationen vorangehen."
Wirklich Partner? Oder nur Vasall? Am 5. Mai, als Reagan und Kohl ihr unglückseliges Vorhaben verwirklichten und den Soldatenfriedhof in Bitburg besuchten, jährte sich zum dreißigsten Mal der Tag, an dem – im Jahre 1955 – die Bundesrepublik aus der Besatzung durch alliierte Truppen entlassen und zu einem freien, souveränen Staat wurde – mit wesentlichen Einschränkungen. Denn die meisten Vorrechte der Alliierten blieben weitgehend erhalten. Die deutsch-amerikanische Freundschaft und damit die Hegemonie der USA über die Bundesrepublik wurde verankert. Eine völlig eigenständige Bonner Politik gegen den Willen Washingtons ist heute wie damals so undenkbar wie eine Ostberliner Politik gegen den Willen der Kreml-Herren. Eine Vielzahl von zweiseitigen Verträgen – die meisten geheimgehalten – sichern die amerikanischen Rechte. Doch während die sozial-liberale Koalition unter Helmut Schmidt wenigstens versuchte, innerhalb der Begrenzungen frei zu handeln und deutsche Interessen hartnäckig bis zum offenen Widerspruch zu vertreten, hat sich Kohl auf Bündnistreue bis zur Unterordnung festgelegt.

Südafrika brennt

Mit einem Molotow-Cocktail versucht ein schwarzer Demonstrant in Johannesburg, den Einsatzwagen der berüchtigten „Riot Police" zu vertreiben. Auf das Konto dieser Spezialeinheit gehen viele der 600 Toten, die bei Kundgebungen in diesem Jahr ihr Leben gelassen haben. Zum ersten Mal kam es auch in weißen Gebieten zu Straßenschlachten und Plünderungen. Die Empörung über die nur minimalen Verbesserungen und Schein-Reformen der neuen Verfassung machten es unmöglich, die Kämpfe wie bisher auf die Homelands und Townships zu begrenzen. Viele Buren wurden durch die Aufstände vor der eigenen Haustür zum ersten Mal mit dem vollen Ausmaß der Krise bekannt. Seitdem dreht sich die Spirale der Gewalt immer schneller: Kaum noch ein Weißer, der unbewaffnet auf die Straße geht. Kaum noch eine Beerdigung von Polizei-Opfern, die nicht zur neuen Demonstration gerät. Am Kap ist die gute Hoffnung der Unsicherheit gewichen.

Der blutige Marsch in die Freiheit

Bürgerkrieg und Brudermord in Südafrika: Als Präsident Pieter Willem Botha die Unruhen in den schwarzen Ghettos mit halbherzigen Kompromissen beruhigen wollte, ging der Schuß nach hinten los. Schwarze Bürgermeister, von den Weißen als Alibi für die Mitbestimmung vorgeschoben, wurden von den eigenen Landsleuten gelyncht. Schlagzeilen machte besonders das Drama vom 20. Juli: Bei der Beisetzung von vier Jugendlichen war die Wut bei deren halbwüchsigen Freunden groß. Jemand zeigte auf die 25jährige Maki Shosana und schrie: „Sie ist eine Informantin der Polizei." Maki wurde zusammengeschlagen, gesteinigt, mit Benzin übergossen und angezündet – vor laufenden Fernsehkameras. 240 farbige Bürgermeister und Stadträte traten in jenen Tagen zurück; Wohnhäuser von 360 schwarzen Polizisten wurden in Brand gesteckt. Begonnen hatte das Grauen im Ghetto mit Schulstreiks, Arbeitsniederlegungen und Protesten als Reaktion auf die neue Verfassung. Sie hatte den Schwarzen viele Erleichterungen versprochen, von denen nur wenige gehalten wurden. Als dann auch noch die Mieten in den Townships rund um Johannesburg erhöht werden sollten, begann der offene Aufstand in den Lager-Städten. Jede Beerdigung von Opfern der Polizei wurde zur Protestkundgebung, und jedesmal gab es neue Opfer. Der „African National Congress" forderte seine „schwarzen Brüder bei Polizei und Armee" aus dem Exil auf, ihre Waffen gegen „die weißen Herren zu erheben". Der Hintergrund: Die schwarze Mehrheit im Staat fordert die Abschaffung der Homelands, eine einheitliche südafrikanische Staatsbürgerschaft sowie Mitsprache bei einer Verfassung, die ihnen politische Beteiligung garantiert. Forderungen, auf die die Weißen unter keinen Umständen eingehen wollen.

Seit Sonnabend, dem 21. Juli, herrschte dann der Kriegszustand in 36 Bezirken der Kap-Republik. In den Notstandsgebieten durfte fortan jeder verhaftet werden, der den Sicherheitskräften auffiel. Innerhalb von zehn Tagen wurden weit über 1000 Personen festgenommen. Doch den keimenden Aufstand unterdrückten diese Maßnahmen nicht. Im Gegenteil. Den Zorn der schwarzen Bevölkerung konnte nicht einmal Friedensnobelpreisträger Bischof Desmond Tutu bändigen, der immer wieder für fried-

Die Revolution frißt ihre Kinder: Junge Schwarze zeigen die „Black-Power"-Fäuste vor dem Leichnam der kurz zuvor hingerichteten Selunko Kinikini. Das 18jährige Mädchen war die Tochter des von der weißen Regierung eingesetzten schwarzen Bürgermeisters der Stadt Uitenhage. In ihm sahen die Bewohner des Ghettos einen Kollaborateur – und rächten sich an seiner Familie.

liche Auseinandersetzungen warb: „Unser Kampf ist gerecht und nobel, deswegen werden wir siegen!" Laut verkündete der militante Flügel der Bewegung: „Wir werden den Kampf in die weißen Städte tragen." Zum ersten Mal schwappte damit die Welle der Gewalt in die bis dahin unbehelligten Refugien der Weißen über. Mit ihrer größtenteils primitiven Bewaffnung konnten die Schwarzen jedoch nichts gegen die modernen Milizen ausrichten: Über 600 Todesopfer haben die Kämpfe bis zum Ende des Jahres gekostet – fast alles Schwarze.
An Verhandlungen war indes nicht zu denken. Ein Gespräch mit Bischof Tutu lehnte Botha ab. Daß er den eigentlichen Gesprächspartner in Gewahrsam hat, wußte der Bure allerdings genau: Seit 23 Jahren sitzt der Führer des African National Congress, Nelson Mandela, in Haft. Dessen bedingungslose Freilassung wird von allen schwarzen Organisationen als Voraussetzung für Gespräche verlangt. Solange Botha nicht mit Mandela reden will, wird sein Land immer tiefer in dem Sumpf der Gewalt versinken, drohen die Schwarzen.
Mehr und mehr profilierte sich Winnie Mandela, die Frau des ANC-Führers, als würdige Vertreterin ihres Mannes. Die Polizei, die ihren Aufstieg zur Märtyrerin verhindern wollte, reagierte prompt falsch: Als Winnie Mandela am 30. Dezember verhaftet wurde, hatte die schwarze Bewegung ihre Symbolfigur gefunden.
Doch nicht nur mit seinen „natürlichen Gegnern" hat Botha zu kämpfen. Neuerdings spürt er den Druck der rechtskonservativen Front aus seinen eigenen Reihen. Vielen Weißen sind die kleinen Reform-Schritte ihres Präsidenten schon zu weitgehend. Die „Konservative Partei", die sich 1982 von Bothas „Nationaler Partei" gelöst hatte, warf dem Regierungschef Verrat an der weißen Sache vor. Laut Meinungsumfragen vereinigen die Konservativen schon 15 Prozent der Wahlstimmen auf sich. Sie haben auch eine Erklärung für das große, weltweite Interesse an den südafrikanischen Aufständen: „Zigeunernde Reporter und TV-Teams hatten in der Ruhe des Sommers in der nördlichen Hemisphäre kaum etwas zu tun. Ein netter, spannender Ausnahmezustand in einem Land, aus dem es gute Telefonverbindungen gibt und in dessen 5-Sterne-Hotels man ohne Gefahr Wasser trinken kann, war da genau das Richtige." So schrieb die Johannesburger „Sunday Times".

Trostlose Bilanz eines Kampftages in Südafrika: Frische Gräber für 19 Tote. Obwohl die meisten Opfer der Polizei in Massengräbern beerdigt werden, bemühen sich die Angehörigen, mit Gedenktafeln an die Persönlichkeiten der anonym Vergrabenen zu erinnern.

Mobilmachung in der Schule: Von der Eskalation der Gewalt bleiben auch die Kinder nicht verschont. Unter der Anleitung der Lehrerin exerziert eine Schulklasse den Stechschritt. Die schwarzen Kinder werden oft leichtfertig für den Rassen-Kampf begeistert: Vier Jugendliche kamen bei dem Versuch um, Handgranaten in die Häuser von schwarzen Polizisten zu schleudern, die für ihre Zusammenarbeit mit den Weißen bestraft werden sollten. Die Granaten explodierten frühzeitig und verstümmelten die Jugendlichen. Die Erklärung der Polizei: Ausbilder des African National Congress hätten die Kinder mit schadhaftem Gerät ausgerüstet oder falsch instruiert. Doch auf schwarzer Seite glaubt man an Provokateure der Polizei, die auf diese Weise den Mut der Aufständischen brechen wollten.

Der längste aller Flüge

83 Jahre nach seiner Erfindung entwickelt sich das Motorflugzeug immer noch weiter – wenn auch in unterschiedliche Richtungen. Eine englische Firma, Edgley Aircraft, kombinierte die gute Rundum-Sicht des Hubschraubers mit den niedrigen Betriebskosten des Flächenflugzeugs und präsentierte die „Optica" (Bild oben). Fluggäste rühmen die „phantastische Aussicht aus dem Cockpit". Ermöglicht wurde sie durch Anordnung von Motor und Propeller hinter der Kabine. Die dreisitzige Spezialmaschine wird in kleiner Serie in Salisbury gebaut und erfreut sich großer Beliebtheit bei Luftpolizisten, Bewachern von Pipelines und Luftbild-Fotografen.
Auf den Hubschrauber schielten auch die Amerika-

ner, als sie die „Bell XV-15" konstruierten (ganz oben). Dieser Prototyp kann seinen Flügel samt Motoren und Propellern um 90 Grad nach oben drehen. Dann arbeiten die gewaltigen Propeller (zwölf Meter Durchmesser) wie Rotoren eines Hubschraubers und ermöglichen den Senkrechtstart. Dieses Konzept leuchtete dem US-Militär sofort ein — es bestellte 913 Maschinen.
Eher sportliche Ziele steuert eine Crew von Flugzeugbastlern mit der „Voyager" (rechts) an: die Umrundung der Welt auf einem einzigen Flug — ohne Nachtanken, weder am Boden noch in der Luft. Für diesen längsten aller denkbaren Langstreckenflüge konstruierten die Brüder Dick und Burt Rutan eine zweimotorige, zweisitzige Spezialmaschine aus Kunststoff mit der Spannweite einer Boeing 727 (33 Meter), aber dem Leergewicht eines VW Golf (840 Kilogramm). Wenn die Piloten Jeana Yeager und Dick Rutan im Spätsommer 1986 zu ihrem Rekordflug starten, wird das Gesamtgewicht allerdings bei fünf Tonnen liegen, 80 Prozent davon Benzin. Zwölf Tage lang müssen sie es in dem Cockpit von der Größe einer flachliegenden Telefonzelle aushalten.

Tennis

Mit einer Stroboskop-Kamera kommt der Fotograf dem Tennis-Crack Boris Becker auf die Schliche: Technisch perfekt schlägt der jüngste Wimbledon-Sieger aller Zeiten einen Vorhandball. Seitdem er als „German Wunderkind" — so die Londoner „Times" — am 7. Juli im Finale von Wimbledon den Amerikaner Kevin Curren in vier Sätzen besiegte, ist der am 22. November 1967 in Leimen bei Heidelberg geborene Boris Becker zu einem Markenartikel geworden. Innerhalb eines Jahres kämpfte er sich von Platz 150 der Weltrangliste auf Platz fünf vor — der Aufsteiger des Jahres.

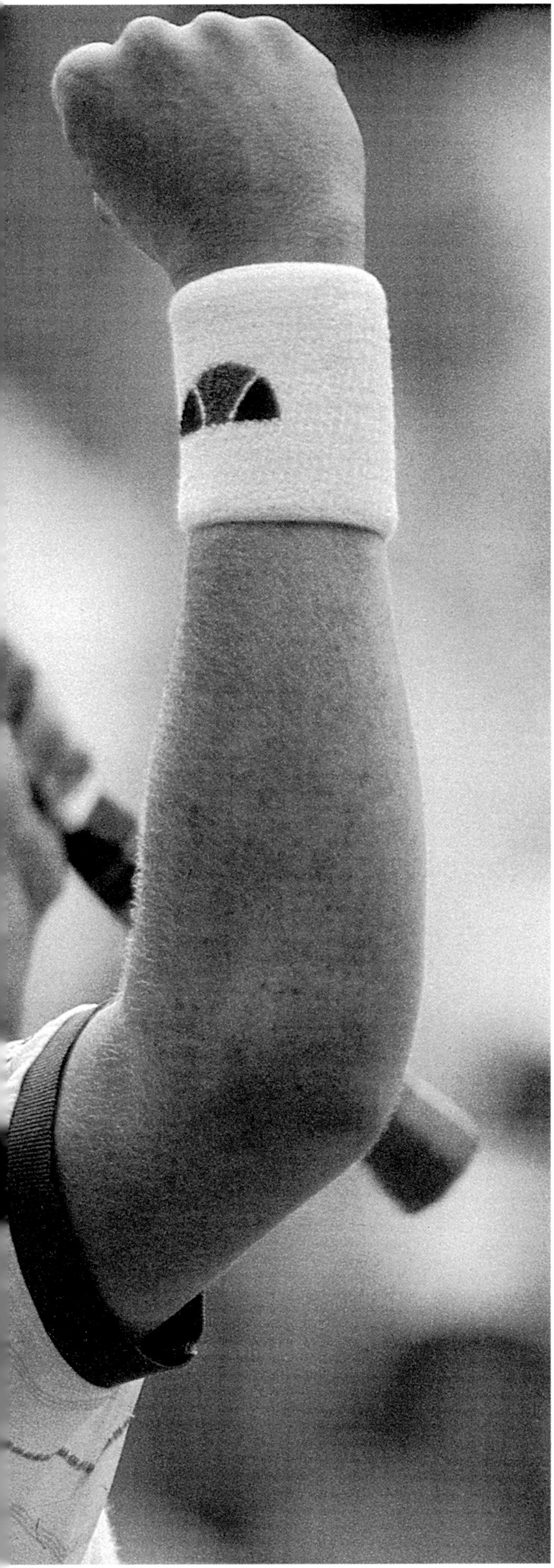

Spiel, Satz, Becker

Sportler des Jahres, Mann des Jahres, Millionär des Jahres – die Nation hat ihre neue Liebe: Boris Becker. Seit seinem Sieg auf dem Tennis-Rasen von Wimbledon steht der 18jährige Leimener als Paradebeispiel für eine Blitzkarriere. Ein zu Beginn des Jahres noch völlig unbekannter Jugendlicher, wohnhaft in einer bis dato ebenso unbekannten Kleinstadt im Süddeutschen, der als Weltranglisten-Nummer 150 ein von den Medien eher stiefmütterlich behandelten Sport betrieb, wurde buchstäblich binnen Stunden zum Weltstar. Mit ihm wurde seine Heimatstadt Leimen berühmt, Tennis zum Volkssport und der Racket-Umsatz seiner Vertragsfirma in schwindelerregende Höhen getrieben. Alles in wenigen Monaten. Live übertragene Becker-Spiele erreichten im Deutschen Fernsehen Traum-Einschaltquoten. „Bum-Bum-Becker" – so brachte die Boulevard-Presse die Stimmung der Nation auf eine schlichte Formel und wurde prompt vom Star persönlich zurechtgewiesen: „Ich bin Tennisspieler und kein Soldat."

Im bundesdeutschen Daviscup-Team ist Boris Bekker die tragende Figur. Am 5. Oktober schlug er gemeinsam mit seinem Partner Andreas Maurer im Halbfinale in Frankfurt das CSSR-Stardoppel Lendl/Smid. Einen Tag später hatten sich die Deutschen mit einem sensationellen 5:0-Sieg über die tschechoslowakische Mannschaft den Weg ins Finale gegen Schweden gebahnt, das sie dann allerdings verloren.

Der erste Wimbledon-Sieger, der aus Deutschland kommt, ist gleichzeitig der jüngste in der 108jährigen Geschichte dieser inoffiziellen Tennis-Weltmeisterschaften: Am 7. Juli benötigte der damals 17jährige Becker, der sich als Außenseiter ins Endspiel gekämpft hatte, genau drei Stunden und 18 Minuten, um dem Amerikaner Kevin Curren mit vier Sätzen den sicher geglaubten Titel abzunehmen. Seitdem gilt der junge Deutsche als einer der aussichtsreichsten Anwärter auf Platz Eins der Tennis-Weltrangliste.

Eine erfolgreiche Erpressung

Im sechsten Stock des amerikanischen Außenministeriums in Washington arbeiteten Beamte, Militärs und Geheimdienstler rund um die Uhr, obwohl sie genau wußten, daß sie den Terroristen zu dieser Stunde hilflos ausgeliefert waren.

Schiitische Extremisten hatten am 14. Juni in Athen eine amerikanische Boeing 727 entführt und nach Beirut dirigiert. Dort versteckten sie 40 Passagiere in den Trümmern der libanesischen Hauptstadt. Das hatte es noch nicht gegeben. Die amerikanische Anti-Terror-Truppe Delta Force meldete sich zwar einsatzbereit, aber sobald sie das Flugzeug gestürmt hätte, wären die 40 Geiseln in ihren Verstecken sofort umgebracht worden.

Da bot sich als Vermittler Nabih Berri an. Er befehligt die einflußreichste und militärisch stärkste Gruppe des Libanon: die schiitische Amal-Bewegung. Unter seiner Führung haben sich die ehemals benachteiligten Schiiten im Libanon gegen Palästinenser, Drusen und Christen durchgesetzt.

Nach 17 Tagen Terror und Diplomatie kamen die Geiseln frei. Und die Israelis entließen, wie gefordert, 766 Südlibanesen.

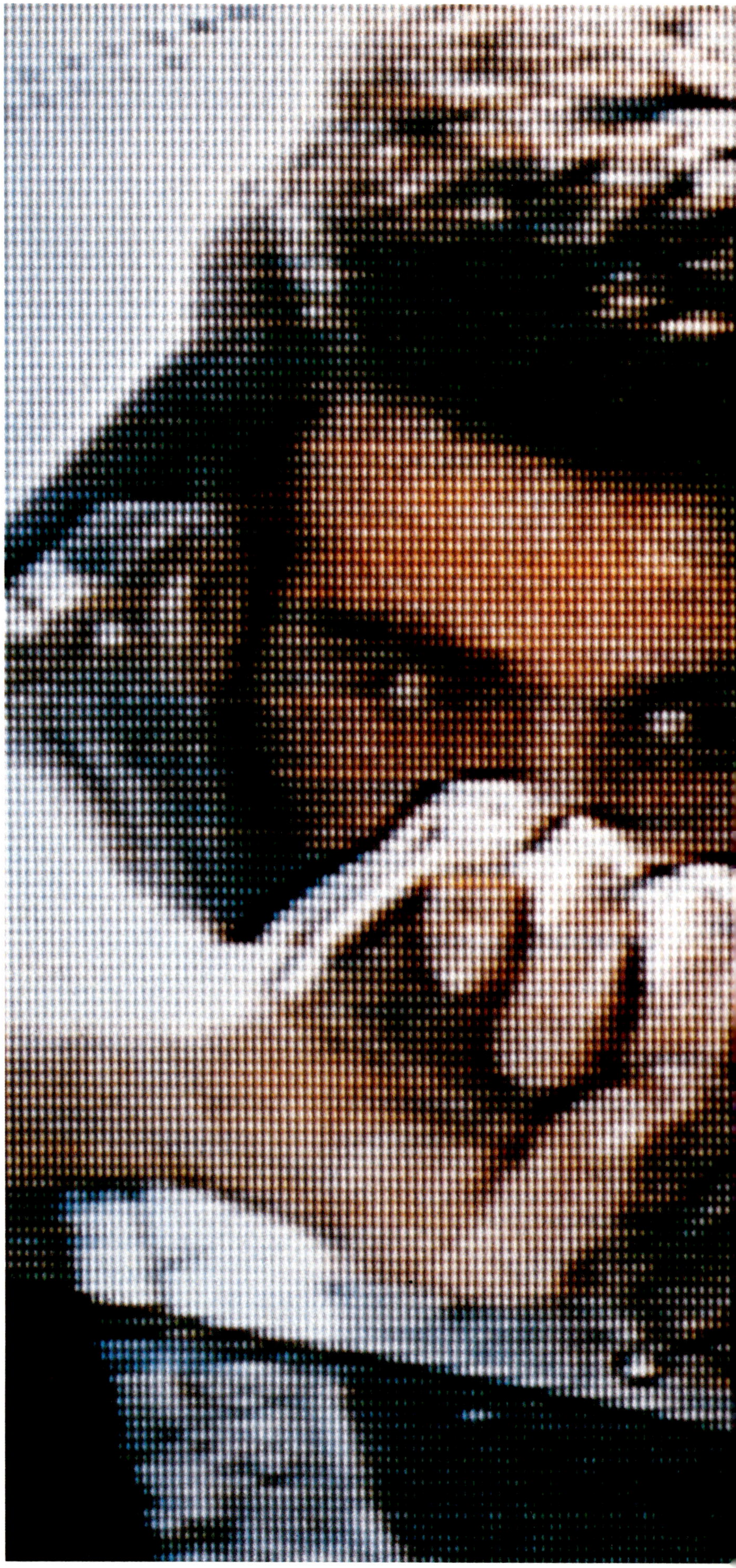

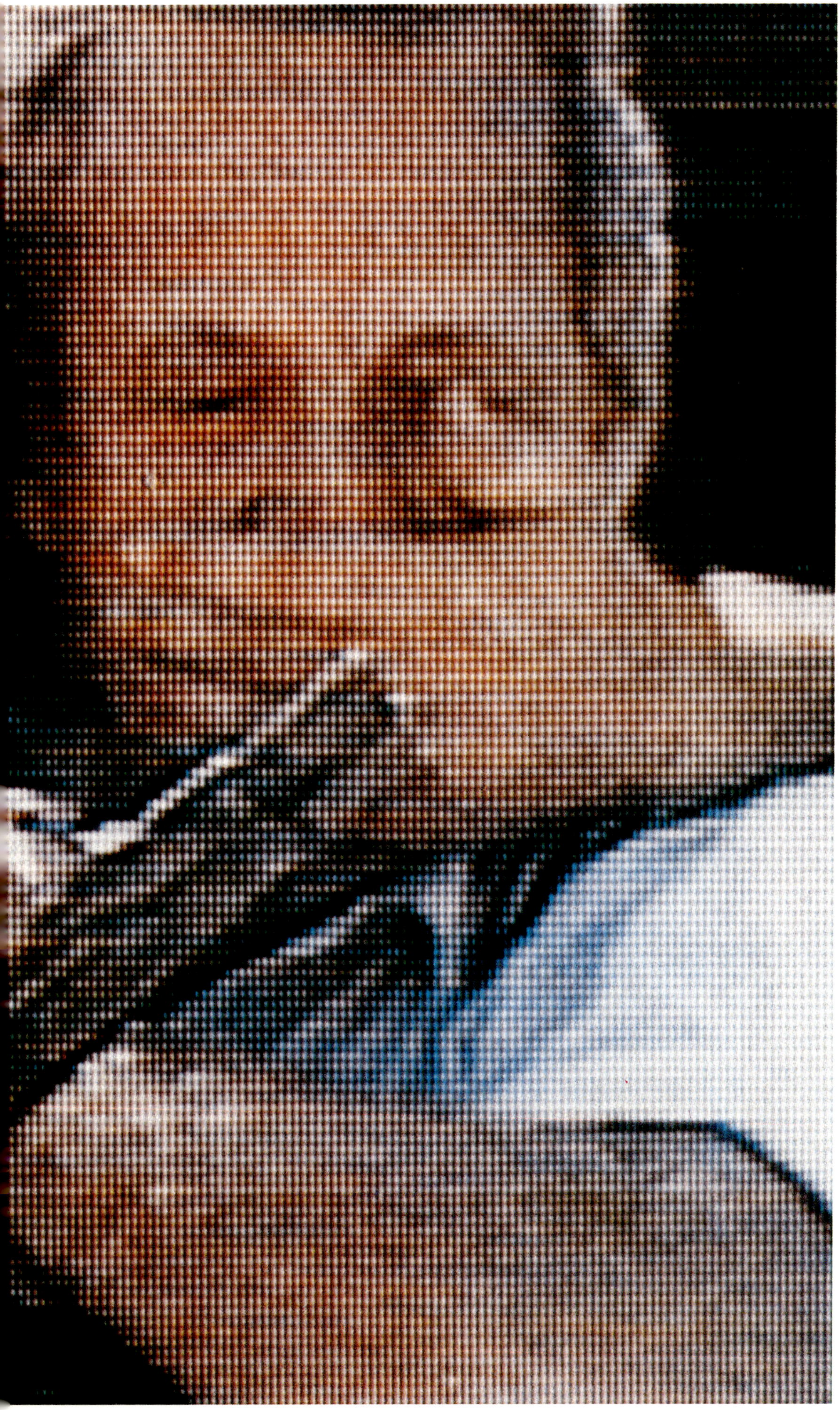

Ein schiitischer Terrorist hält John Testrake, den Piloten der entführten Boeing 727, mit einer Pistole in Schach, als er ihn durch das Cockpit-Fenster den Fotografen zeigt, die auf dem Beiruter Flughafen das Geiseldrama verfolgen. Daß die Luftpiraten es ernst meinen, bezweifelt niemand mehr. Kurz nach dem Start in Athen hatten sie einen jungen Marinetaucher der US Navy erschossen. Als der gekaperte Jet der amerikanischen TWA dann in Beirut landete, warfen sie seine Leiche aufs Rollfeld.

17 Tage verbrachte Victor Amburgy, 31, Passagier des TWA-Fluges 847, in Geiselhaft. Nach seiner Rückkehr wurde er ebenso wie alle anderen freigelassenen Geiseln von US-Präsident Ronald Reagan und seiner Frau Nancy begrüßt. Und dann kam endlich der große Moment: Amburgy rannte auf seine elfjährige Nichte Danelle zu, schloß sie in die Arme und hob sie überglücklich in die Höhe. Überschattet wurde die Freude über die Rückkehr der Geiseln durch die bittere Erkenntnis, daß sie das Ergebnis einer Erpressung war: Die Flugzeugentführer hatten die Freilassung von mehr als 700 Schiiten aus israelischer Gefangenschaft erreicht.

Heimkehr aus der Geiselhaft

Das lange Warten dauerte 17 Tage. Als die Maschine mit den 39 aus Geiselhaft befreiten Amerikanern auf der Andrew Air Force Base gelandet war, erwartete die Heimkehrer ein triumphaler Empfang. Ronald und Nancy Reagan begrüßten sie per Handschlag – und dann konnten die unfreiwilligen Hauptdarsteller eines internationalen Medienspektakels endlich ihre Angehörigen in die Arme schließen. Doch die Ex-Geiseln standen auch nach ihrer Rückkehr im Mittelpunkt der Öffentlichkeit. George Lazansky wurde im Baseball-Stadion von Chicago am US-Unabhängigkeitstag wie ein Held gefeiert. TWA-Kapitän John Testrake fuhr im roten Oldsmobile in seine Heimatstadt Richmond und ließ sich nach der ersten Begrüßung erst einmal die Haare schneiden. Sein Flugingenieur Benjamin Zimmermann erklärte in Cascade, Idaho: „Der TWA-Flug 847 ist endlich gelandet." Aber das glückliche Ende des Geiseldramas war nur ein vorläufiger Schlußpunkt. Ronald Reagan erinnerte an den erschossenen Marine-Taucher Robert Dean Stethen: „Wir werden nicht vergessen, was ihm widerfahren ist. Es wird kein Vergessen geben." Dem syrischen Präsidenten Assad erklärte Reagan telefonisch: „Das war nackter Mord." Zu einem militärischen Schlag gegen mutmaßliche Terroristen-Lager in der von Syrien kontrollierten libanesischen Bekaa-Ebene konnte sich Washington nicht entschließen. Die Gegner einer solchen Vergeltungsaktion behielten die Oberhand. Ihr wichtigstes Argument: Ein solcher Angriff würde das Ansehen der USA in der arabischen Welt schwer beeinträchtigen.

Einmal Beirut-Mittelmeer und zurück

In den Morgenstunden des 11. Juni stürmten auf dem Beiruter Flughafen sechs bewaffnete Männer eine jordanische Boeing 727. An Bord: 57 Passagiere und 17 Besatzungsmitglieder. Die Luftpiraten zwangen den Piloten der Maschine, unverzüglich in Richtung Tunesien zu starten.

Während die Maschine über dem Mittelmeer kreuzte, meldete ein anonymer Anrufer einem Beiruter Radio-Sender, die Entführer zählten zu einem schiitischen Kommando und forderten die Abschiebung aller Palästinenser aus Beirut.

Palästinenser und Schiiten kämpfen seit Jahren um die Herrschaft in den Beiruter Flüchtlingslagern. Seit jedoch Palästinenser-Führer Jassir Arafat 1982 vor den anrückenden Israelis fliehen mußte, gewann die schiitische Amal-Bewegung zunehmend an Macht und Einfluß.

Inzwischen spalteten sich von der Amal mehrere radikale Schiiten-Gruppen ab. Einer solchen Splittergruppe gehörten auch die Hijacker an. Nach 13stündigem Irrflug landeten sie wieder in Beirut. Da niemand ihrer Forderung nachkam, sprengten sie den gekaperten Jet. Besatzung und Passagiere hatten sie zuvor freigelassen.

Libanesische Soldaten betrachten auf dem Beiruter Flughafen die Reste der explodierten Boeing 727. Schiitische Extremisten hatten den Jet der jordanischen Fluggesellschaft Alia gekapert. Als ihre Forderungen nach 13 Stunden immer noch nicht erfüllt waren, zündeten sie drei Sprengsätze und feuerten mit ihren Maschinengewehren in den Rumpf der brennenden Maschine.

Vor und nach dem Anschlag: Der Zufall wollte es, daß ein Kasseler Hobbyfotograf wenige Minuten vor der Explosion die Sitzgruppe fotografierte, neben der die Bombe deponiert war. Zunächst hatte man vermutet, der Sprengstoff sei in einem der Abfallbehälter versteckt gewesen. Später fand man die zerfetzte Reisetasche, die von den Attentätern benutzt worden war. Pech für die Fahnder: Die rotierende Videokamera, die aufzeichnet, was in der Halle geschieht, war falsch ausgerichtet, als die Bombentasche abgestellt wurde.

Bomben in Halle B

Mittwoch, 19. Juni 1985 um 14.42: Eine Detonation erschüttert die Abflughalle B auf dem Frankfurter Rhein-Main-Flughafen. Trümmer wirbeln durch die Luft, Menschen schreien um Hilfe. Die weitläufige Vorhalle zu den Flugsteigen bietet ein Bild des Grauens. Drei Tote – zwei australische Kinder im Alter von drei und fünf Jahren sowie ein 33jähriger Portugiese – und 42 Verletzte lautet die traurige Bilanz. Fünf bis zehn Kilogramm Sprengstoff müssen es gewesen sein, denn im dreißig Zentimeter dikken Stahlbetonboden der Halle blieb ein mehr als einen Meter großes Loch zurück. Die 15 Meter hohe Glasverkleidung zersplitterte völlig.

Eine Sonderkommission aus 92 Beamten suchte fieberhaft nach Tätern und Motiven. Nur soviel war am Ende sicher: Der Sprengstoff war in einer braun-beigen Reisetasche verborgen gewesen, die anderthalb Stunden vor der Explosion iranischen Passagieren neben einer Sitzreihe aufgefallen war. Alles andere aber blieb letztlich im Dunkeln. Und dies, obwohl es, kaum daß die Nachricht vom Anschlag über den Rundfunk verbreitet worden war, eine Fülle von Bekennerschreiben und -anrufen gegeben hatte. Allein in den ersten drei Tagen meldeten sich 30 Gruppen oder Personen – „die größte Bekennerlawine aller Zeiten", wie das hessische Landeskriminalamt feststellte. Das politische Spektrum reichte dabei von ganz rechts („Deutschland erwache. Heil Hitler!") bis ganz links („Hier spricht die RAF"). Polizeiexperten vermuteten die tatsächlichen Täter allerdings deshalb nicht bei der Roten Armee Fraktion, weil die Nachfolger Baaders und Meinhofs in einem Strategie-Papier

Unweit der „Lufthansa-Insel", einem Informations- und Buchungsschalter, ging die Bombe vom Frankfurter Flughafen hoch. Die Opfer waren meist Ausländer, die auf internationale Anschlußflüge warteten.

vom Dezember 1984 ein anderes Ziel verkündet hatten – den „Angriff gegen die zentralen imperialistischen Projekte". Eher schien da schon eine andere Bekennergruppe in Frage zu kommen: die „Peace Conquerors" (Friedenseroberer), die mit Gewalt-Mitteln angeblich für Pazifismus und Umweltschutz kämpfen. Schließlich suchte die Polizei im Umfeld der Startbahn-West-Gegner nach den Tätern und führte eine Razzia in der alternativen und autonomen Szene durch. Letzter trauriger und ergebnisloser Höhepunkt der polizeilichen Nachforschungen war fünf Wochen nach der Tat die Hausdurchsuchung bei einem 59jährigen Mann, bei dem „Unterlagen bezüglich der Bombenherstellung und anderes" vermutet wurden. Doch das Ergebnis der Hausdurchsuchung bestand neben Fotos aus der Startbahn-Gegner- und Hausbesetzer-Szene lediglich aus einer Walt-Disney-Figur mit der Aufschrift: „Ich bin ein Gefangener der RAF."

Luftkreuz im Visier

Wie nach einem Luftangriff sah es am Nachmittag des 19. Juni in der Abflughalle B des Frankfurter Rhein-Main-Flughafens aus. Unbekannte hatten eine Zeitzünderbombe mit fünf bis zehn Kilogramm Sprengstoff neben einer Sesselreihe deponiert. Die schreckliche Bilanz: drei Tote und 42 Verletzte. Der Anschlag auf das mitteleuropäische Luftkreuz war im Juni nicht das einzige Schreckensereignis für den internationalen Luftverkehr. Am 14. Juni hatten Hijaker eine TWA-Maschine nach Beirut entführt und anschließend 40 Geiseln verschleppt.

Am 23. Juni dann gleich zwei Ereignisse: Vor Irland explodierte ein Jumbo der „Air India" und stürzte mit 329 Menschen an Bord ins Meer. Auf dem Flughafen Tokio starben zwei Frachtarbeiter, als der Gepäckcontainer einer gerade gelandeten kanadischen Maschine explodierte.

Lufthansa
Lufthansa
411
Verkauf Buchung
Tickets Reservations

Abends um halb neun stürmte eine Eliteeinheit der ägyptischen Armee die entführte Boeing 737 der „Egypt Air". Der dilettantische Befreiungsversuch, der von Kairo als „Erfolg" gefeiert wurde, kostete das Leben von 61 Menschen und war damit das blutigste Massaker der Luftfahrtgeschichte. Die von einem US-Offizier begleiteten Ägypter sprengten die hintere Ladeluke der Maschine ab und drangen von dort in den Passagierraum vor. So hatten die Entführer Zeit genug, ihre entsicherten Handgranaten unter die Passagiere zu werfen. Die meisten verbrannten oder erstickten im Feuer, weil die Notausgänge erst später aufgesprengt wurden.

Das Blutbad von Malta

Sonntag, 19.00 Uhr: La Vallettas Flughafen lag mit einemmal so dunkel da wie im Krieg. Alle Lichter in dem zweistöckigen Empfangsgebäude gingen aus, die Scheinwerfertürme rund um die Parkposition erloschen, und die einzige Befeuerung der Landepiste war abgestellt worden.

Am anderen Ende des Flugplatzes stand – seit über 20 Stunden – die entführte Boeing 737 der Egypt Air. An Bord: 91 Passagiere, darunter acht Kinder, sechs Mitglieder der Besatzung und fünf Terroristen, bewaffnet mit Handgranaten und Pistolen.

Die Maschine flog unter keinem guten Stern: Vor sechs Wochen sollte sie die vier Entführer des Kreuzfahrtschiffs „Achille Lauro" und deren Anführer Abu Abbas von Kairo nach Tunis transportieren, wurde aber über dem Mittelmeer von amerikanischen Tomcat-Jägern abgefangen. Nun stand sie wieder einmal unbeleuchtet im äußersten Winkel eines gesperrten Flugfelds, diesmal in Malta.

Begonnen hatte alles über dem östlichen Mittelmeer. Zehn Minuten nach

dem Start in Athen sprangen fünf Araber von ihren Sitzen auf und postierten sich in Bug und Heck. Einer stürmte das Cockpit und verlangte vom Piloten, Kurs auf Malta zu nehmen. Die Passagiere mußten die Hände in den Nacken legen und die Köpfe senken. Einer der Terroristen ging durch die Reihen und ließ sich die Pässe zeigen. Als er in Reihe 15 angekommen war, zog ein Passagier – ein ägyptischer Sicherheitsbeamter – seine Pistole und schoß auf den Entführer. Die Kugel riß ein Loch in den Flugzeugrumpf. Um den Druckabfall auszugleichen, mußte der Pilot im Sturzflug von 35000 auf 2000 Fuß heruntergehen. Der tote Hijacker blieb mit dem Gesicht nach unten auf dem Boden liegen, die Passagiere mußten über ihn hinwegsteigen, als sie vom Rest des Kommandos im Flugzeug neu verteilt wurden, nach Nationalitäten getrennt.

Kurz vor Mitternacht landete die Boeing 737 auf dem Flughafen Luqa in Malta. Die Terroristen verlangten einen „ruhigen, abgelegenen Standplatz" und forderten die maltesischen Behörden auf, das Flugzeug vollzutanken, wenn nicht, würde alle 15 Minuten eine Geisel erschossen, begonnen würde mit den Israelis und den Amerikanern an Bord der Maschine.

Die Ägypter, entschlossen, einen harten Kurs zu fahren, schickten Elitesoldaten. Der Sturm des Flugzeugs endete mit einer Katastrophe. Dennoch feierte das offizielle Kairo den „Sieg von Malta": Bei der Truppe hätte es „keine", beim Gegner aber „schwere Verluste" gegeben. Nur einer der Entführer überlebte schwerverletzt. Von den 57 toten Passagieren und Besatzungsmitgliedern, darunter auch alle Kinder, sprach niemand.

Krieg gegen Terroristen

Mit geballter Militärmacht fingen die USA nach der Entführung der „Achille Lauro" die vier Terroristen ab. Eine „Hawkeye", ein Frühwarnflugzeug, machte das Flucht-Fahrzeug, eine ägyptische Boeing 737, über dem Mittelmeer ausfindig. Ein Spezialflugzeug für „elektronischen Krieg", die „Prowler", blockierte mit seinen Störsendern alle zivilen Frequenzen. Gleichzeitig setzten sich mehrere Überschalljäger vom Typ F-14 neben das Boeing-Cockpit. Der ägyptische Pilot rief seine Heimatbasis Kairo um Hilfe. Doch er fand keinen Kontakt. Nur die Stimmen der Amerikaner waren klar und laut zu hören — sie forderten den Ägypter zur sofortigen Landung in Sizilien auf. Der Araber gab entnervt nach.

Die USA erwidern Unrecht mit Unrecht

Die feingekleideten vier Palästinenser wirkten seriös. Die Grenzbeamten im Hafen von Genua schöpften keinen Verdacht, als die jungen Araber an Bord des italienischen Seniorenkreuzfahrtschiffs „Achille Lauro" stiegen. Nicht einmal der schwarzgelockte Mahmud Ali Abdallah, 23, der sich mit einem norwegischen Paß am Zoll präsentierte, fiel den Beamten auf. Auch das Gepäck, in dem sich Handgranaten und Maschinenpistolen befanden, wurde nicht kontrolliert.

Drei Tage später – die „Achille Lauro" lag vor Port Said – kaperte das Kommando das Schiff. An Bord: 511 Passagiere und Besatzungsmitglieder.

Die vier verlangten die Freilassung von 50 in Israel inhaftierten Palästinensern, eine Forderung, die von Israel nicht einmal diskutiert wurde. Als Antwort erschossen die Terroristen den US-Amerikaner Leon Klinghoffer, einen kleinen Unternehmer jüdischer Abstammung aus New York, und warfen seine Leiche vor der syrischen Küste ins Meer.

In einer Nacht gelang es jedoch dem Führer der Arafat-treuen „Front zur Befreiung Palästinas", Abu Abbas, die vier Entführer zur Aufgabe zu bewegen. Wie sich später herausstellte, gehörten die vier zu Abbas' „PLF", und Abbas war in ihre Pläne eingeweiht. Allerdings sollte nicht das Schiff entführt, sondern im israelischen Hafen Ashdod ein Attentat verübt werden.

Winkend und jubelnd gingen die vier in Port Said an Land. Von einem ägyptischen Militärflughafen aus sollten sie noch in der Nacht nach Tunis ausgeflogen werden. Das Drama schien beendet – statt dessen begann der zweite, weltpolitisch viel dramatischere Teil.

Als am 10. Oktober die Boeing 737 der „Egypt Air" startete, um die vier Terroristen, zwei Unterhändler der PLO und 15 ägyptische Sicherheitsbeamte nach Tunis zu bringen, starteten von dem vor der albanischen Küste liegenden Flugzeugträger „Saratoga" vier F-14 „Tomcat" und jagten mit doppelter Schallgeschwindigkeit dem ägyptischen Jet entgegen. Zwanzig Minuten später, südlich von Kreta, hatten sie die Maschine erreicht und drängten sie in Richtung Sizilien.

Als die fünf Maschinen kurz nach Mitternacht auf dem sizilianischen Nato-Flughaften Sigonella landeten, kam es zwischen den Männern der US-„Delta Force" und den italienischen Soldaten „fast zu einer Schießerei", wie Augenzeugen berichteten. Die US-Spezialisten wollten offensichtlich die „heiße Fracht" aus Ägypten in die USA bringen. Craxi setzte aber bei Reagan durch, daß die vier Terroristen im Gewahrsam der italienischen Justiz blieben. Das Verbrechen sei auf einem italienischen Schiff geschehen und müsse deshalb von italienischen Behörden untersucht werden.

Washington mußte nachgeben. Doch dann verlangten die USA die Auslieferung des radikalen Palästinenserführers Abu Abbas. Italien aber ließ Abu Abbas entkommen – und stürzte das durch die Entführung schon angespannte Verhältnis zu den USA endgültig in die Krise.

Mit ihrem Piratenstück hatten die USA ausgerechnet zwei befreundete Staaten – Italien und Ägypten – vor militärisch vollendete Tatsachen gestellt und sie dadurch in den Augen der arabischen Welt zu Vasallen degradiert, zu Marionetten Washingtons – was die Isolation der von den USA finanziell abhängigen Ägypter in der arabischen Welt noch verstärkte.

Mit ihrer Entscheidung, das ägyptische Flugzeug auf italienisches Hoheitsgebiet zu entführen, haben die USA die Freundschaft mit Italien auf eine harte Probe gestellt. „Hätte ich nein sagen können?" fragte Craxi etwas hilflos bei einer Pressekonferenz. Um seine vermittelnde Nahost-Politik nicht vollends zu zerstören, leistete er wenigstens Abu Abbas „Fluchthilfe".

Die Vorwürfe amerikanischer und israelischer Geheimdienste gegen Abbas sind schwerwiegend. Er soll verantwortlich sein für viele Attentate. Mal schickte er Terroristen mit einem Hängegleiter, mal mit einem Heißluftballon zu Überfällen nach Israel. Abbas und seine damaligen Freunde haben 1980 bundesdeutsche Rechtsextremisten ausgebildet. Im vergangenen Jahr verlangte der PLF-Führer die Freilassung „seines guten Freundes Odfried Hepp", der in Paris inhaftiert ist. Dem Ex-Mitglied der neonazistischen „Wehrsportgruppe Hoffmann" werfen die Franzosen die Beteiligung an Attentaten gegen Juden in Paris vor

Das Kreuzfahrtschiff „Achille Lauro" im Hafen von Port Said, wo die vier Terroristen noch winkend und jubelnd von Bord gegangen waren. Sie hatten aufgegeben, weil die ägyptischen Behörden ihnen freies Geleit außer Landes zugesagt hatten. Das Flugzeug der „Egypt Air" aber wurde in der Luft von US-Jägern abgefangen und zur Landung auf Sizilien gezwungen. Jetzt sitzen die vier Terroristen in Italien im Gefängnis und warten auf ihren Prozeß.

Der an den Rollstuhl gefesselte Leon Klinghoffer, ein Kleinunternehmer aus New York, wurde von den Terroristen erschossen, weil er einen jüdischen Namen trug. Seine Leiche warfen sie vor der syrischen Küste ins Meer. Sie wurde kurz darauf von den syrischen Behörden an die Amerikaner übergeben — als Zeichen dafür, daß Syrien an diesem Terrorakt nicht beteiligt war. Die Witwe Klinghoffers spuckte den Mördern ihres Mannes bei einer Gegenüberstellung im Gefängnis von Siracusa (Sizilien) ins Gesicht.

Immer wieder gelten Terroranschläge radikaler Palästinenser der israelischen Fluggesellschaft El Al und ihren Passagieren. Auf dem Flughafen Wien-Schwechat wurden daraus keine Konsequenzen gezogen: Anders als auf anderen Flughäfen liegt der El Al-Schalter nicht abseits, wo er sich besser überwachen ließe, sondern unmittelbar in der Abfertigungshalle. Daß die Attentäter gefaßt werden konnten, war Glück im Unglück. Den Beamten war während der Verfolgung die Munition ausgegangen.

Das Blutbad in der Weihnachtszeit

Es war ein ganz gewöhnlicher Morgen in der Vorweihnachtszeit. Passagiere auf den Flughäfen von Wien und Rom warteten auf den Abflug ihrer Maschinen, tranken noch einen schnellen Kaffee, als das Unheil hereinbrach. Fast zur gleichen Zeit warfen Terroristen Handgranaten vor die Abfertigungsschalter der israelischen Fluggesellschaft El Al und schossen in die Menge. Neunzehn Menschen starben, über hundert wurden verletzt. Wer die Terroristen waren, ließ sich bald ermitteln. Die Sicherheitskräfte hatten einige der Palästinenser erschossen, die anderen wurden überwältigt und machten vor der Polizei sogar Aussagen. Doch aufgeklärt wurde damit noch nichts. Daß die Terroristen mit ihrem Verbrechen neuen Haß zwischen Juden und Arabern säen, daß sie die vagen Chancen eines Verhandlungsfriedens im Nahen Osten hintertreiben wollten, steht fest. In wessen Auftrag die Mörder handelten, blieb verborgen. Die Kaltblütigkeit der Killer ließ vermuten, daß es sich um Anhänger des geheimnisumwitterten Palästinenserführers Abu Nidal handelte. Der Mann, von dem nicht einmal zweifelsfrei feststeht, ob es ihn überhaupt noch gibt, ist die Symbolfigur aller unversöhnlichen, auf die Vernichtung Israels fixierten Araber. Daß er bei dem libyschen Diktator Gadhafi Unterschlupf gefunden haben soll, macht ihn um so gefährlicher. Denn der unberechenbare Oberst gilt als radikalster Gegner einer Friedenslösung unter Einschluß Israels. Zwar bestritten sowohl Abu Nidal als auch Gadhafi, irgend etwas mit den Terroranschlägen zu tun zu haben. Doch reinwaschen konnten sie sich nicht. Bei den Attentätern von Wien wurden Reisepässe gefunden, die tunesischen Gastarbeitern von den Behörden in Libyen zuvor abgenommen worden waren. Das Dilemma der Terrorbekämpfung zeigte sich kurz nach den beiden Anschlägen. Der Versuch der USA, den Terroristenfreund Gadhafi durch Wirtschaftssanktionen auszuhungern, wurde von den Europäern nicht mitgetragen. Einmal, weil sie wissen, daß Boykotte in der Regel nichts bewirken, zum anderen, weil ihnen bewußt ist, daß selbst der Tod Gadhafis den Terror im Nahen Osten nicht beenden würde.

Ausgerechnet Italien, dessen Regierung zu den wärmsten Fürsprechern der Palästinenser in Europa gehört, ist häufig Schauplatz von blutigen Terroranschlägen. Auch das Massaker auf dem Flughafen Roms war Teil einer aberwitzigen Strategie der radikalen Araber: Wenn Rom unter dem Druck der Öffentlichkeit seine Beziehungen zu PLO-Chef Arafat abbricht, würden die verhandlungswilligen Palästinenser nur noch mehr isoliert.

BAR
B
C
E
D

JÜDISCHE
BÜRGER
FRANKFURT
FASSTBLIN

Am Abend des 31. Oktober 1985, der geplanten Uraufführung des Fassbinder-Stücks „Der Müll, die Stadt und der Tod", protestierten vor allem jüdische Bürger, die sich in Erinnerung an die Greueltaten des Hitler-Regimes gelbe Judensterne angeheftet hatten. Die Premiere wurde verhindert. Vier Tage später sahen etwa 100 Presseleute eine interne Aufführung, in der Ellen Schulz die Dirne Roma B. spielte.

Warten auf die Premiere

Nie nach dem Kriege hat ein Theaterstück in Deutschland für solche Aufregung gesorgt wie Rainer Werner Fassbinders „Der Müll, die Stadt und der Tod". Und das, ohne bis zur Premiere gekommen zu sein.

Fassbinder (1946–1982), der genialste Filmemacher der jungen Generation („Berliner Alexanderplatz", „Angst essen Seele auf", „Die bitteren Tränen der Petra Kant"), hatte Mitte der 70er Jahre, als er das Frankfurter TAT leitete, die Bodenspekulation in der Mainmetropole zum Thema eines Theaterstücks gemacht. Und testamentarisch verfügt: Die Uraufführung muß in Frankfurt stattfinden, bei einem Scheitern sind nur noch New York oder Paris möglich.

Zeitzeugen erinnern sich, wie das Werk entstand. Fassbinder hatte es auf dem Flug nach Los Angeles geschrieben, telegraphierte nach 14 Tagen: „Komme bald zurück – mit dem fertigen Stück." Und später sagte er: „Mir ist als Kind, wenn ich Juden begegnet bin, hinter vorgehaltener Hand gesagt worden: ‚Das ist ein Jude, benimm dich artig, sei freundlich.' Und das hat sich in gewissen Variationen fortgesetzt, bis ich 28 wurde und das Stück geschrieben habe. Ich konnte mir nie denken, daß das eine richtige Haltung ist."

Der Autor selbst und manche Intendanten scheiterten in den folgenden Jahren bei dem Versuch, das umstrittene Stück auf die Bretter zu bringen. Der schärfste Protest kam immer – wie auch diesmal – von der Jüdischen Gemeinde, die besonders die Figur des „reichen Juden" attackierte sowie antisemitische Äußerungen von anderen Personen dieser Revue-nahen Moritat. Unter dem großen Druck eines extensiven Pressekrieges, in dem die beiden großen Frankfurter Blätter „FAZ" (kontra) und „Frankfurter Rundschau" (pro) die Extrempositionen um die Aufführbarkeit einnahmen, probte Regisseur Dietrich Hilsdorf das Stück, das Intendant Günther Rühle, ehemaliger Feuilletonchef der FAZ, vehement gegen seine Kritiker verteidigte. Es wurde zum Politikum. Oberbürgermeister Walter Wallmann, CDU, und sein Kulturreferent Hilmar Hoffmann, SPD, nahmen ihren Intendanten in Schutz, obwohl auch sie gegen die Aufführung plädierten. Die internationale Presse reiste aus New York und Tel Aviv an, am 31. Oktober sollte Premiere sein.

Schon wenige Minuten nach Einlaß des Publikums formierten sich etwa 25 jüdische Protestanten auf der Bühne, entrollten das Spruchband „Subventionierter Antisemitismus" und traten in eine Diskussion mit den Zuschauern ein, die länger als zweieinhalb Stunden dauerte. Die Aufführung wurde verhindert, ein neuer Termin angesetzt.

Vier Tage später fand sie statt – als zweite Generalprobe, unter Ausschluß der erweiterten Öffentlichkeit, nur verfolgt von etwa 100 ausgesuchten Medienvertretern. Die Resonanz war so extrem wie die Vorberichterstattung, gewürdigt wurde eine sensible Umsetzung, kritisiert mangelnde Werktreue zugunsten einer Verharmlosung aus politischen Gründen. Warten auf die Uraufführung.

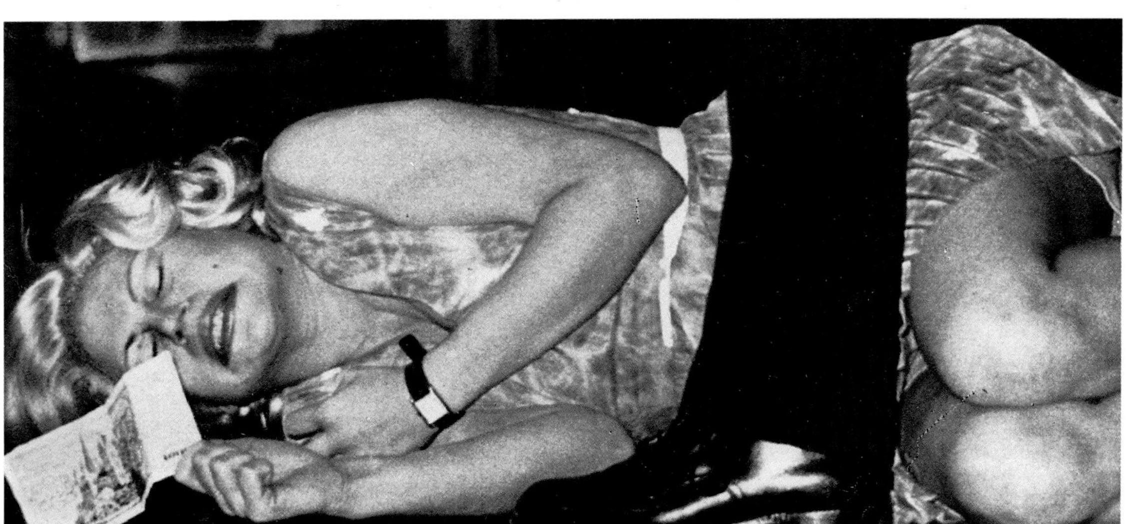

Der Super-Bulle

Stockmaß 185 Zentimeter, Gewicht gut 1650 Kilogramm. Zweimal hat der fünfjährige italienische Bulle bereits den Titel eines Champions der Chianina-Rasse errungen. Unangefochtener Herr über die 180 Kühe der Farm, auf der er seine tägliche Pflicht tut, ist er schon lange. Zu lange, wie Genetiker meinen. Sie fürchten Schäden durch Inzucht und haben deshalb dem fleißigen Urbino nun ein neues Betätigungsfeld zugewiesen: die Samenbank von Perugia.

Affe sucht Katze

Das Gorilla-Weibchen Koko ist ein ungewöhnliches Tier. Es kann sich mit Menschen verständigen. Koko lebt im kalifornischen Forschungsinstitut Gorilla Foundation und beherrscht über 500 Zeichen der amerikanischen Taubstummen-Sprache. Als ein Mitarbeiter des Instituts eine Katze mitbrachte, freundete sich Koko mit ihr an und mochte sich nicht mehr von ihr trennen. Das Glück dauerte einige Monate, bis die Katze auf die Straße lief und überfahren wurde. Koko war untröstlich, mochte nicht mehr fressen, trauerte wochenlang. Dann signalisierte sie, daß sie eine neue Katze haben wollte. Nach langer Suche wurde endlich ein Tier gefunden, das Koko akzeptierte. Nun lacht der Gorilla wieder.

73 Jahre nach dem Untergang der Titanic schwebt der ferngesteuerte Tauchroboter „Argo" mit seinen Fernsehkameras und Scheinwerfern über dem in 3600 Meter Tiefe liegenden Wrack des einstigen Luxusliners. Strom und Kamerasignale laufen über ein starkes Kabel, das ihn mit dem Mutterschiff „Knorr" verbindet. In unserer Zeichnung fotografiert er gerade die mächtigen Ankerketten und Spills auf dem

Die Baby Marines von Quantico

„Schmerz ist prima. Schmerz bildet den Charakter." Mit diesen Worten tröstet der Ausbilder auf der Quantico Marine Base in der Nähe der US-Hauptstadt Washington seine Rekruten. Sie brauchen den Zuspruch dringend. Denn die meisten der 45 jungen Soldaten, die an fast jedem Wochenende auf dem Trainingsgelände der Ledernacken ihren „Wehrdienst" ableisten, sind nicht älter als zehn Jahre. In den Vereinigten Staaten gibt es rund 1800 solcher Baby Marines, die unter der Obhut richtiger Soldaten und finanziert von privaten Gönnern von acht Jahren an das Kriegerhandwerk üben können. Und zwar richtig: „Gesicht in den Schlamm! Freßt Gras!" lautet das Kommando beim Robben durchs Gelände. Mit Sturmgepäck müssen Schlammlöcher durchquert, Geländemärsche absolviert und in Windeseile Gewehrunterstände gegraben werden. Höhepunkt des Wochenendvergnügens: Ausbildung am Maschinengewehr. „Ahhh, wie Rambo", freuen sich dann die Kleinen.

„Ich kann Geschichte nicht versilbern"

Sechzehn Jahre lang hatte der Taucher Mel Fisher, 62, in Key West vor der Küste Floridas nach dem legendären Schatzschiff „Nuestra Señora de Atocha" gesucht, einer spanischen Galeone, die 1622 vollbeladen mit Gold und Silber in einem Sturm gesunken war. Häufig ohne Geld, verfolgt vom Hohn und Spott der Konkurrenz, im Dauerkampf gegen Gerichte und Piraten, die ihm seine spärlichen Funde abjagen wollten, hatte er dennoch jeden Morgen seinen Mitarbeitern Mut gemacht: „Today is the day." Der große Tag war der 20. Juli. Mel Fishers Taucher fanden, was aussah wie ein Riff, ein schwarzes Steingebilde, 35 Meter lang, in dem Hummer hausten. Die schwarzen Steine waren Silberbarren, knapp 1400 Stück, jeder 35 bis 40 Kilo schwer, dazu Kisten voll Goldmünzen, Tafelgeschirr und Schmuck. Was der Fund wert ist – Schätzungen reichen bis zu 400 Millionen Dollar –, wird sich erst zeigen, wenn die Bergung abgeschlossen ist, was unter der sorgfältigen Aufsicht eines Archäologen-Teams zwei Jahre dauern kann. Aber Mel Fishers Stolz ist weniger der Reichtum, der ihm und seinen geduldigen Geldgebern steuerfrei gehört. „Ich kann doch Geschichte nicht einfach versilbern", entrüstet er sich. Er will die Atocha restaurieren lassen, mit ihren Schätzen Ausstellungen über die spanische Kolonialzeit um die Welt schicken. Gold, sagt der freundliche Herr mit dem Kränzchen weißer Haare auf dem Kopf, interessiere ihn nicht sehr: „Ich bin Schatzsucher, nicht Schatzmeister."

Ein Taucher wuchtet Silberbarren aus dem Schiffsbauch von Mel Fishers Bergungsboot „Dauntless" (Die Furchtlose), einem uralten Seelenverkäufer, mit dem Fisher 16 Jahre lang vor der Küste Floridas nach einem spanischen Schatzschiff gesucht hat, das 1622 bei einem Sturm gesunken war. Am 20. Juli konnte Fisher im Kreis seiner Taucher feiern: Die legendäre Galeone und ihre millionenschwere Ladung waren gefunden.

Bomben aus dem Polizei-Hubschrauber

Es war wie im Krieg. Das Feuer sprang von Haus zu Haus „wie Eichhörnchen". Augenzeugen sahen Dächer brennen „wie Knäckebrot". Gasleitungen explodierten. Waschmaschinen und Wassertanks schmolzen wie Blei in einer Silvesternacht. In einem Inferno von zehn Stunden, der schlimmsten Brandkatastrophe in der Geschichte Philadelphias, starben elf Menschen, darunter vier Kinder. Dreiundfünfzig Häuser brannten bis auf die Grundmauern nieder, 240 Menschen wurden obdachlos und verloren ihren gesamten Besitz. Der Sachschaden betrug mehr als acht Millionen Dollar.

Aber das Feuer an jenem 20. Mai war kein Unglück. Es war gezündet worden von Philadelphias Polizei in einer verheerenden Fehleinschätzung der Verhältnismäßigkeit ihrer Mittel. Es war darum gegangen, das Haus Nr. 6221 in der Osage Avenue zu räumen, eine zweistöckige Villa in einer stillen Straße am Rand von Philadelphias Cobbs Creek-Viertel, wo Lehrer, Krankenschwestern und städtische Angestellte vormals friedlich ihre Vorgärten gepflegt und fröhliche Nachbarschaftsfeste gefeiert hatten.

Die Ruhe war gestört worden durch Mitglieder einer obskuren Sekte, die sich „Move" (Bewegung) nannte und eine Rückkehr zur Natur predigte, was das Verbot von gekochten Speisen und Zentralheizung ebenso bedeutete wie eine aggressive Haltung gegenüber der benachbarten Zivilisation. 1972 gegründet von dem Gelegenheitsarbeiter Vincent Leaphart, der sich seither John Africa nannte und diesen Nachnamen seinen knapp 100 Jüngern ebenfalls verlieh, verkündete die Sekte eine Heilsbotschaft für schwarze Amerikaner, deren Rückkehr zu ihren Wurzeln im afrikanischen Busch der einzige Weg zu einer glücklichen Zukunft sei.

Die schwarzen Nachbarn des Sektenhauptquartiers jedoch fühlten sich zunehmend belästigt durch Berge von Müll und nackte Menschen, die auf dem Bürgersteig ihre Notdurft verrichteten. Tag und Nacht plärrten Lautsprecher John Africas wirre Lehren durch das Viertel. Gelegentlich pfiff Gewehrfeuer aus den Schießscharten zur Bekräftigung der „Move"-Forderung nach Freilassung von neun Sekten-Mitgliedern, die wegen Mordes an einem Polizeibeamten in Philadelphias Gefängnissen einsitzen.

Die Nachbarn riefen die Stadtverwaltung zu Hilfe, und die Polizei rückte mit Haftbefehlen und Tränengas an. Ein Feuergefecht von 90 Minuten, und John Africas zwar zivilisationsscheue, aber treffsichere Scharfschützen ließen die Verantwortlichen die Nerven verlieren. Anwohner wurden „kurzfristig" aus ihren Häusern evakuiert, dann warf die Polizei aus dem Hubschrauber zwei 500 Gramm-Pakete Plastiksprengstoff auf das Dach des befestigten Hauses.

Niemand, sagt Philadelphias schwarzer Bürgermeister Wilson Goode, der die Genehmigung für die Militär-Aktion gab, habe das explosionsartig sich ausbreitende Feuer gewollt. Aber niemand scheint auch die verheerende Wirkung der Polizei-Bomben in Betracht gezogen zu haben. Feuerwehrleute wurden erst eingesetzt, nachdem

die Schüsse aus dem brennenden „Move"-Bunker in den Flammen verstummt waren. Da brannte schon die halbe Nachbarschaft. Löschmaßnahmen konnten nur mehr in entfernten Seitenstraßen weitere Verwüstungen verhindern.
Fassungslos sahen Anwohner ihr Hab und Gut, Familienfotos und Schulzeugnisse, Kinderspielzeug und elterliche Erbstücke in Flammen aufgehen. Nadine Fosby, 32, die drei Häuser von der „Verrückten"-Sekte entfernt gewohnt hatte: „Es ist, als ob dir jemand dein Leben nimmt. Ich bin nur noch ein Körper in einer fremden Welt." Bürgermeister Wilson, einer der populärsten schwarzen Politiker in den USA, bekannte schuldbewußt: „Dies ist eine schwarze Tragödie!"

Im Cobbs Creek-Viertel von Philadelphia gehen Polizisten gegen das Hauptquartier der obskuren „Move"-Sekte vor. Um das festungsgleiche Gebäude zu stürmen, war aus einem Hubschrauber Plastiksprengstoff auf das Dach des Hauses in der Osage Avenue geworfen worden. Minuten später brannten die Nachbarhäuser, wenig später ganze Straßenzüge. 53 Reihenhäuser wurden zerstört, 240 Menschen verloren ihr gesamtes Eigentum. Elf Sektenmitglieder kamen in den Flammen um. Vier von ihnen waren Kinder.

Ruhe nach dem Sturm

Erschöpft und verzweifelt warten zwei Frauen auf ein Lebenszeichen ihrer versprengten Angehörigen – selbst noch von den Strapazen gezeichnet. Weil die kolumbianische Regierung die Warnungen der Vulkanologen nicht ernstgenommen hatte, weil das Land nahezu ahnungslos von der Katastrophe heimgesucht wurde, herrschten bei den Rettungsarbeiten Verwirrung und Desorganisation. Viele Familien erhielten erst nach Tagen Gewißheit – häufig nur über den Tod der Vermißten. Von 25 000 Einwohnern der kleinen Stadt Armero überlebten nur 3000 das Unglück.

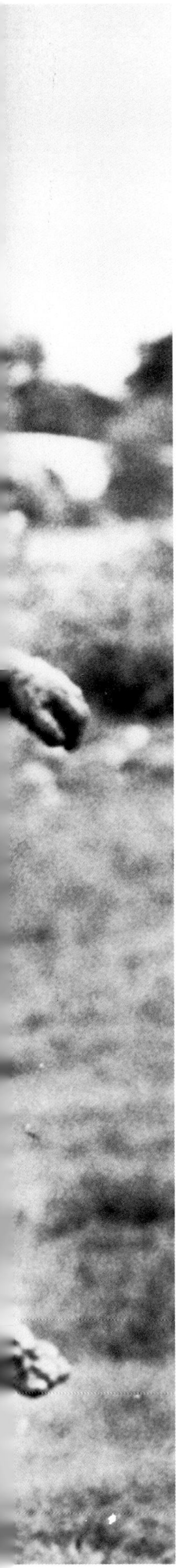

Tod in der Schlammlawine

Der Vulkan hatte seinen Ausbruch schon lange vorher angekündigt. Rund zwölf Monate vor der Katastrophe, die 22 000 Menschen im Schlamm ertrinken ließ, hatten Vulkanologen den Bürgermeister der Stadt Armero und die kolumbianische Regierung in Bogotá über ihre Beobachtungen unterrichtet: Im Krater des Nevado del Ruiz brodele es. Die Wissenschaftler ließen den seit 140 Jahren weitgehend friedlichen Vulkan nicht mehr aus den Augen, obwohl ihre Warnungen von den Behörden in den Wind geschlagen wurden. Sie stellten einen unaufhaltsamen Temperaturanstieg des Berges fest; der ewige Schnee auf der Kuppe begann zu schmelzen. Unmerklich für die Bewohner rings um den riesigen Kegel, denn noch hielten Felsbarrieren die Schmelzwasserfluten zurück.

Dann, am 14. November, spuckte der Vulkan plötzlich 800 Grad heißes Wasser und Dampf aus. Nichts konnte mehr die Eiskappe des Berges halten. Sie taute ab und ließ die umliegenden Flüsse bis auf das Zehnfache ihres normalen Volumens anschwellen. Die Bewohner von Armero hörten zunächst ein sonores Gurgeln, dann ein Rauschen, das sich zu ohrenbetäubendem Getöse steigerte. Doch obwohl zu diesem Zeitpunkt schon Asche vom Himmel regnete, weigerten sich viele Bürger, ihr Haus zu verlassen. Und dann geschah es: Mit einem gewaltigen Donnern schlug eine Welle auf den Ort ein und versenkte ihn in wenigen Momenten unter einer acht Meter hohen

Die rettende Dusche: Stundenlang hatte die kleine Sandra in dem stark schwefelhaltigen Lehm gesteckt, bevor sie von Helfern geborgen und abgewaschen werden konnte. Wer mit dem nackten Leben davongekommen war, trug häufig Hautverätzungen durch den aggressiven Morast davon.

Gegen den Rotorlärm anbrüllend rennt ein Hubschrauberpilot mit einem vom Schlamm verkrusteten Kind auf seine Maschine zu. Er hatte das junge Vulkanopfer aus dem Morast gerettet, in dem die kolumbianische Kleinstadt Armero Minuten nach dem Vulkanausbruch versunken war. Nur wenige der 25 000 Einwohner konnten gerettet werden.

Schlammschicht. Wie eine gigantische Faust zertrümmerte die Flut alles, was ihr im Weg stand: Häuser, Baracken, Schuppen, Straßen, Brücken. Sie hinterließ eine vier Kilometer breite Schneise der Verwüstung.

Doch wie durch ein Wunder kamen nicht alle 25 000 Einwohner ums Leben: Viele wurden nach oben gespült und konnten sich an Balken festklammern. Wer den festen Boden verließ, versank sofort im stark schwefelhaltigen, ätzenden Morast. Es blieb den so im Schlamm-Meer Treibenden nur das lange Warten auf die Rettungsmannschaften.

Die Regierung des Landes, die alle Warnungen als unseriös oder Panikmache der Presse abgetan hatte, tat sich nun schwer, das dringend benötigte Material herbeizuschaffen. Sie war von dem Unglück nicht weniger überrascht als die Betroffenen. Entsprechend schleppend erfolgte der Einsatz von Hilfstruppen und Ausrüstung. Es fehlte überall an wichtigen Geräten. Selbst primitive Maschinen standen wegen schlecht organisierter Hilfsmaßnahmen nicht zur Verfügung.

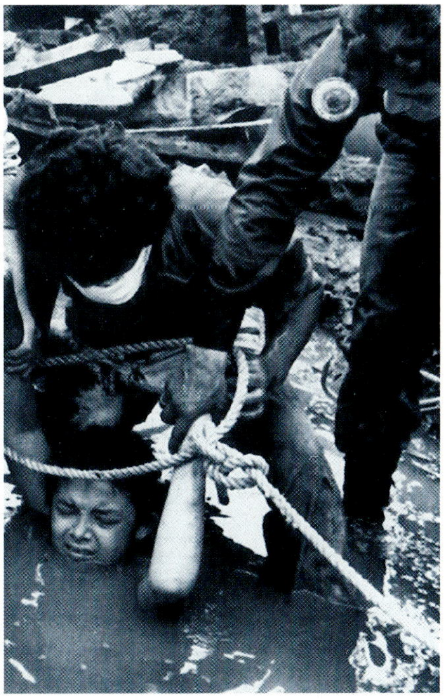

60 Stunden lang steckte die 13jährige Omayra Sanchez bis zum Hals im Schlamm. Sie konnte nicht herausgezogen werden, weil ihr Unterkörper zwischen Balken eingeklemmt war. Die Rettungsmannschaften mußten zweieinhalb Tage auf eine Wasserpumpe warten, um das Loch leerzusaugen. Doch als sie endlich eintraf, erlag das Mädchen seinen inneren Verletzungen.

Gloria kam von Süden, jagte die Atlantikküste hoch und versetzte Nordamerika in Angst und Schrecken. Meteorologen hatten den Hurrikan Gloria schon frühzeitig ausgemacht und die Bevölkerung gewarnt. Über Hörfunk und Fernsehen wurden die Bewohner der Neu-England-Staaten aufgefordert, an diesem Freitag im September zu Hause zu bleiben, bis der Sturm vorüber sei. Als Gloria dann schließlich heranrauschte, wurde alles halb so schlimm. Autofahrer auf Long Island mußten sich zwar vor umstürzenden Bäumen und herumfliegenden Schneezäunen hüten, Fußgänger in New Haven – die Stadt New York war von Gloria freundlicherweise umgangen worden – hatten etwas Mühe, gegen den Wind voranzukommen, und in zwei Millionen Haushalten war für ein paar Stunden der Strom ausgefallen, aber die große Katastrophe, die alle befürchtet hatten, fand nicht statt.

Die wirbelnden Ungeheuer

Man weiß nicht genau, wann sie kommen und woher sie kommen. Sicher ist nur, daß sie kommen. Und zwar meistens in der Zeit zwischen Juni und November. Hurrikane gehören zu den gewaltigsten Naturphänomenen auf der Erde. Im Gegensatz zu Tornados, die über Land entstehen, werden Hurrikane immer in den tropischen Regionen der Ozeane geboren, denn zu ihrer Entwicklung benötigen sie hohe Temperaturen und hohe Luftfeuchtigkeit. In ihrer meist auf rund eine Woche beschränkten Lebenszeit setzen die Wirbelwinde eine Energie frei, die der einer Million Atombomben entspricht. Das gilt für mittlere Stürme von 150 Kilometern Durchmesser und mit Windgeschwindigkeiten von 150 Stundenkilometern. Es gibt aber auch Hurrikane, die doppelt so groß und schnell und damit noch energiereicher sind. Sobald die wandernden Stürme vom Meer aufs Festland gezogen und somit von ihrer Energiequelle abgeschnitten sind, verlieren sie schnell an Kraft. Dennoch können sie auch dann noch immense Schäden anrichten. Aber das Gefährlichste ist nicht etwa die unmittelbare Gewalt des Sturms. Zu den großen Hurrikan-Katastrophen ist es immer durch die anschließenden Überschwemmungen gekommen. Nicht selten stürzt aus den schweren Wolken eines einzigen Hurrikans mehr Wasser pro Quadratmeter auf die Erde als in unseren Breiten in einem ganzen Jahr. So ertranken im November 1970 in Bangladesch bei einem der schwersten Wirbelstürme der vergangenen 20 Jahre über 100000 Menschen. Mit 240 Stundenkilometern war der Sturm in das Ganges-Delta eingefallen und hatte eine sechs Meter hohe Flutwelle vor sich hergetrieben.

Die Schäden des Hurrikans Gloria, der in diesem Jahr den amerikanischen Nordosten bedroht hatte, blieben denn auch nur deshalb so gering, weil gerade Ebbe an der Atlantikküste war. Bei aller Zerstörung, die Hurrikane (oder Taifune, wie die Wirbelstürme in Ostasien heißen) immer wieder anrichten, haben sie auch ihr Gutes: Sie halten nämlich die Temperaturen auf der Erde im Gleichgewicht, indem sie die warmen Luftmassen vom Äquator in gemäßigte Breiten transportieren. Ohne Hurrikane wären viele tropische Regionen von Dürre und wäre Mitteleuropa von einer neuen Eiszeit mit unabsehbaren Folgen bedroht.

Die schlimme Elena

Im Ostatlantik nahe den Kapverdischen Inseln war der tropische Wirbelsturm Elena entstanden und in Richtung auf den Golf von Mexiko gezogen. Fast eine halbe Million Menschen verließen Hals über Kopf die Küstenregionen im Nordwesten Floridas. Nachdem Elena das Gebiet verwüstet hatte, änderte sie plötzlich ihren Kurs und tobte auf New Orleans zu. Die Meteorologen verzweifelten: Elena war unberechenbar. Nun raste sie plötzlich wieder auf Florida zu. Zum zweitenmal mußten Hunderttausende ihre Häuser verlassen. Und dann war der Spuk auf einmal vorbei. Vier Todesopfer, über 1,2 Milliarden Mark Sachschaden waren die Bilanz – und ein Foto, das die Astronauten an Bord der Raumfähre Discovery gemacht hatten: das Auge der wirbelnden Elena.

Als die Palmen weiß wurden

So etwas hatte Nizza seit Jahrzehnten nicht erlebt: Die Palmenallee „Promenade des Anglais" war von einer dicken Schneedecke überzogen und die Temperatur auf elf Grad unter Null gefallen. In Biarritz, für sein mildes Klima berühmt, setzten Kinder bei Eiseskälte einen Schneemann auf eine der Bänke an der Strandpromenade. Die für Südfrankreich ungewöhnliche Kältewelle war entstanden, weil Anfang Januar Nordpolarluft nicht auf dem üblichen Weg über den Atlantik gekommen – wobei sie sich erwärmt –, sondern direkt über Land nach Europa geströmt war. Mit bösen Folgen für Frankreichs Süden. Die Blumenzüchter im Hinterland der Côte d'Azur meldeten schwere Schäden an ihren Pflanzen. Ganz schlimm kam es für die Gemüsebauern. 80 Prozent ihrer Kulturen waren zerstört. Selbst im sonst so wärmebegünstigten Rhônetal gab es große Ausfälle. Besonders hart traf es die Landwirte im Südwesten und im Loiretal. Weil dort nur eine dünne Schneedecke lag, wurden viele Pflanzen und sogar das Saatgut ruiniert. In den Supermärkten stiegen die Preise für Gemüse auf das Dreifache. Selbst die Milch wurde knapp. Weil das Silofutter fürs Vieh zu Eisklumpen gefroren war, gaber die unzureichend

versorgten Kühe weniger Milch. Bald fehlte es auch an anderen Lebensmitteln, weil Tausende von liegengebliebenen Lastkraftwagen die Straßen blockierten. Grund: Die in Südfrankreich verkauften Frostschutzmittel für das Kühlwasser der Motoren waren bei neun Grad unter Null eingefroren. Stärkere Mittel waren genauso schnell vergriffen wie Winterreifen oder Schneeketten, ohne die auf vielen Strecken nichts mehr ging. Nicht mal in Nizza. Nachdem 20 Zentimeter Schnee gefallen waren und die Straßen geräumt werden sollten, stellte die Verwaltung fest: Die Stadt verfügt über keinen einzigen Schneepflug.

Asyl unter der Erde

Bei zehn Grad unter Null erbarmte sich Paris seiner Clochards. Bürgermeister Jacques Chirac bot den rund 7400 Obdachlosen in der Metropole Notunterkunft in U-Bahnstationen an. 330 Métro-Bahnhöfe blieben auch über Nacht geöffnet, in einem verlassenen Gang der Station „Luxembourg" wurden 125 Betten aufgestellt und warme Mahlzeiten an die Ärmsten der Stadt ausgegeben. Für 25 Clochards kam die Hilfe zu spät, sie waren in ihren Quartieren unter Brücken, in Rohbauten und Hinterhöfen bereits erfroren.

Titel:
Special Features, Neil Preston/Camera 5, Alain Schröder/Sipa, Telegraph and Argus Bradford, Frank Fournier/Contact/Focus, AP, Alfred/Sipa, Thomas Exler, Ivor Markman/Cape Times, Dieter Bauer (2).
Seiten:
8/9 Naval. 10/11 Jebb Harris. 12/13 John Kaplan/Pittsburgh Press, Phillip M. Whitley. 14/15 Ken Akers. 16/17 David Parker/Yuba-Sutter-Appeal-Democrat, Ralph Bower/AP. 18/19 Ray Kennedy/The Age, Melbourne. 20/21 Felici/Olympia, Reuters/Bettmann Newsphotos. 22/23 Mattias Zins. 24/25 Thomas Pflaum/Antrazit (2). 26/27 Rehder/dpa. 28/29 STERN, Schilling/dpa. 30/31 Klaus Hoffmann/Novum, STERN-Montage, STERN. 32/33 Peter Bier. 34/35 D.F.P. (2). 36/37 Rannou/Gamma, Montingelli/Il Giorno. 38/39 Jürgens Ost + Europa-Photo (2). 40/41 Günter Schneider (6). 42/43 Jürgens Ost + Europa-Photo (2). 44/45 Ph. Aero/Sipa (2). 46/47 Ressmeyer/Wheeler. 48/49 J. Lievin/Paris Match. 50/51 Marco Cruz – La Jornada. 52/53 T. Campion/Sygma. 54/55 J.R. Erickson (6). 56/57 Rex Features/Marion Schweitzer (2). 58/59 Maydell/dpa, Perry Kretz, Pressebild Kindermann. 60/61 Wolfram Jürgen Mehl. 62/63 Scotia Film, United Artists. 64/65 Huber/Black Star. 66/67 M. Hatano/Reuters/Bettmann Newsphotos. 68/69 Shimbun/Sipa, Anwar Hussein/Sipa, Time-Life Inc. 70/71 Robie Ray/Virginian Pilot-Ledger Star. 72/73 Michael Lange/Visum. 74/75 AFP (2), Ben Moth/Auckland N.Z., Bouvet/Gamma. 76/77 Mingam/Gamma, Sygma. 78/79 Keystone Paris, AP. 80/81 Tom Vollenweider/Sipa. 82/83 Daily Telegraph. 84/85 Lynn Goldsmith (3). 86/87 Maja Moritz. 88/89 Telegraph and Argus Bradford. 90/91 Eamonn McCabe/The Observer. 92/93 Dussart/Rapho, Sipa. 94/95 Volker Hinz, DuVinage. 96/97 Nicolas Tikhomiroff/Magnum. 98/99 STERN Archiv (12). 100/101 STERN Archiv (12). 102/103 Robert Lebeck. 104/105 Fred Ihrt, Hanns-Jörg Anders. 106/107 Reuters/Bettmann Newsphotos, Cornell Capa/Magnum, UPI (2), Dennis Brack/Black Star, Terry Arthur/The White House. 108/109 Ph. Robert/Sipa, Max Scheler, AP. 110/111 AP (2). 112/113 Roger Cassidy and Leigh. 114/115 Bob Adelman, Courtesy of The Los Alamos Nat. Lab. and CBS, Thomas Ives. 116/117 Archiv für Kunst und Geschichte. 118/119 Dieter Bauer. 120/121 John Moran/Gainesville Sun Photo (3). 122/123 Howard Hall (2). 124/125 Reuters/Bettmann Newsphotos, AFP (2). 126/127 AP, Peter Thomann. 128/129 STERN (2), Comité International D'Auschwitz. 130/131 Thomas Höpker. 132/133 Robert Lebeck. 134/135 Tom Jacobi, Chris Steele-Perkins/Magnum. 136/137 Michael Lange/Visum. 138/139 Alfred/Sipa. 140/141 Geoff Howard/Camera Press. 142/143 Sanford Roth/Photoresearchers Inc., AP. 144/145 Lynn Johnson/Black Star. 146/147 Tom Jacobi. 148/149 Gerhard Vormwald. 150/151 Helmut Newton. 152/153 Eddy Kohli. 154/155 Bernard Asset/Van Dystadt/All Sports (2). 156/157 Mike Ward. 158/159 Lutz Bongarts (3). 160/161 James Nachtwey/Black Star, Fred Conrad/NYT Pictures, Sygma (5). 162/163 Willem Middelkoop. 164/165 Manfred Grohe, Thomas Kienzle/AP. 166/167 Athenstädt/dpa. 168/169 Sven Simon. 170/171 Bundesarchiv, Guido Krzikowski. 172/173 AP, Dieter Bauer. 174/175 Hartmut Bartels, Lothar Kucharz (2), Axel Carp, Werek, Klaus Drinkwitz, Wilfried Bauer. 176/177 Heinz Wieseler/dpa., Herbert Peterhofen. 178/179 Gamma. 180/181 Neal Preston/Camera 5, Sipa. 182/183 Dieter Bauer. 184/185 Reinhard Furrer – Ernst Messerschmid. 186/187 NASA (2). 188/189 J. Guichard/Gamma. 190/191 Bourseiller/Gamma. 192/193 Zoltan Nagy, Sven Simon. 194/195 Walter Schmitz. 196/197 Peter Knapp/Gamma, Scope Feature, Tom Jacobi, Steven Meisel. 198/199 Mark Meyer/Time Life Inc. 200/201 Thomas Pflaum/Antrazit, Eisenmenger, Schönfeld/STERN, Franco Zehnder. 202/203 PAN AM DNA Photo/U.S. Department of Energy, U.S. Department of Defence (3). 204/205 Ph. Shone/Sipa. 206/207 Carlo Silvestro/Vision/Focus, Franco Zehnder. 208/209 Davie Hinshaw/The Charlotte News, Dieter Ludwig/Sipa. 210/211 Achim Duwentäster, Schrader/dpa. 212/213 Boris Yurchenko/AP, Sygma. 214/215 AP. 216/217 Jürgens Ost + Europa-Photo. 218/219 AP, dpa. 220/221 STERN, W. Schüring. 222/223 Michael Ebner/Bild-Zeitung, STERN, Horst Lindner, Dieter Bauer. 224/225 Dieter Bauer. 226/227 Ivor Markman/Cape Times. 228/229 Argus/AP, Gamma. 230/231 Guy Hobbs. 232/233 Bell Textron/Department of Defence, AP, T. Thomessin. 234/235 Eckhard Herferd. 236/237 Norman Lomax, Lutz Bongarts. 238/239 AP. 240/241 AP. 242/243 Sygma, R. Auque/Gamma. 244/245 Polizeifoto, STERN. 246/247 AP. 248/249 Sipa. 250/251 Louis Mercier. 252/253 E. Lochon/Gamma, Sipa, Frank Hodes. 254/255 Clemens Pausinger, Reuters/Bettmann Newsphotos. 256/257 Barbara Aumüller, dpa. 258/259 Mario Dondero/Mondadori Press. 260/261 Ronald H. Cohn/The Gorilla Foundation. 262/263 Woods Hole Oceanographic Institut, Harland und Wolff Photo/Charles Ira Sachs, Zeichnung: Günther Radtke. 264/265 Woods Hole Oceanographic Institut (4), Pix Features. Popper-Photo, Harland und Wolff Photo/Charles Ira Sachs, STERN. 266/267 AP. 268/269 J. Ross Baugham/Visions/Focus (3). 270/271 AP, Les Sintay, Black Star. 272/273 Dan Miller/Woodfin Camp/Focus, H. Hulshizer/Sipa. 274/275 Randy Taylor/Sygma. 276/277 Thomas Landers/Boston Globe, Anthony Suau/Black Star. 278/279 Frank Fournier/Contact/Focus, dpa. 280/281 Ron Frehm/AP, Dennis Yonan/Hartford Courant. 282/283 NASA. 284/285 Menanteau/Sipa, Sygma. 286/287 Paris Match.

Eine synchronoptische Tabelle der Ereignisse von Tag zu Tag

das war 85

	Deutschland	Ausland	Kultur/Wissenschaft	Sport
1. Januar	Inkrafttreten zahlreicher Gesetzesänderungen: u.a. bei den Beitragssätzen in der Sozialversicherung, bei Zahlung von Kindergeld für arbeitslose Jugendliche, bei der Arbeitsförderung, der Bauförderung sowie beim Umweltschutz. Die Territorialgewässer der DDR werden von drei auf zwölf Seemeilen ausgeweitet.	Die Volksrepublik China leitet weitreichende Wirtschaftsreformen ein. Sie bedeuten zum Teil eine Abkehr von der zentralen Planwirtschaft. Die Schweiz führt Autobahngebühren ein, gegen die in den Nachbarländern Einwände erhoben werden.	In Wien wird mit dem Neujahrskonzert der Wiener Philharmoniker das „Europäische Jahr der Musik" eingeleitet.	Marathon-Olympiasieger Carlos Lopez (Portugal) gewinnt den Silvesterlauf von São Paulo mit der neuen Streckenrekordzeit von 36:43,07 Minuten für die 12,6 Kilometer lange Strecke.
3. Januar		Israel hat Mitte November 1984, wie erst jetzt bekannt wird, unter strengster Geheimhaltung eine Luftbrücke zur Evakuierung äthiopischer Juden nach Israel gestartet. Mehr als 10 000 dieser äthiopischen Juden (Falaschen) wurden auf dem Landweg in den Sudan gebracht und dann, meist über europäische Länder, nach Israel geflogen. Das Bekanntwerden der „Operation Moses" führt zur Beurlaubung des für die Indiskretion Verantwortlichen.		
4. Januar			Der Kaiserring der Stadt Goslar wird dem spanischen Bildhauer Eduardo Chillida zuerkannt.	
5. Januar	Beim „Dreikönigstreffen" der FDP in Stuttgart wird Walter Döring als Nachfolger Jürgen Morloks zum neuen Vorsitzenden der baden-württembergischen FDP gewählt.			
6. Januar				Der 17jährige Boris Becker (Leimen) gewinnt in Birmingham das „Masters"-Tennisturnier der Junioren im Finale über den Schweden Stefan Edberg.
8. Januar	Neue Zahlen der Bundesanstalt für Arbeit: 2 325 183 Arbeitslose (Quote 9,4%); Kurzarbeiter: 268 419; offene Stellen: 79 972.	Nach zweitägigen Gesprächen von US-Außenminister George Shultz und seines Kollegen Andrej Gromyko in Genf einigen sich die USA und die UdSSR auf neue umfassende Abrüstungsverhandlungen.		
9. Januar			Der „Jerusalem-Preis" (mehr als 15 000 Mark) wird dem tschechischen Schriftsteller Milan Kundera zuerkannt.	
10. Januar	Das Arbeitsgericht Frankfurt erklärt die Aussperrung von Arbeitnehmern in Hessen für unrechtmäßig. Die Arbeitgeber kündigen Berufung an. Das Bundesarbeitsgericht bestätigt am 29.1. sein Urteil vom September 1984, demzufolge kurzfristige Warnstreiks bei laufenden Tarifverhandlungen zulässig sind.	Nach seinem Wahlsieg im November 1984 wird Daniel Ortega, seit März 1981 Chef der Regierungsjunta, als neuer Staatspräsident Nicaraguas vereidigt.		DDR-Weltrekord-Schwimmer Jens-Peter Berndt setzt sich nach der Teilnahme an einem Schwimmfest in Fayetteville/USA von seiner Mannschaft ab und bittet um politisches Asyl.
11. Januar			In der Londoner Royal Academy of Arts wird eine große Chagall-Ausstellung eröffnet.	

	Deutschland	Ausland	Kultur/Wissenschaft	Sport
12. Januar		Frankreich verhängt über sein Pazifik-Territorium Neukaledonien den Ausnahmezustand. Nach den Parlamentswahlen im November 1984, bei denen die separatistischen Kanaken den weißen Gegnern der Unabhängigkeit unterlegen waren, ist es immer wieder zu blutigen Zwischenfällen gekommen.		
13. Januar		Bei schweren Eisenbahnkatastrophen in Bangladesch und Äthiopien kommen 700 Menschen ums Leben.		John McEnroe (USA) gewinnt das 15. „Masters"-Turnier in New York gegen den Tschechen Ivan Lendl. Siegesgage: 100 000 Dollar.
15. Januar	In Prag verlassen die letzten der zeitweilig 168 DDR-Flüchtlinge die Botschaft der Bundesrepublik und kehren in die DDR zurück.	In Brasilien wird der Oppositionspolitiker Tancredo de Alameida Neves (74) mit absoluter Mehrheit zum neuen Staatspräsidenten gewählt. Er tritt die Nachfolge von Joao Figueiredo an.	In Saarbrücken beginnt der Wettbewerb um den mit 20 000 Mark dotierten Max-Ophüls-Preis. Am 20. Januar wird die Hauptauszeichnung Christian Bergers Beitrag „Raffl" zuerkannt. Dem Dirigenten Eugen Jochum wird der mit 10 000 Mark dotierte Romano-Guardini-Preis zuerkannt.	
17. Januar			Im Pariser Louvre wird eine Holbein dem Jüngeren gewidmete Ausstellung eröffnet.	
18. Januar	Im westlichen Ruhrgebiet wird zum erstenmal in der Geschichte der Bundesrepublik die Smog-Alarmstufe III ausgerufen. Die Inversionswetterlage über Nordrhein-Westfalen breitet sich bis nach Norddeutschland aus.	Indiens Ministerpräsident Rajiv Gandhi gibt die Entdeckung eines Spionagerings im Regierungsapparat bekannt.	Der Wiener Kokoschka-Preis (umgerechnet 28 000 Mark) wird dem Maler Gerhard Richter zuerkannt.	
19. Januar			Der Shakespeare-Preis der Hamburger Stiftung F.V.S. (25 000 Mark) geht an den englischen Schauspieler Sir Alec Guinness.	Bei den nordischen Skiweltmeisterschaften in Seefeld gewinnt Hermann Weinbruch (Berchtesgaden) die Goldmedaille in der nordischen Kombination. Letzter deutscher Weltmeister war 1966 Georg Thoma gewesen.
20. Januar	Axel Sven Springer, der 19jährige Enkel des Verlegers Axel Springer, wird von unbekannten Tätern aus einem Schweizer Internat entführt und am 23.1. freigelassen, ohne daß ein Lösegeld gezahlt wurde.			Schweden gewinnt nach dem Daviscup auch den Kings-Cup im Hallentennis. Die Schweden besiegen im Finale die Schweiz mit 3:0.
21. Januar	*Der Schlesier*, das offizielle Organ der schlesischen Landsmannschaft, veröffentlicht einen Artikel des 20jährigen Thomas Finke, in dem die Bundesregierung aufgefordert wird, durch Schwächung der Sowjetunion die Chancen für eine Wiedervereinigung Deutschlands zu erhöhen. Ferner wird in dem Artikel ein fiktiver Angriff auf die Sowjetunion beschrieben. Alle politischen Parteien der Bundesrepublik verurteilen diesen Artikel scharf. Thomas Finke wird aus der Schlesischen Jugend und aus der CDU ausgeschlossen.	US-Präsident Ronald Reagan wird nach seinem Wahlsieg im November 1984 für seine zweite Amtszeit vereidigt. Wegen arktischer Kälte in der Hauptstadt Washington muß die traditionelle Parade zur Amtseinführung erstmals in der amerikanischen Geschichte abgesagt werden. Beim Absturz einer Charter-Maschine kurz nach dem Start in Reno/Nevada/USA kommen 69 Menschen ums Leben.	Der finnische Schriftsteller Antti Tuuri erhält den Literaturpreis des Nordischen Rates (21 000 Mark).	

	Deutschland	Ausland	Kultur/Wissenschaft	Sport
25. Januar	Das Landgericht Frankfurt verurteilt den 29jährigen Neonaziführer Michael Kühnen wegen Herstellung und Verbreitung neonazistischer Propagandamittel zu drei Jahren und vier Monaten Freiheitsentzug. Der Bundestag erklärt alle Entscheidungen des nationalsozialistischen Volksgerichtshofs für nichtig. Das Saarland nimmt als erstes Bundesland sowohl den Umwelt- wie auch den Datenschutz in die Landesverfassung auf. Atomkraftgegner verüben einen Sprengstoffanschlag auf zwei Hochspannungsmasten des Kernkraftwerks Krümmel bei Geesthacht. Der Sachschaden geht in die Millionen.	In der Nähe von Paris fällt René Audran, ein hoher Beamter des französischen Verteidigungsministeriums, einem Terroranschlag zum Opfer. Die linksgerichtete französische Terrororganisation Action Directe bekennt sich in einem anonymen Anruf zu dem Attentat.	In Frankfurt wird das Stück „Gestern war heute" von Ingeborg Drewitz uraufgeführt.	In Arosa/Schweiz gewinnt Maria Epple-Beck (Seeg) den Weltcup-Slalom der Damen.
26. Januar		Erstmals seit Ende des Zweiten Weltkriegs tagt der Jüdische Weltkongreß in Wien. Er fordert eine Verstärkung des Kampfes gegen Nazismus und Faschismus.	Per Olov Enquists Stück „Verdunkelung" wird in Darmstadt deutschsprachig erstaufgeführt.	
27. Januar	Der Bundeshauptausschuß der Grünen beschließt die Auflösung des Berliner Landesverbands der Grünen wegen neonazistischer Unterwanderung.		In der Hamburger Kampnagelfabrik wird John Neumeiers neues Ballett „Othello" uraufgeführt.	Erfolgreichste Nation der nordischen Skiweltmeisterschaften in Seefeld wird Norwegen mit je fünf Gold-, Silber- und Bronzemedaillen. Finnland, Schweden und die Bundesrepublik stellen je zwei Weltmeister. Bei den Rennrodel-Weltmeisterschaften in Oberhof/Thüringen gewinnt die DDR acht von neun Medaillen.
29. Januar	Berlins Umweltsenator Horst Vetter ordnet einen Austausch des mit Blei und Thallium verseuchten Bodens eines an die Berliner Akkumulatorenfabrik „Sonnenschein" angrenzenden Spielplatzes an. Die Kosten werden der Firma auferlegt, die der Familie des Bundespostministers Christian Schwarz-Schilling gehört.	In Stockholm legt die Sowjetunion am ersten Tag der Wiederaufnahme der europäischen Abrüstungskonferenz (KVAE) den Entwurf eines Gewaltverzichtsvertrags vor, in dem der Verzicht auf Gewaltanwendung im Weltraum und gegen dritte Staaten gefordert wird.	Der mit 30 000 Mark dotierte Berliner Fontane-Preis wird der Schriftstellerin Brigitte Kronauer zuerkannt.	In Hamburg verliert die Bundesrepublik ein Fußball-Länderspiel zugunsten der Hinterbliebenen des Barkassenunglücks gegen Ungarn mit 0:1. Es wird ein Reingewinn von einer Million Mark eingespielt.
30. Januar			Im Forschungsreaktor in Garching bei München können oberflächennahe Tumore mit Neutronenstrahlen behandelt werden. Mit der weltweit einmaligen Einrichtung der Garchinger Neutronentherapie können Geschwulste im Hals- und Nackenbereich, die bis zu fünf Zentimeter unter der Haut liegen, gezielt erfaßt werden.	
31. Januar	Bei Bremerhaven stoßen zwei Phantom-Düsenjäger der Bundeswehr vom Typ F4F zusammen. Eine der Maschinen stürzt auf das Bremer Industriegebiet ab. Ein Pilot und ein Arbeiter kommen ums Leben, fünf Menschen werden verletzt.		In Stuttgart beginnt die 24. Antiquariatsmesse.	Irene Epple (27), Abfahrts-Vizeweltmeisterin 1978 und Olympiazweite im Riesenslalom von 1980, erklärt bei den alpinen Skiweltmeisterschaften in Bormio/Italien ihren Rücktritt vom aktiven Sport

	Deutschland	Ausland	Kultur/Wissenschaft	Sport
1. Februar	Zwei Terroristen der RAF erschießen in Gauting bei München den Vorstandsvorsitzenden der MTU, Ernst Zimmermann. Das Fluchtauto der Täter wird am 20. Februar in Kaufering bei Landsberg gefunden. Gustav „Bubi" Scholz, früherer Box-Europameister, wird vom Landgericht Berlin wegen fahrlässiger Tötung seiner Frau Helga sowie unerlaubten Waffen- und Munitionsbesitzes zu drei Jahren Freiheitsentzug verurteilt.	Die USA werfen der Sowjetunion vor, mehrmals gegen Abrüstungsabkommen verstoßen zu haben. Die UdSSR bezeichnet die Vorwürfe als erneute antisowjetische Fälschung im Vorfeld der Genfer Abrüstungsgespräche.	Die Arbeiten Marc Chagalls auf Papier werden von der Kestner-Gesellschaft Hannover in einer umfangreichen Ausstellung gezeigt.	Der Finne Ari Vatanen und der Ire Terry Harryman gewinnen mit einem Peugeot 205 Turbo die 53. Rallye Monte Carlo.
3. Februar	Bundespräsident Richard von Weizsäcker besucht als erster Bundespräsident Jordanien und Ägypten.			Olympiasieger Michael Groß (Offenbach) stellt in Aachen zwei neue Schwimm-Weltrekorde für 25-m-Bahnen auf: über 200 m Schmetterling mit 1:54,8 Minuten und über 400 m Freistil mit 3:42,4 Minuten.
4. Februar	Laurent Fabius, französischer Ministerpräsident, kommt zu seinem Antrittsbesuch nach Bonn. Hauptthemen des Meinungsaustausches mit deutschen Politikern: Terrorismusbekämpfung und industrielle Zusammenarbeit zwischen beiden Staaten. Neue Zahlen der Bundesanstalt für Arbeit: 2 619 409 Arbeitslose (Quote 10,6 Prozent); Kurzarbeiter: 465 977; offene Stellen: 87 468. Die Deutsche Gesellschaft zur Wiederaufarbeitung von Kernbrennstoffen entscheidet sich für das bayerische Wackersdorf als Standort der ersten Wiederaufarbeitungsanlage für abgebrannte Kernelemente.		Mindestens ein bis zwei erkennbare Meteoriten haben Teile des Bundesgebietes überflogen und sind in der Atmosphäre verglüht.	
5. Februar	Die Hamburger Umweltbehörde bestätigt, daß der Boden mehrerer östlicher Stadtteile stark mit Arsen belastet ist. Als Hauptverursacher wird die Kupferhütte Norddeutsche Affinerie genannt.	Die Grenze zwischen Gibraltar und Spanien, die seit 1969 geschlossen gewesen ist, wird vollständig geöffnet, nachdem sie Ende 1982 teilweise für Fußgänger freigegeben worden war.		
6. Februar			Im Pariser Grand Palais beginnt die Ausstellung „Der Impressionismus und die französische Landschaft".	
7. Februar		In Thorn werden im Prozeß um den Mord an dem polnischen Priester Jerzy Popieluszko gegen die vier angeklagten Sicherheitsoffiziere die Urteile verkündet: Die beiden ranghöchsten Offiziere erhalten je 20 Jahre Gefängnis, die beiden anderen 15 bzw. 14 Jahren Freiheitsentzug.		Markus Wasmeier (Schliersee) wird bei den Ski-Weltmeisterschaften in Bormio/Italien überraschend neuer Weltmeister im Riesenslalom vor den favorisierten Pirmin Zurbriggen (Schweiz) und Marc Girardelli (Luxemburg). Das Landgericht Saarbrükken verurteilt zwei Fußballfans, die 1981 nach einem Spiel zwischen dem FC Homburg und dem 1. FC Saarbrücken einen Unbeteiligten angegriffen und ihm dabei einen tödlichen Schädelbasisbruch zugefügt hatten, zu dreieinhalb Jahren Freiheitsentzug.

	Deutschland	Ausland	Kultur/Wissenschaft	Sport
8. Februar		Kim Dae-Jung, südkoreanischer Oppositionsführer, kehrt nach mehr als zweijährigem Exil in den USA nach Korea zurück. Er war 1980 erst zum Tode verurteilt, dann unter dem Druck des Auslands zu 20 Jahren Haft begnadigt und schließlich in die USA entlassen worden. Teile eines sowjetischen Flugkörpers, der am 28.12.1984 in den Inari-See gestürzt war, werden von Finnland an die Sowjetunion übergeben. Die UdSSR hatte sich bereit erklärt, die Bergungskosten zu übernehmen. Die Rakete war nach sowjetischen Angaben bei Schießübungen durch einen technischen Fehler vom Kurs abgekommen.	In Süddeutschland soll bis 1995 mit einem Kostenaufwand von 450 Millionen Mark ein bis zu 14 Kilometer tiefes Loch zur Erforschung der Erdkruste in die Erde getrieben werden.	
9. Februar				Beim Schwimmfest Bonn startet Michael Groß erstmals über die Distanz von 800 m Freistil und schwimmt mit 7:38,75 Minuten einen neuen Weltrekord über 25 m-Bahnen. Sein zweiter Weltrekord: über 200 m Schmetterling mit 1:54,78 Minuten. Die Schweiz wird mit vier Goldmedaillen sowie drei silbernen und einer bronzenen Medaille erfolgreichste Nation der alpinen Skiweltmeisterschaften in Bormio und Santa Catarina/Italien.
10. Februar			In Augsburg wird das renovierte Geburtshaus Bertolt Brechts als Gedenkstätte eröffnet.	
11. Februar	Auf der Autobahn Nürnberg-München kommen beim Aufprall eines britischen Doppeldeckerbusses auf einen mit Flugbenzin beladenen Tanklastzug 20 Menschen ums Leben.	PLO-Führer Jassir Arafat und König Hussein von Jordanien einigen sich in Amman auf eine Nahost-Friedensinitiative, mit der eine gerechte Lösung der Palästinenser-Frage erreicht werden soll.		
12. Februar	Die Arbeitgeber des öffentlichen Dienstes ziehen ihre vor dem Arbeitsgericht Stuttgart anhängige Klage gegen die Warnstreiks der Gewerkschaft ÖTV zurück. Die Arbeitgeber hatten die Arbeitsniederlegungen bei laufenden Tarifverhandlungen vom Gericht untersagen lassen wollen.			
13. Februar		In Manila/Philippinen kommen bei einem Hotelbrand mindestens 27 Gäste eines Luxushotels ums Leben.	Am 40. Jahrestag ihrer Zerstörung wird die Dresdner Semper-Oper mit einer Aufführung von Carl Maria von Webers Oper „Der Freischütz" feierlich wiedereröffnet.	
14. Februar			Der Politologe Prof. Kurt Sontheimer erhält den mit 10 000 Mark dotierten Ernst-Robert-Curtius-Preis für Essayistik. In Schweden ist ein elfjähriger Junge an AIDS erkrankt.	

	Deutschland	Ausland	Kultur/Wissenschaft	Sport
15. Februar	Der Transitverkehr durch die DDR in Drittländer wird durch eine neue Anordnung der DDR erleichtert. Künftig sollen für den Transitverkehr nahezu alle Autobahnen der DDR benutzt werden können.	Vietnamesische Besatzungstruppen erobern in Kambodscha das Hauptquartier der Roten Khmer.	In Berlin beginnen die 35. Internationalen Filmfestspiele. Der „Goldene Bär" wird zu gleichen Teilen dem britischen Film „Wetherby" von David Hare und dem DDR-Film „Die Frau und der Fremde" von Rainer Simon zugesprochen. Auf dem Weltmarkt haben biotechnologische Prozesse ein Umsatzvolumen von etwa 40 Milliarden Mark erreicht. Die viertgrößte bekannte Primzahl – ein Zahlenmonstrum mit 7067 Stellen – ist am Rechenzentrum der Hamburger Universität entdeckt worden.	Der längste Titelkampf in der Geschichte der Schach-Weltmeisterschaften wird nach über fünf Monaten und 48 Partien, von denen 40 mit Remis endeten, vom Präsidenten des Weltschachverbands abgebrochen. Titelverteidiger Anatolij Karpow führt zu diesem Zeitpunkt mit 5:3 gegen seinen Herausforderer Garri Kasparow, hat jedoch die letzten beiden Partien verloren. Der Titelkampf soll ab 1. September wiederholt werden.
16. Februar	Der Kommunistische Bund Westdeutschland (KBW) beschließt auf seiner letzten Mitgliederversammlung in Frankfurt die eigene Auflösung. Das KBW-Vermögen von etwa neun Millionen Mark wird einem neu gegründeten Verein „Assoziation" übertragen.	Süd-Libanon: Israel beendet die erste Etappe seines Truppenrückzugs. In das Gebiet zwischen dem Awali- und dem Litani-Fluß rücken libanesische Soldaten ein.	Die Oper Siegfried Matthus' „Die Weise von Liebe und Tod des Cornets Christoph Rilke" nach dem Buch von Rainer Maria Rilke wird in Dresden an der Semper-Oper uraufgeführt.	Galina Tschistjakowa stellt bei den sowjetischen Hallen-Leichtathletik-Meisterschaften im Weitsprung mit 7,25 m eine neue Hallen-Weltbestleistung auf und springt als erste Frau in einer Halle weiter als 7 m.
18. Februar		In dem südafrikanischen Elendsviertel Crossroads in der Nähe von Kapstadt brechen blutige Unruhen aus, weil die rund 70 000 schwarzen Einwohner des Viertels umgesiedelt werden sollen. Bei Zusammenstößen mit der Polizei kommen 16 Schwarze ums Leben.		Das Organisationskomitee des Europäischen Fußballverbands (UEFA) entscheidet sich für die Bundesrepublik als Austragungsland der Europameisterschaft 1988. Als in der Öffentlichkeit bekannt wird, daß Berlin in den Spielplänen nicht berücksichtigt ist, kommt es in der Bundesrepublik zu einem Proteststurm. Später stellt sich heraus, daß der Deutsche Fußballbund selbst Berlin aus politischen Gründen nicht in den Spielplänen genannt hatte.
19. Februar		Auf dem Flug Madrid-Bilbao kommen beim Absturz einer Boeing 727 der Fluggesellschaft Iberia alle 148 Passagiere ums Leben.		
21. Februar	„amnesty international" wählt Brigitte Erler zur neuen Generalsekretärin (Vorgänger Helmut Frenz).	In Wien unterzeichnen die Internationale Atomenergiebehörde IAEO und die UdSSR ein Sicherheitskontrollabkommen für Anlagen der zivilen Kernenergie. Damit haben sich sämtliche Atommächte bis auf die Volksrepublik China der IAEO-Kontrolle unterworfen.		
22. Februar			In Australien sind Zwillinge geboren worden, die aus tiefgefrorenen Embryonen stammen.	
23. Februar	In Saarbrücken wird Bundeswirtschaftsminister Martin Bangemann auf dem FDP-Bundesparteitag zum neuen Parteivorsitzenden gewählt. Der Vorgänger, Bundesaußenminister Hans-Dietrich Genscher, hatte nicht mehr kandidiert.		Im Charlottenburger Schloß in Berlin wird eine Ausstellung mit dem Lebenswerk von Jean-Antoine Watteau eröffnet. Georg Friedrich Händels 300. Geburtstag wird in der Bundesrepublik und der DDR mit Aufführungen und Festakten begangen.	

	Deutschland	Ausland	Kultur/Wissenschaft	Sport
1. März	Die Regierungschefs von Bund und Ländern beraten u.a. Einschränkungen des Asylrechts. Auf Antrag der SPD setzt der rheinland-pfälzische Landtag einen zweiten Untersuchungsausschuß zur Klärung von Mißständen bei Parteispenden ein.	Julio Maria Sanguinetti, der im November 1984 neugewählte uruguayische Staatspräsident, wird in sein Amt eingeführt. Nach fast zwölfjähriger Militärherrschaft kehrt der südamerikanische Staat damit zur Demokratie zurück. General Hossain Mohammed Ershad, Staatschef von Bangladesch, verschärft das Kriegsrecht, verbietet bis auf weiteres jegliche politische Tätigkeit und sagt die für Anfang April geplanten Parlamentswahlen ab.	Die Bayerische Akademie der Schönen Künste spricht dem Lyriker Karl Krolow ihren mit 20 000 Mark dotierten Literaturpreis zu.	
3. März		In Zentral-Chile kommt es zu einem schweren Erdbeben. Es erschüttert vor allem die Städte Valparaiso und Santiago und fordert 151 Menschenleben und etwa 2000 Verletzte. An die 500 000 Menschen werden obdachlos.	In Duisburg wird das Moskauer Bolschoi-Ballett bei einem Gastspiel mit dem Schostakowitsch-Ballett „Das goldene Zeitalter" begeistert gefeiert.	
4. März	Neue Zahlen der Bundesanstalt für Arbeit: 2 611 270 Arbeitslose (Quote: 10,5%); 432 333 Kurzarbeiter; 101 062 offene Stellen.			
5. März	Das Bundesarbeitsgericht in Kassel verneint die Zulässigkeit von Sympathiestreiks.	Nach fast einem Jahr geht der britische Bergarbeiterstreik offiziell zu Ende. Die Streikbereitschaft war schon zuvor abgebröckelt. Der Arbeitskampf endet ohne ein Abkommen mit der Kohlebehörde und ohne Bedingungen.	In München wird einer 100jährigen Frau in einem 50minütigen Eingriff ein künstliches Hüftgelenk eingesetzt.	
7. März	In Dortmund verübt ein 20jähriger Lehrling „aus Spaß am großen Knall" einen Bombenanschlag auf das Kaufhaus Hertie. Zwei Menschen werden schwer und sechs weitere leicht verletzt.			
8. März	Ein vom Verwaltungsgericht Lüneburg verfügter Betriebsstopp für das Kohlekraftwerk Buschhaus wird vom Oberverwaltungsgericht Lüneburg aufgehoben.	In einem vorwiegend von Schiiten bewohnten Vorort Beiruts kommen bei der Explosion einer Autobombe rund 80 Menschen ums Leben.	Dem Schriftsteller Herbert Eisenreich wird der Franz-Kafka-Literaturpreis (14 000 Mark) zugesprochen. In Köln beginnt die Westdeutsche Kunstmesse.	
10. März	Landtagswahlen im Saarland und in Berlin. Im Saarland verdrängt die SPD mit ihrem Spitzenkandidaten Oskar Lafontaine die seit 1956 regierende CDU aus der Regierungsverantwortung. In Berlin behauptet sich der CDU/FDP-Senat unter Eberhard Diepgen.	In Moskau stirbt nach schwerer Krankheit der sowjetische Staats- und Parteichef Konstantin Tschernenko. Tschernenko war erst im Februar 1984 zum Nachfolger Juri Andropows gewählt worden. Tschernenkos Nachfolger wird ZK-Sekretär Michail Gorbatschow (54).	In Leipzig beginnt die Internationale Buchmesse.	Deutschland gewinnt im Daviscup mit Boris Becker, Michael Westphal und Andreas Maurer in Sindelfingen gegen Spanien mit 3:2 und qualifiziert sich damit für die nächste Runde gegen die USA.
12. März	Bundeskanzler Helmut Kohl fliegt zur Teilnahme an den Trauerfeierlichkeiten für den am 10.3 verstorbenen sowjetischen Staats- und Parteichef Konstantin Tschernenko nach Moskau. Am Rande der Trauerfeierlichkeiten trifft er mit dem DDR-Staatsratsvorsitzenden Erich Honecker zusammen. Weitere Gesprächspartner: der polnische Regierungschef Jaruzelski sowie Michail Gorbatschow.	Die USA und UdSSR eröffnen in Genf die vereinbarten Verhandlungen über Atom- und Weltraumwaffen.		

	Deutschland	Ausland	Kultur/Wissenschaft	Sport
13. März	Das Oberlandesgericht Düsseldorf verurteilt die RAF-Mitglieder Adelheid Schulz und Rolf-Clemens Wagner wegen Mordes und anderer Straftaten zu lebenslangem Freiheitsentzug.		Im Ostberliner „Alten Museum" wird die Ausstellung „Weltschätze der Kunst – der Menschheit bewahrt" eröffnet.	
14. März	Der Deutsche Bundestag beschließt eine Änderung des Mineralölsteuergesetzes. Es senkt die Kosten für bleifreies Benzin und versteuert herkömmlichen Treibstoff. Willi Weiskirch (CDU) wird im Deutschen Bundestag mit großer Mehrheit zum neuen Wehrbeauftragten gewählt. Vorgänger: Karl-Wilhelm Berkhan (SPD).		Nach einer neuen amerikanischen Studie ist bei Brustkrebs im Frühstadium die heute noch meist angewandte Amputation der ganzen Brust unnötig. Peter Handke verweigert „wegen einer mißverständlichen Würdigung seines Werks" die Annahme des Anton-Wildgans-Preises.	Der Fußballclub Eintracht Braunschweig scheitert auch im Berufungsverfahren mit der Absicht, den Verein in „Sportverein Jägermeister Braunschweig" umzubenennen. Das Oberlandesgericht Frankfurt bestätigt ein Urteil des Landgerichts, wonach die gegen solche Namensänderungen vom DFB getroffene Satzungsänderung zulässig ist. In Lissabon vergibt das Exekutivkomitee der UEFA die Endrunde der Europameisterschaft 1988 endgültig an die Bundesrepublik. Trotz heftiger Proteste bleibt Berlin als Austragungsort ausgeschlossen.
15. März		Die Regierung Belgiens beschließt endgültig, mit der Stationierung amerikanischer Marschflugkörper gemäß dem Nato-Nachrüstungsbeschluß zu beginnen. Schon am nächsten Tag treffen 16 von insgesamt 48 Marschflugkörpern in Belgien ein.		Der Finne Matti Nykänen stellt bei den Skiflug-Weltmeisterschaften in Planica/Jugoslawien mit 191 Metern einen neuen Weltrekord auf. In Las Vegas/USA verteidigt Larry Holmes mit einem technischen KO in der 10. Runde seinen Titel als Schwergewichts-Boxweltmeisterschaft erfolgreich gegen David Bey (USA). Nach dem Kampf erklärt Holmes seinen Rücktritt.
17. März		Die Regierung Ecuadors ruft auf den Galapagos-Inseln den Notstand aus, damit ein dort seit drei Wochen wütendes Großfeuer wirksamer bekämpft werden kann. Die Regierung hofft, die Zerstörung des Naturreservats auf der größten der Galapagos-Inseln, Isabela, abzuwenden.		Hermann Weinbuch (Berchtesgaden) gewinnt nach der Weltmeisterschaft in Holmenkollen bei Oslo auch die nordische Kombination und erhält damit den „Königspokal".
19. März	40 Jahre nach Ende des Zweiten Weltkriegs veröffentlichen die Evangelische Kirche in Deutschland (EKD) und der Bund der Evangelischen Kirchen in der DDR ein gemeinsames „Wort zum Frieden". Darin werden die Regierungen in Ost und West zu einer Beendigung des Wettrüstens aufgefordert. Gegen den früheren Bundesminister für innerdeutsche Beziehungen, Egon Franke (SPD), wird am Bonner Landgericht ein Verfahren wegen Untreue eröffnet. Mitangeklagt ist der ehemalige frühere Ministerialdirektor Edgar Hirt. In dem Verfahren soll der Verbleib von 5,65 Millionen Mark Haushaltsmitteln geklärt werden.		Die Deutsche Gesellschaft für Humanes Sterben in Augsburg gibt nach eigenen Angaben an Mitglieder, die der Gesellschaft ein Jahr angehören, eine Broschüre mit „Anleitungen zum Freitod" heraus.	Zum zweiten Mal nach 1982 wird der SB Rosenheim deutscher Eishockeymeister.

	Deutschland	Ausland	Kultur/Wissenschaft	Sport
20. März	33. CDU-Bundesparteitag in Essen: Bundeskanzler Helmut Kohl wird mit über 90 Prozent der Stimmen für zwei weitere Jahre als Parteivorsitzender bestätigt. Für Bundespräsident Richard von Weizsäcker wird Walter Wallmann in das CDU-Präsidium gewählt.		Die Giftgaskatastrophe im indischen Bhopal, der mehr als 2500 Menschen und Zehntausende von Verletzten zum Opfer gefallen sind, ist nach einem Untersuchungsbericht der amerikanischen Betreiberfirma Union Carbide auf eine Reihe ungewöhnlicher Ereignisse zurückzuführen.	
21. März	Urteil des hessischen Staatsgerichtshofs: Es besteht kein Anspruch von Schülern auf Befreiung vom Sexualkunde-Unterricht.	In Südafrika kommt es zu den blutigsten Zusammenstößen seit Jahren: In der Kap-Provinz gibt es bei Zusammenstößen zwischen Polizei und Schwarzen 19 Todesopfer.	In West und Ost wird mit Gedenkfeiern und Konzerten des 300. Geburtstages von Johann Sebastian Bach gedacht.	
23. März		In südkoreanischen Hoheitsgewässern wird ein chinesisches Torpedoboot aufgebracht und in einen südkoreanischen Hafen geschleppt.	In Darmstadt wird dem Germanisten Hans-Ulrich Treichel der mit 12 000 Mark dotierte Leonce und Lena-Preis für Nachwuchslyriker zuerkannt.	Beim alpinen Ski-Weltcup in den USA gewinnt Marina Kiehl (München) den kleinen Weltpokal im Riesenslalom der Saison 1984/1985.
24. März	Major Arthur D. Nicholson, ein Angehöriger der amerikanischen Militärmission in Potsdam, wird bei Ludwigslust im DDR-Bezirk Schwerin von einem Sowjetsoldaten erschossen. Die USA protestieren, räumen jedoch ein, daß der Amerikaner durch das Fenster eines sowjetischen Militärgebäudes Fotos gemacht hat.		Am Düsseldorfer Schauspielhaus wird Tennessee Williams' Stück „Nicht für die Ewigkeit gebaut" deutschsprachig erstaufgeführt.	
25. März	Die SPD legt ein in ihrem Auftrag von dem Berliner Völkerrechtler Professor Dieter Schröder erarbeitetes Gutachten über die innerdeutsche Elbgrenze vor. Das Gutachten stützt die Rechtsauffassung der DDR, derzufolge die Grenze in Strommitte verläuft.		Bei der Verleihung der „Oscars" durch die amerikanische Filmakademie erhält Milos Formans Film „Amadeus" mit acht Oscars die meisten Auszeichnungen.	
27. März	Bei ihrer 16. Tagung in Bonn kann sich die Konzertierte Aktion im Gesundheitswesen nicht auf Maßnahmen zur Kostendämpfung verständigen.	In Johannesburg/Südafrika kommen bei einem Schulbusunglück 42 Schüler ums Leben.	Friederike Roth wird der Hörspielpreis der Kriegsblinden zuerkannt.	
28. März	In einer Regierungserklärung vor dem Bundestag rechtfertigt Bundesinnenminister Friedrich Zimmermann den EG-Kompromiß vom 21.3. zur Einführung schadstoffarmer Autos. Die SPD-Opposition kritisiert den auf die Jahre 1988 bis 1994 verschobenen Termin zur Abgasentgiftung.	Nach dem US-Senat bewilligt auch das Repräsentantenhaus 1,5 Milliarden Dollar für die Herstellung von weiteren 21 MX-Interkontinentalraketen.		
29. März	Der Sachverständigenrat für Umweltfragen legt ein Gutachten „Umweltprobleme der Landwirtschaft" vor. Die Sachverständigen fordern u.a. einen geringeren Einsatz von Pflanzenschutzmitteln. Der Deutsche Bauernverband bezeichnet die Vorschläge als „unrealistisch" bzw. „abenteuerlich".	Nach achtjährigen Verhandlungen einigen sich die EG-Außenminister mit Spanien und Portugal über die sogenannte Süderweiterung der Gemeinschaft. In Athen wird Christos Sartsetakis im dritten Wahlgang zum neuen Staatspräsidenten Griechenlands gewählt.	Der peruanische Schriftsteller Mario Vargas Llosa erhält den mit etwa 150 000 Mark dotierten erstmals verliehenen Ritz-Paris-Hemingway-Preis.	
31. März	In der Bundesrepublik Deutschland und den meisten anderen europäischen Staaten beginnt wieder die Sommerzeit.	In El Salvador gehen die Christdemokraten bei den Parlamentswahlen als Sieger hervor. Damit bleibt Staatspräsident José Napoleon Duarte im Amt.		Georg Steinherr (München) verteidigt in Dortmund seinen Titel als Boxeuropameister im Junior-Mittelgewicht mit einem Punktsieg über den Spanier Emilio Sole-Ruiz

	Deutschland	Ausland	Kultur/Wissenschaft	Sport
1. April	Bundespräsident Richard von Weizsäcker nimmt in Washington D.C. an der Verleihung der Berliner Ehrenbürgerwürde an den ehemaligen amerikanischen Hochkommissar für Deutschland, John McCloy, teil.	In Dänemark kommt es zu Massenprotesten von Arbeitnehmern gegen das am 31.3. von der Regierung durch Gesetz verordnete Lohndiktat zur Beendigung einer Tarifauseinandersetzung. Vor dem Folketing in Kopenhagen versammeln sich mehr als 100 000 Demonstranten. Am 10.4. folgt die größte Demonstration der letzten 20 Jahre gegen eine dänische Regierung: mehr als 120 000 Menschen protestieren vor dem Folketing.	Bekanntgabe der Literaturpreisträger 1985 des Kulturkreises im Bundesverband der Deutschen Industrie: Preisträger sind die Schriftstellerin Barbara König, der türkische Autor Fakir Baykurt und der Übersetzer Burkhart Kroeber.	
2. April	März-Zahlen der Bundesanstalt für Arbeit: 2 474 451 Arbeitslose (Quote 10,0 Prozent) ; 397 272 Kurzarbeiter; 113 784 offene Stellen. Die RAF-Mitglieder Christian Klar und Brigitte Mohnhaupt werden in Stuttgart-Stammheim wegen Beteiligung an neun Morden und mehreren Mordversuchen zu jeweils fünfmal lebenslänglichem Freiheitsentzug sowie 15 Jahren Haft verurteilt. Es ist das bisher schärfste Urteil gegen RAF-Mitglieder.			
3. April	Zwei Unfälle beim Transport giftiger Chemikalien auf deutschen Autobahnen lösen eine Diskussion über Sicherheitsfragen auf der Straße aus.			
6. April		Sudans Staatspräsident Dschaafar el-Numeiri wird nach Unruhen wegen drastischer Preiserhöhungen in Abwesenheit von der Armee gestürzt. Der bisherige Verteidigungsminister und Oberbefehlshaber der Streitkräfte, General Abdul Rahman Suwar el-Dahab setzt sich an die Spitze eines neugegründeten Militärrats.		
7. April		Michail Gorbatschow, sowjetischer Staats- und Parteichef, kündigt ein sowjetisches Moratorium für die Aufstellung atomarer Mittelstreckenraketen in Europa bis November an. Italien unterzeichnet als erstes westeuropäisches Land ein Rahmenabkommen mit der Volksrepublik China über militärische Zusammenarbeit.		Der erste Lauf zur Formel-1-Weltmeisterschaft, der Große Preis von Brasilien, endet in Rio de Janeiro mit dem Sieg des McLaren-Fahrers Alain Prost (Frankreich). Prost war 1984 hinter seinem Markengefährten Niki Lauda Vize-Weltmeister geworden. Bei den Tischtennis-Weltmeisterschaften in Göteborg/Schweden gewinnt die Volksrepublik China sechs der sieben Titel.
8. April	Sir Geoffrey Howe trifft als erster britischer Außenminister zu einem offiziellen Besuch in Ostberlin ein. In Baden-Württemberg wird ein Anschlag auf eine Nato-Pipeline verübt, in Hamburg auf die Planungsgesellschaft „Internationale Schiffahrts-Studien". Menschen werden nicht verletzt.			Die Eishockey-Mannschaft der Bundesrepublik Deutschland erzielt in einem Länderspiel in München ein 3:3 gegen die Sowjetunion und erkämpft im 56. Spiel gegen den 19maligen Weltmeister das erste Unentschieden nach 55 Niederlagen.

	Deutschland	Ausland	Kultur/Wissenschaft	Sport
9. April	Zwei Polizeibeamte werden vom Amtsgericht Dillenburg zu mehrmonatigen Haftstrafen auf Bewährung verurteilt. Die beiden Autobahnpolizisten hatten von LKW-Fahrern bei Verkehrsverstößen „Wegezoll" gefordert und das Geld in die eigene Tasche gesteckt.		Die Feuilleton-Redaktion der „Neuen Zürcher Zeitung" wird mit dem Alfred-Kerr-Preis für Literaturkritik ausgezeichnet. Im Stockholmer Karolinska-Krankenhaus ist zum ersten Mal in Europa einem Patienten ein künstliches Herz eingepflanzt worden.	
11. April	Beim Landeanflug auf den französischen Flughafen Bordeaux-Marignac stürzt eine Phantom-Maschine der Bundesluftwaffe ab. Pilot und Kopilot kommen ums Leben.			Der Bremer Stefan Wegner gewinnt im englischen Cheltenham die 2. Weltmeisterschaft der Hindernis-Jockeys.
12. April			In Hannover-Herrenhausen beginnt die Kunst- und Antiquitätenmesse.	
14. April		Präsidentenwahl in Peru: Alan García, Kandidat der sozialdemokratisch orientierten APRA, erhält die meisten Stimmen.	Der Bildhauer Eduardo Chillida erhält den mit 100 000 Dollar dotierten Karl-Wolff-Kunstpreis.	
15. April	FDP-Vorsitzender und Bundeswirtschaftsminister Martin Bangemann rückt in einer Präsidiumssitzung der Partei von seinem heftig kritisierten Vorschlag einer staatlich finanzierten Grundrente ab.			Die Fußball-Bundesligavereine Fortuna Düsseldorf und Eintracht Braunschweig trennen sich vorzeitig von ihren Trainern Willibert Kremer und Aleksandar Ristić. Der Amerikaner Marvin Hagler verteidigt in Las Vegas mit einem KO-Sieg in der 2. Runde seinen Titel als Box-Weltmeister im Mittelgewicht gegen Thomas Hearns (USA). Traum-Börse Haglers: 10 Millionen Dollar.
17. April	Die Hannover-Messe 1985 wird eröffnet. Es beteiligen sich mehr als 7100 Firmen aus 56 Ländern.		Die West-Berliner Akademie der Künste feiert mit einer deutsch-deutschen Dichterlesung nachträglich den 70. Geburtstag ihres Mitglieds Stephan Hermlin.	
18. April	Der bisherige Regierende Bürgermeister Berlins, Eberhard Diepgen (CDU), wird vom Abgeordnetenhaus in seinem Amt bestätigt.	Als erstes Nato-Land lehnt Norwegen eine Beteiligung an den US-Plänen für ein Raketensystem im Weltraum (SDI) ab.	Neuer Höchstpreis für Gemälde: Das Londoner Auktionshaus Christie's schlägt Andrea Mantegnas „Die Anbetung der Heiligen Drei Könige" für die Rekordsumme von 31,35 Millionen Mark zu. Ulla Hahn wird der Hölderlin-Preis 1985 der Stadt Bad Homburg zuerkannt.	
21. April	In dem ehemaligen Konzentrationslager Bergen-Belsen findet eine internationale Gedenkfeier anläßlich der Befreiung des Lagers vor 40 Jahren statt. An der Feier nehmen auch Bundespräsident von Weizsäcker und Bundeskanzler Kohl teil.			Der Amerikaner Conrad Homfeld gewinnt in Berlin den Weltpokal der Springreiter auf seinem Pferd Abdullah. Neue Marathon-Weltrekorde: In Rotterdam gewinnt der Portugiese Carlos Lopes das Rennen über die Marathon-Distanz von 42,195 km mit 2:07:11 Stunden. In London stellt die Norwegerin Ingrid Kristiansen mit 2:21,06 Stunden eine neue Weltbestleistung der Frauen auf.

	Deutschland	Ausland	Kultur/Wissenschaft	Sport
22. April			In Oberhausen beginnen die 31. Westdeutschen Kurzfilmtage.	
24. April	Entscheidung des Bundesverfassungsgerichts in Karlsruhe: Die Bestimmungen des Gesetzes zur Neuordnung des Rechts auf Kriegsdienstverweigerung sind mit dem Grundgesetz vereinbar. Es ging in dem Verfahren um die Frage, ob es zulässig sei, den Zivildienst für Kriegsdienstverweigerer um fünf Monate über die Dauer des normalen Wehrdienstes zu verlängern.		Bei Sotheby-Parke-Bernet in New York wird Vincent van Goghs Gemälde „Landschaft mit aufgehender Sonne" für rund 30 Millionen Mark zugeschlagen.	Der FC Bayern München scheidet in den Fußball-Europapokalwettbewerben als letzter Verein der Bundesrepublik im Halbfinale gegen den FC Everton mit 1:3 aus.
25. April	Der Deutsche Bundestag verabschiedet mit den Stimmen der Regierungskoalition das umstrittene Gesetz gegen die sogenannte Auschwitz-Lüge.	80 Staaten Asiens und Afrikas verpflichten sich in einer „Bandung-Deklaration" zu noch engerer Zusammenarbeit im Kampf für eine neue Weltwirtschaftsordnung.	Britische und amerikanische Wissenschaftler haben einen genetischen Test zur Früherkennung der Bluterkrankheit entwickelt.	
26. April		Auf einer Gipfelkonferenz der Ostblockstaaten wird die Geltungsdauer des Warschauer Pakts um 20 Jahre verlängert. Zwei südafrikanische Bergbaukonzerne entlassen 17 000 schwarze Grubenarbeiter fristlos und lassen sie in ihre „Homelands" abtransportieren. Die Konzerne begründen die größte Massenentlassung in der Geschichte Südafrikas mit illegalen Streiks und Unruhen. Die größte Goldmine der Welt, Vaal Reefs, sagt zu, die Entlassenen bevorzugt einzustellen.		Grundsatzurteil des 13. Zivilsenats des Oberlandesgerichts Hamm: Ein Fußballspieler, der einen Gegenspieler vorsätzlich oder durch einen groben Regelverstoß verletzt, muß den dabei entstehenden Schaden ersetzen. René Weller verteidigt seinen Titel in Frankfurt als Box-Europameister im Leichtgewicht gegen den Franzosen Frederic Geoffroy mit einem KO-Sieg in der 11. Runde.
27. April		30 ehemalige Staats- und Regierungschefs aus allen Kontinenten, die im „Interaction Council" zusammengeschlossen sind, wenden sich in Paris nach dreitägigen Beratungen gegen neue Weltraum-Verteidigungssysteme.	Der DDR-Dramatiker Heiner Müller erhält den mit 30 000 Mark dotierten Georg-Büchner-Preis 1985.	
28. April		In einer Blitzaktion besetzen drusische Milizen einen Küstenstreifen südlich von Beirut. Moslemische und palästinensische Milizen dringen in das von den Israelis geräumte Gebiet im Südlibanon vor.		
29. April	„Revolutionäre Zellen" verüben Bombenanschläge auf das Gebäude des Arbeitgeberverbands Gesamtmetall sowie eine Niederlassung des Chemiekonzerns Hoechst in Köln und die Hauptniederlassung der Deutschen Bank in Düsseldorf.			
30. April	Japans Ministerpräsident Yasuhiro Nakasone trifft zu einem offiziellen Besuch in der Bundesrepublik ein, der durch die Teilnahme am Wirtschaftsgipfel in Bonn unterbrochen und am 5. Mai mit Fahrten nach Düsseldorf und Berlin fortgesetzt wird.			

	Deutschland	Ausland	Kultur/Wissenschaft	Sport
1. Mai	Staatsbesuch von US-Präsident Ronald Reagan in der Bundesrepublik. Der Besuch wird durch die Teilnahme Reagans am Weltwirtschaftsgipfel der sieben führenden westlichen Industriestaaten in Bonn unterbrochen. Stationen des Reagan-Aufenthalts: Neben Bonn das ehemalige Konzentrationslager Bergen-Belsen, der deutsche Soldatenfriedhof Bitburg sowie das Hambacher Schloß in der Pfalz.	US-Präsident Ronald Reagan trifft zu einem Staatsbesuch in der Bundesrepublik ein. Am 6.5. fliegt Reagan nach Spanien, am 8.5. hält er eine Rede vor dem Europa-Parlament in Straßburg und am 8.5. trifft er in Portugal ein, der letzten Station seiner Europa-Reise. Nach seiner Ankunft in Bonn verhängt Ronald Reagan ein totales Handelsembargo und weitere Wirtschaftssanktionen gegen Nicaragua, die er mit einer „Notstandssituation", ausgelöst durch die „aggressiven Aktionen" der Sandinisten, begründet. Der Vatikan verhängt über den brasilianischen Theologen und Vertreter der „Befreiungstheologie", Leonardo Boff, ein Schreib- und Redeverbot von einem Jahr. Die Maßnahme wird weltweit kritisiert.	Die Schwetzinger Festspiele 1985 beginnen mit der Händel-Oper „Agrippina". In Recklinghausen werden die 39. Ruhrfestspiele eröffnet.	Der Australier Phil Anderson gewinnt das Straßenrennen der Radprofis „Rund um den Henninger-Turm".
2. Mai		In Bonn beginnt der elfte Weltwirtschaftsgipfel der führenden westlichen Industriestaaten. Die Teilnehmer USA, Kanada, Japan, Großbritannien, Frankreich, Italien, die Bundesrepublik sowie Vertreter der EG einigen sich auf die Verpflichtung zu „dauerhaftem Wachstum und höherer Beschäftigung", jedoch nicht auf ein Datum für den Beginn einer neuen Welthandelskonferenz (GATT) und eine Beteiligung am amerikanischen SDI-Projekt.		
3. Mai	April-Zahlen der Bundesanstalt für Arbeit: 2 304 638 Arbeitslose (Quote 9,3 Prozent); 375 052 Kurzarbeiter; 110 826 offene Stellen.			Die CSSR wird in Prag mit 5:3 im letzten Turnierspiel gegen Kanada neuer Eishockey-Weltmeister. Die UdSSR belegt nach Niederlagen gegen die CSSR und Kanada nur den dritten Platz. Die Bundesrepublik bewahrt sich den Platz in der Gruppe A.
4. Mai	DDR-Staatsratsvorsitzender Erich Honecker trifft als erster Parteichef eines osteuropäischen Staates nach dem Machtwechsel im Kreml zu einem „Freundschaftsbesuch" in Moskau ein.		In Baden-Baden wird die 4. Europäische Grafik-Biennale eröffnet.	
5. Mai		Der sowjetische Verteidigungsminister Sokolow erklärt in einem TASS-Interview erstmalig, daß die Sowjetunion im Weltraum militärische Forschung betreibt.		Formel 1-Grand Prix von San Marino: Zwei Fahrern geht vor dem Ziel der Treibstoff aus, der vermeintliche Sieger Alain Prost (Frankreich) wird wegen Unterschreitung des Wagengewichts disqualifiziert, und der Vierte, de Angelis (Italien) auf Lotus, wird zum Sieger erklärt.

	Deutschland	Ausland	Kultur/Wissenschaft	Sport
6. Mai			Regisseur Volker Canaris wird zum neuen Generalintendanten des Düsseldorfer Schauspielhauses gewählt.	
7. Mai	Die Bundesregierung verabschiedet den Entwurf für eine Bundespflegesatzverordnung. Damit sollen die Krankenhauskosten gebremst und gestaffelte und leistungsbezogene Pflegesätze ermöglicht werden.	Eine Expertenkonferenz über Menschenrechte und Grundfreiheiten in Europa wird in Ottawa/Kanada eröffnet. Alle 35 Staaten der Europäischen Konferenz für Sicherheit und Zusammenarbeit (KSZE) nehmen teil.		
8. Mai	Bundespräsident Richard von Weizsäcker erklärt in einer Gedenkstunde aus Anlaß des 40. Jahrestages der deutschen Kapitulation im Bundestag: „Der 8. Mai war ein Tag der Befreiung." Die Vertriebenenverbände äußern Kritik, im Ausland findet die Rede jedoch große Beachtung.		In Cannes beginnen die 38. Filmfestspiele. Die „Goldene Palme" erhält der jugoslawische Film „Papa ist auf Dienstreise" von Emir Kusturica.	
9. Mai	Bundesinnenminister Friedrich Zimmermann legt den Jahresbericht des Verfassungsschutzes für 1984 vor. Daraus geht hervor, daß Links- und Rechtsterroristen ihre Aktivitäten verstärkt haben.	Verfassungsreform in Brasilien: Wichtigster Bestandteil ist die Wiederherstellung der Direktwahl des Präsidenten durch das Volk.	Bei einer Sotheby's-Auktion in London werden für einen Brief Ludwig van Beethovens an seine „unsterbliche Geliebte" 220 000 Mark gezahlt.	
10. Mai		US-Außenminister George Shultz beginnt eine Nahost-Reise nach Israel, Ägypten und Jordanien. Greifbare Ergebnisse: keine.		
11. Mai	In Nesselwang (Bayern) kommt es bei einem Treffen der ehemaligen Angehörigen der SS-Panzerdivisionen „Leibstandarte Adolf Hitler" und „Hitler-Jugend" zu gewalttätigen Auseinandersetzungen zwischen Polizei und Demonstranten. An einer Protestkundgebung des DGB nehmen rund 5000 Menschen teil.	In der nordenglischen Stadt Bradford kommen bei einem Brand im Fußballstadion 52 Menschen ums Leben.	Im Marbacher Schiller-Nationalmuseum wird die Ausstellung „S. Fischer Verlag – von der Gründung bis zur Rückkehr aus dem Exil" eröffnet.	
12. Mai	Landtagswahl in Nordrhein-Westfalen: Die SPD erringt mit 52,1 Prozent die absolute Mehrheit. CDU: 36,5 Prozent; FDP: 6,0; Grüne: 4,6 Prozent.	Kommunalwahlen in Italien: Christdemokraten 34,8 Prozent, Kommunisten 30,1 Prozent, Sozialisten 13,5 Prozent, Republikaner 4,0, Sozialdemokraten 3,7 und Liberale 2,3 Prozent. Die neofaschistische Partei MDI erhält 6,6 Prozent der Wählerstimmen. Grüne: 2 Prozent.	In Berlin wird die Ausstellung des Palastmuseums Peking mit dem Titel „Die Schätze aus der Verbotenen Stadt" eröffnet.	
14. Mai	In einer Regierungserklärung zieht Bundeskanzler Helmut Kohl eine positive Bilanz des Bonner Weltwirtschaftsgipfels sowie der Besuche des amerikanischen Präsidenten und des japanischen Ministerpräsidenten. Der Bundestag verabschiedet einstimmig die neunte BAFöG-Novelle, in der einige der 1982 vorgenommenen drastischen Kürzungen der Ausbildungsförderung gemildert werden.	Im Norden Sri Lankas richten Angehörige einer tamilischen Befreiungsorganisation ein Blutbad an: Nach offiziellen Angben kommen 144 Menschen ums Leben.	Günther Beelitz wird neuer Chef des Bayerischen Staatsschauspiels vom 1. September 1986 an. In Neapel beginnt eine große Caravaggio-Ausstellung.	

	Deutschland	Ausland	Kultur/Wissenschaft	Sport
15. Mai	Die Bundesregierung beschließt eine Änderung des Bundesnaturschutzgesetzes, um wildlebende Tiere und Pflanzen besser zu schützen. Die Naturschutzverbände der Bundesrepublik bezeichnen die geplante Gesetzesänderung als unzureichend.		In Münster beginnt das vierte Lyriker-Treffen.	In Rotterdam gewinnt der FC Everton mit 3:1 im Endspiel über Rapid Wien den Fußball-Europapokal der Cupsieger.
16. Mai	Hans-Jochen Vogel, SPD-Fraktionsvorsitzender im Deutschen Bundestag, führt in Ostberlin Gespräche mit dem DDR-Staatsratsvorsitzenden Erich Honecker, bei denen es hauptsächlich um die Verbesserung der Reisemöglichkeiten und die Wiederaufnahme des Jugendaustauschs geht.	Die Regierung der UdSSR beschließt hohe Strafen gegen den Mißbrauch von Alkohol und eine Einschränkung der Produktion alkoholischer Getränke.	Im US-Staat Arizona entdekken amerikanische Wissenschaftler ein 225 Millionen Jahre altes Dinosaurier-Skelett.	
20. Mai		In Moskau beginnt die erste Konferenz der sowjetisch-amerikanischen Wirtschaftskommission nach dem Abbruch dieser Gespräche Ende der 70er Jahre.	Teddy Kollek, dem Bürgermeister von Jerusalem, wird der Friedenspreis des Deutschen Buchhandels für 1985 zuerkannt.	
21. Mai	Im schleswig-holsteinischen Landtag beschließt die CDU-Mehrheit eine Änderung des Richter-Wahlgesetzes; demnach sollen die elf Präsidenten schleswig-holsteinischer Gerichte und ihre Stellvertreter künftig nicht mehr vom Richter-Wahlausschuß gewählt, sondern vom Justizminister ernannt werden.	Indiens Ministerpräsident Rajiv Gandhi trifft zu einem sechstägigen Besuch in der Sowjetunion ein. Er unterzeichnet zwei Verträge über eine langfristige wirtschaftliche Zusammenarbeit mit der UdSSR.		
22. Mai	In Grohnde bei Hameln wird das 1300-Megawatt-Atomkraftwerk Grohnde offiziell in Betrieb genommen.	In Beirut werden bei der Explosion einer Autobombe rund 50 Menschen getötet, darunter viele Kinder. Der US-amerikanische Senat spricht sich für die Wiederaufnahme der Produktion chemischer Waffen aus.	In der Londoner Tate Gallery wird eine dem Maler Francis Bacon gewidmete große Retrospektive eröffnet.	Zum ersten Mal seit 1966 gewinnt Real Madrid wieder einen Fußball-Europapokal der Landesmeister.
23. Mai	Eine Anklage gegen den früheren Bundeswirtschaftsminister Otto Graf Lambsdorff wegen Steuerhinterziehung in Zusammenhang mit Parteispenden wird vom Bonner Landgericht zugelassen. Mitangeklagt: Hans Friderichs und Eberhard von Brauchitsch.	Das amerikanische Repräsentantenhaus verabschiedet den Haushaltsentwurf 1986, der u.a. ein Einfrieren der Verteidigungsausgaben mit 292,6 Milliarden Dollar vorsieht.		
25. Mai		An der Küste von Bangladesch fordert ein Wirbelsturm Zehntausende von Menschenleben.	In München kommen zu einem europäischen Musikfest der Jugend mehr als 8000 jugendliche Musiker zusammen.	
26. Mai	Der SPD-Vorsitzende Willy Brandt trifft zu einem dreitägigen Besuch in Moskau ein. Schwerpunkte der Gespräche mit sowjetischen Spitzenpolitikern: Fragen der Rüstungskontrolle, der Genfer Abrüstungsverhandlungen der Supermächte sowie Entwicklungshilfeprobleme.	Endspiel um die mexikanische Fußballmeisterschaft: Vor den Toren des Olympiastadions in Mexico-City werden mindestens zehn Jugendliche totgetrampelt.		Bayer 05 Uerdingen gewinnt gegen Cupverteidiger FC Bayern München mit 2:1 in Berlin den DFB-Pokal.
30. Mai	Bundespräsident Richard von Weizsäcker trifft zu einem dreitägigen Staatsbesuch in den Niederlanden ein.		Nach Ansicht von Wissenschaftlern ist die Grüne Meerkatze, eine in Afrika beheimatete Affenart, ein „Reservoir" des AIDS-Virus.	

	Deutschland	Ausland	Kultur/Wissenschaft	Sport
1. Juni	Bei einem Bombenanschlag auf das Verwaltungsgebäude der Hannover-Messe kommt der mutmaßliche Bombenleger Jürgen Pemöller ums Leben.	Alan García wird zum gewählten Präsidenten Perus proklamiert. Er hatte bei der Präsidentenwahl am 14.4. die absolute Mehrheit verfehlt, siegte aber bei der Stichwahl.	Auf dem 75. Deutschen Bibliothekartag in Trier fordern die Teilnehmer eine Stärkung der großen deutschen Universalbibliotheken.	Am Vorabend des Großen Preises von Belgien in der Formel 1 muß das Rennen aus Sicherheitsgründen abgesagt werden. Frisch verlegter Straßenasphalt war aufgebrochen.
2. Juni		Vorgezogene Parlamentswahlen in Griechenland: Ministerpräsident Andreas Papandreous sozialistische PASOK erzielt 45,8 Prozent der Stimmen und damit die absolute Mehrheit.		Nach der Tragödie von Brüssel sperrt die UEFA alle britischen Fußballclubs auf unbestimmte Zeit für alle Europapokal-Wettbewerbe.
3. Juni		Ein neues Konkordat Italien-Vatikan tritt in Kraft: demnach ist der Katholizismus nicht mehr Staatsreligion.		
5. Juni	Mai-Zahlen der Bundesanstalt für Arbeit: 2 192 627 Arbeitslose (Quote 8,8 Prozent); 228 361 Kurzarbeiter; 115 423 offene Stellen.		In Düsseldorf beginnt der 21. Deutsche Evangelische Kirchentag, der größte in der 35jährigen Geschichte dieses Laientreffens.	
6. Juni			Eine Lindenholzfigur von Tilman Riemenschneider wird bei einer Versteigerung des Hamburger Auktionshauses Hauswedell und Nolte für 1,3 Millionen Mark zugeschlagen.	DDR-Staats- und Parteichef Erich Honecker erklärt gegenüber dem IOC-Präsidenten Juan Antonio Samaranch, die DDR sei entschlossen, an den Olympischen Spielen in Seoul 1988 teilzunehmen.
7. Juni	In Bonn treffen Bundeskanzler Helmut Kohl und der bayerische Ministerpräsident Franz Josef Strauß zu einem Spitzengespräch zusammen, das Unstimmigkeiten zwischen CDU und CSU klären soll.			
8. Juni		Parlamentswahlen in Ungarn: Erstmals gibt es in jedem Wahlkreis des kommunistischen Landes mindestens zwei Kandidaten.		Der FC Bayern München wird vor Werder Bremen neuer Deutscher Fußballmeister. Der Karlsruher SC und Eintracht Braunschweig müssen in die 2. Bundesliga absteigen. Aufsteiger: 1. FC Nürnberg und Hannover 96.
9. Juni		Volksabstimmung in der Schweiz: Zwei Drittel der stimmberechtigten Bürger weisen eine Initiative zurück, die sich vor allem gegen eine Liberalisierung des Schwangerschaftsabbruchs sowie Sterbehilfe wendet.		
10. Juni	Der französische Ministerpräsident Laurent Fabius trifft als erster Regierungschef seines Landes und als erster Regierungschef einer der drei westlichen alliierten Mächte zu einem offiziellen Besuch in der DDR ein.	Der in den USA wegen zweifachen Mordversuchs an seiner Frau angeklagte dänische Finanzmakler Claus von Bülow wird freigesprochen.		

	Deutschland	Ausland	Kultur/Wissenschaft	Sport
11. Juni	Glienicker Brücke in Berlin: größter Agentenaustausch seit 1945: 25 West- werden gegen 4 Ostagenten ausgetauscht. Der Sohn des KZ-Arztes Josef Mengele bestätigt der Staatsanwaltschaft in Frankfurt, daß es sich bei dem am 5. Juni in Brasilien exhumierten Leichnam um die Überreste seines Vaters handelt.		Der zum ersten Mal verliehene Anne-Frank-Literaturpreis (etwa 12 000 Mark) wird der polnischen Schriftstellerin Ida Fink zugesprochen.	
12. Juni	Bundesernährungsminister Ignaz Kiechle legt im EG-Ministerrat ein Veto gegen eine Senkung der Getreidepreise in der EG ein. Die EG-Kommission setzt sich über das Veto hinweg und beschließt eine Senkung der Getreidepreise um 1,8 Prozent.	Die 31jährige Amerikanerin Karen Ann Quinlan stirbt nach zehnjährigem Koma in einem Pflegeheim in New Jersey.		
13. Juni	Der Bundestag billigt die umstrittenen Pläne zur frühzeitigen Pensionierung von Offizieren des Truppendienstes, wonach bis 1991 1200 Offiziere im Alter von 45 bis 52 Jahren freiwillig vorzeitig in den Ruhestand treten können.		Roger Grenier erhält den mit 33 000 Mark dotierten großen Literaturpreis der Academie Française. Bei einem Brandanschlag im Züricher Kunsthaus wird ein Porträt des spanischen Königs Philipp IV. von Peter Paul Rubens völlig zerstört.	
14. Juni	Regierungssprecher Peter Boenisch erklärt im Zusammenhang mit einem gegen ihn laufenden Ermittlungsverfahren wegen Steuerhinterziehung seinen Rücktritt. Nachfolger wird der Fernsehjournalist Friedhelm Ost. In Hannover wird das Deutschland-Treffen der Schlesier eröffnet (Motto: „40 Jahre Vertreibung – Schlesien bleibt unsere Zukunft in einem Europa freier Völker"). Ebenso umstritten wie das Motto war im Vorfeld die Teilnahme von Bundeskanzler Kohl an diesem Treffen.	Auf dem Flug Athen-Rom wird eine Boeing 727 der TWA mit 161 Insassen an Bord von schiitischen Terroristen nach Beirut entführt. Die Entführer fordern die Freilassung von mehr als 700 schiitischen Gefangenen aus israelischen Gefängnissen. Am 30.6. werden die Amerikaner freigelassen, nachdem Israel und die USA die Entlassung der schiitischen Häftlinge und Verzicht auf Vergeltung versprochen haben.		
15. Juni			Harrison Birtwistles Oper „Punch und Judy" wird im Gelsenkirchener „Musiktheater im Revier" deutschsprachig erstaufgeführt.	Nach einem 0:3 gegen England verliert die deutsche Fußball-Nationalmannschaft mit 0:2 gegen Mexiko auch das zweite Länderspiel im Rahmen eines Gastspiels im Land der Weltmeisterschaft 1986.
16. Juni			Kinderärzte in der Bundesrepublik registrieren einen Anstieg umweltbedingter allergischer Erkrankungen.	Der 17jährige Boris Becker (Leimen) siegt zum ersten Mal in einem Tennis-Grand-Prix-Turnier. Er gewinnt das „Queens Club"-Turnier in London (Siegprämie 32 000 Dollar). Der Amerikaner Willie Banks stellt in Indianapolis/USA mit 17,97 m einen neuen Weltrekord im Dreisprung auf.

	Deutschland	Ausland	Kultur/Wissenschaft	Sport
17. Juni	Richard Burt wird von US-Präsident Ronald Reagan zum neuen Botschafter der USA in der Bundesrepublik ernannt.	In Chile wird der im November 1984 verhängte Belagerungszustand aufgehoben, der seit 1973 verhängte Ausnahmezustand bleibt aber bestehen.		
19. Juni	Bei einem Sprengstoffanschlag auf dem Frankfurter Flughafen kommen drei Menschen ums Leben, 42 werden verletzt. Urteil eines Frankfurter Amtsgerichts: Es spricht in einem Prozeß um die Blockade von US-Nachschubdepots in Frankfurt die sechs Angeklagten vom Vorwurf der Nötigung frei und bezeichnet die Stationierung von Pershing II-Raketen in der Bundesrepublik als verfassungswidrig.	Explosion einer Autobombe in Tripoli/Libanon: 75 Menschen kommen ums Leben.		
20. Juni		Der ehemalige norwegische Diplomat Arne Treholt wird wegen Spionage für die UdSSR und den Irak zu 20 Jahren Freiheitsentzug verurteilt.	In der sächsischen Kreisstadt Hainichen wird ein dem Dichter Christian Fürchtegott Gellert gewidmetes Museum eröffnet.	Nach der Tragödie im Brüsseler Heyselstadion sperrt die UEFA den FC Liverpool für die Dauer von drei Jahren für sämtliche Europapokal-Wettbewerbe.
21. Juni	Der Bundestag billigt in namentlicher Abstimmung eine neue Hinterbliebenenrente für Mann und Frau unter Anrechnung eigenen Einkommens.			Das ZK der KP Bulgariens verfügt nach schweren Zuschauerkrawallen beim Endspiel um den Fußballpokal des Landes die ersatzlose Auflösung der beiden Mannschaften von ZSKA Sofia und Lewski Sofia.
23. Juni		Eine Boeing 747 der Air India stürzt auf dem Flug Toronto-Montreal-London-Bombay südwestlich von Irland ins Meer. Alle 329 Insassen kommen ums Leben.	In der Leningrader Eremitage fällt Rembrandts Gemälde „Danae" einem Säureanschlag zum Opfer.	In Hamburg gewinnt der Amerikaner Luis Jacobs überraschend das deutsche Derby der Springreiter; er absolviert auf Janus Dever den einzigen fehlerfreien Ritt.
24. Juni	Das Nachrichtenmagazin „Der Spiegel" veröffentlicht einen Bericht, demzufolge die Pharmaindustrie jahrelang Gelder an Politiker und an Beamte gezahlt haben soll, um eine industriefreundliche Arzneimittelgesetzgebung zu fördern.	Der Christdemokrat Francesco Cossiga wird zum neuen Staatspräsidenten Italiens gewählt. Vorgänger: Sandro Pertini.	Die britischen Ärzte Robert Edwards und Patrick Steptoe verteidigen ihre umstrittene Forschung an überzähligen Embryonen, die bei der Reagenzglasbefruchtung anfallen.	
25. Juni	Das SPD-regierte Saarland hebt als erstes Bundesland die Richtlinien für die Prüfung der Verfassungstreue von Bewerbern im öffentlichen Dienst auf.			
26. Juni	Konsultationstreffen der Außen- und Verteidigungsminister der Bundesrepublik und Frankreichs: Die Minister einigen sich auf die Verwirklichung des Eureka-Programms, einer von Frankreich vorgeschlagenen Technologie- und Forschungskooperation.			
28. Juni	Gegen die Stimmen der Opposition beschließt der Bundestag in namentlicher Abstimmung das sogenannte „Vermummungsverbot" bei Demonstrationen.	Einigung der EG-Umweltminister in Luxemburg: Es kommt zu einem Kompromiß in der Frage der Höchstgrenzen für Autoabgase in der EG.	Im Kieler Schauspielhaus wird Rolf Hochhuths Stück „Judith" in der Bundesrepublik erstaufgeführt.	

	Deutschland	Ausland	Kultur/Wissenschaft	Sport
1. Juli	Bundesaußenminister Hans-Dietrich Genscher beginnt eine elftägige Fernost-Reise nach Thailand, Brunei, Japan, Südkorea und Indien. Hauptpunkt der Gespräche: wirtschaftliche Zusammenarbeit. Der niedersächsische Landesrundfunkausschuß beschließt, die erste private Hörfunklizenz der Bundesrepublik an die Funk und Fernsehen Nordwestdeutschland GmbH & Co. KG (FFN) zu erteilen.	Israels Regierung verkündet einen Notstandsplan zur Sanierung der Wirtschaft: Abwertung des Schekel, Streichung oder Kürzung von Subventionen, Lohn- und Preisstopp, Einsparungen im Staatshaushalt, Entlassung von rund 10 000 Staatsbediensteten.	Dem Historiker Golo Mann wird der mit 50 000 Mark dotierte Goethe-Preis der Stadt Frankfurt zuerkannt.	
2. Juli	Der schleswig-holsteinische Landtag beschließt mit CDU-Mehrheit das Gesetz über den Nationalpark Wattenmeer, der drei Schutzzonen umfaßt.	Der sowjetische Außenminister Andrej Gromyko, dienstältester Außenminister der Welt, wird zum Staatspräsidenten der Sowjetunion gewählt. Neuer Außenminister: der bisherige Parteichef von Georgien, Eduard Schewardnadse.		
3. Juli	Juni-Zahlen der Bundesanstalt für Arbeit: 2 160 443 Arbeitslose (Quote: 8,7 Prozent); 161 705 Kurzarbeiter; 120 360 offene Stellen. 350 Wissenschaftler lehnen in einem offenen Brief an Bundeskanzler Helmut Kohl ihre Mitarbeit an der geplanten amerikanischen Strategischen Verteidigungs-Initiative (SDI) ab.	In Washington wird vom US-Außenministerium bestätigt, daß am 14.6. in Genf eine amerikanisch-sowjetische Vereinbarung unterzeichnet worden ist, die für den Fall von Terroranschlägen oder der Drohung mit dem Einsatz nuklearer Waffen durch Staaten der Dritten Welt gemeinsame Aktionen vorsieht.	Der Schriftstellerin Waltraud Mitgutsch wird der mit 10 000 Mark dotierte Brüder-Grimm-Preis der Stadt Hanau zuerkannt.	
5. Juli	Die Bundesrepublik Deutschland und die DDR treffen mehrere Abkommen über den innerdeutschen Handel und den nichtkommerziellen Zahlungsverkehr.			
6. Juli		Infolge des fast einjährigen Bergarbeiterstreiks von 1984/1985 spaltet sich die britische Bergarbeitergewerkschaft NUM.	Die Münchner Opernfestspiele werden mit einer Inszenierung von Alban Bergs „Lulu" eröffnet.	Ein parlamentarischer Untersuchungsausschuß des belgischen Parlaments stellt fest, daß die britischen Fußballfans, die Organisatoren sowie die Ordnungskräfte des Europacup-Endspiels für die blutigen Krawalle im Brüsseler Heyselstadion mit 38 Toten verantwortlich waren.
7. Juli				Der 17jährige und nicht gesetzte Boris Becker aus Leimen bei Heidelberg wird in London sensationell Wimbledon-Sieger. Das 116. Deutsche Galopp-Derby in Hamburg wird von Andreas Tylicki auf dem hochgewetteten Hengst Acatenango aus dem Gestüt Fährhof gewonnen.
9. Juli	Bundeskanzler Helmut Kohl besucht die Türkei zu einem dreitägigen offiziellen Besuch. Kohl ist der erste westeuropäische Regierungschef, der die Türkei seit dem Militärputsch von 1980 besucht.	In Helsinki unterzeichnen 20 europäische Staaten und Kanada ein europäisches Protokoll zur Reduzierung der grenzüberschreitenden Luftverschmutzung.	In einer Kiesgrube bei Schwarzenbek in Schleswig-Holstein wird ein 13 Millionen Jahre altes Walskelett freigelegt.	

	Deutschland	Ausland	Kultur/Wissenschaft	Sport
11. Juli	Die Bundestagskommission für Parlamentsreform schlägt u.a. vor, die Redezeiten der Abgeordneten zu kürzen.		Eine amerikanische Wissenschaftlerin geht davon aus, daß es schon in den nächsten zwei bis drei Jahren einen Impfstoff gegen die Immunschwächekrankheit AIDS geben wird.	Der Internationale Fußballverband (FIFA) hebt die weltweit verfügte Sperre britischer Fußballklubs im Zusammenhang mit den Krawallen von Brüssel auf. Für Europa bleibt die Sperre jedoch bestehen.
12. Juli		In Südchina kommen bei einem Grubenunglück mindestens 53 Menschen ums Leben.	Nach siebenjähriger Bauzeit wird das Stuttgarter Linden-Museum für Völkerkunde wiedereröffnet.	
13. Juli			Das „Live-aid-concert", eine Fernsehsendung zugunsten der Afrikahilfe, wird von Millionen Musikfans in 50 Ländern der Erde am Bildschirm verfolgt.	Der Sowjetrusse Sergej Bubka stellt mit 6,00 m einen neuen Weltrekord im Stabhochsprung auf.
14. Juli		Präsidentenwahl in Bolivien: der frühere Diktator Hugo Banzer erreicht mit 28,11% der Stimmen die relative Mehrheit. Ex-Präsident Victor Paz Estenssoro erzielt 26,66%.		
15. Juli	Die DDR unterbindet den Zustrom von Asylbewerbern aus Sri Lanka ohne gültige Papiere oder Visa vom Flughafen Schönefeld nach West-Berlin.		Der DDR-Schriftstellerin Irmtraud Morgner wird der mit 10 000 Mark dotierte Literaturpreis der Stadt Bad Gandersheim zuerkannt.	
16. Juli	Das Karlsruher Bundesverfassungsgericht erklärt das Krankenversicherungs-Kostendämpfungsgesetz von 1977 für verfassungskonform; demzufolge können Rentner unter bestimmten Voraussetzungen zur Beitragszahlung für ihre Krankenversicherung herangezogen werden.	Der belgische König Baudouin lehnt ein Rücktrittsangebot der Regierung ab und zieht Neuwahlen vom 8. Dezember auf den 13. Oktober vor. Das Rücktrittsangebot der Regierung Martens war eine Folge der blutigen Ausschreitungen im Brüsseler Heysel-Stadion gewesen.		Der Brite Steve Cram läuft in Nizza als erster Mensch die 1500 m unter dreieinhalb Minuten. Er stellt einen neuen Weltrekord auf: 3:29,67 Minuten.
18. Juli	Bundeskanzler Helmut Kohl bestreitet vor dem Untersuchungsausschuß „Parteispenden" des rheinland-pfälzischen Landtags, als früherer Ministerpräsident und CDU-Landesvorsitzender von unzulässigen Praktiken gewußt zu haben. An konkrete Fälle habe er „keine Erinnerung". „Eine bestimmte Form von Kloakenjournalismus" habe legitime Bemühungen der Parteien politisch kriminalisiert.		In Straßburg beginnt das 9. Chorfestival „Europa Cantat".	
19. Juli	Die baden-württembergische CDU eröffnet in Offenburg ihren Landesparteitag, auf dem Lothar Späth als Landesvorsitzender bestätigt wird.	In den Dolomiten bei Trient/Norditalien löst ein Dammbruch an einem Stausee eine Überschwemmungskatastrophe aus. Bis Monatsende werden 226 Leichen geborgen. Der österreichische Weinskandal weitet sich aus: Die österreichischen Behörden warnen vor vergiftetem Wein im eigenen Land, mehrere Weinhändler werden verhaftet.	In einer Fabrik in Meersburg wird Martin Walsers dramatisierte Erzählung „Ein fliehendes Pferd" uraufgeführt.	

	Deutschland	Ausland	Kultur/Wissenschaft	Sport
20. Juli		In Südafrika wird über weite Teile der Ausnahmezustand verhängt, nachdem es im Laufe des Jahres zu blutigen Unruhen gekommen ist, die insgesamt 480 Menschenleben gefordert haben. Der Sicherheitsrat der UNO fordert die UNO-Mitgliedsstaaten zu Wirtschaftssanktionen gegen Südafrika auf.		
21. Juli				Der Franzose Bernard Hinault gewinnt die 72. Tour de France. Zweiter wird der Amerikaner Greg Lemond mit 1:42 Minuten Rückstand.
22. Juli		In Kopenhagen werden bei Bombenanschlägen eine Synagoge und das Büro einer US-Fluggesellschaft zum Teil zerstört. 23 Menschen werden verletzt.	In der Forschungsbibliothek Gotha wird ein verschollenes Gedicht des italienischen Dichters Petrarca in einer mittelalterlichen Handschrift entdeckt.	
23. Juli	Entscheidung des Bundesverfassungsgerichts in Karlsruhe: Friedliche Demonstrationsteilnehmer haben nur dann einen Anspruch auf den verfassungsrechtlich garantierten Schutz der Versammlungsfreiheit, wenn mit Ausschreitungen durch einzelne oder eine Minderheit zu rechnen ist.		Ein Notizbuch des irischen Dichters Willian Butler Yeats wird bei Sotheby's in London für 1,1 Millionen Mark versteigert.	
26. Juli	Otto Wiesheu, ehemaliger CSU-Generalsekretär, der im Oktober 1983 in angetrunkenem Zustand einen Verkehrsunfall mit einem Toten und einem Schwerverletzten verursacht hatte, wird vom Landgericht München im Berufungsverfahren zu einem Jahr Freiheitsstrafe auf Bewährung und einer Geldbuße von 20 000 Mark verurteilt. In der Vorinstanz war Wiesheu zu 13 Monaten Freiheitsstrafe ohne Bewährung verurteilt worden.		Die Salzburger Festspiele werden in der Felsenreithalle eröffnet. Nach Untersuchungen von Prof. Hermann Beckenkamp (Saarbrücken) wird Lungenkrebs nicht nur durch Tabakrauch, sondern auch durch Luftschadstoffe gefördert.	
27. Juli	In Moskau kommt es bei der Eröffnung der XII. Weltfestspiele der Jugend zu einem Eklat zwischen den Teilnehmern der Bundesrepublik und dem sowjetischen Vorbereitungskomitee: Die Delegation aus West-Berlin, meist Angehörige der SEW-Jugend, marschiert am Ende der Parade unter eigener Fahne ins Lenin-Stadion ein. Die Vertreter der Bundesdeutschen Jugendverbände beschließen daraufhin, sich vorübergehend nicht am Arbeitsprogramm zu beteiligen.	Militärputsch in Uganda: Staatspräsident Milton Obote wird nach rund viereinhalbjähriger Herrschaft gestürzt. Nachfolger: der putschende Armeechef Tito Okello.		Wimbledon-Sieger Boris Becker wird im Halbfinale des Tennisturniers von Indianapolis von Ivan Lendl (CSSR) bezwungen. Dies ist Beckers erste Niederlage nach 16 aufeinanderfolgenden Siegen. Beim Leichtathletik-Sportfest in Oslo werden drei neue Weltrekorde aufgestellt: Steve Cram über die englische Meile mit 3:46,30 Minuten, Said Aouita (Marokko) über 5000 m mit 13:00,40 Minuten sowie durch Ingrid Kristiansen mit 30:59,42 Minuten über 10 000 m.
30. Juli	Bundesaußenminister Hans-Dietrich Genscher trifft am Rande der KSZE-Jubiläumskonferenz in Helsinki mit DDR-Außenminister Oskar Fischer zu einem Gespräch zusammen, in dem es um die Verbesserung des Ost-West-Klimas geht.	Aus Anlaß des 10. Jahrestages der Unterzeichnung der KSZE-Schlußakte kommen in Helsinki die Außenminister der 35 Unterzeichnerstaaten zusammen. Die Konferenz wird ohne Schlußkommuniqué beendet.		

	Deutschland	Ausland	Kultur/Wissenschaft	Sport
1. August	Bundesaußenminister Hans-Dietrich Genscher trifft in Helsinki am Rande des Außenministertreffens zum 10. Jahrestag der Unterzeichnung der KSZE-Schlußakte erstmals mit dem neuen sowjetischen Außenminister Eduard Schewardnadse zusammen.	Vier Tage nach dem Amtsantritt des Staatspräsidenten Alan García verkündet die peruanische Regierung ein Krisenprogramm zur Sanierung der Wirtschaft, das auch die Inflation bekämpfen soll.	In Hannover wird ein für 73 Millionen Mark errichteter Neubau des Fraunhofer-Instituts für Toxikologie und Aerosolforschung seiner Bestimmung übergeben.	Hans-Peter Briegel wird von den Sportjournalisten der Bundesrepublik vor Rudi Völler von Werder Bremen zum „Fußballer des Jahres" gewählt.
2. August	Juli-Zahlen der Bundesanstalt für Arbeit: 2 221 395 Arbeitslose (Quote: 9,0 Prozent); 107 522 Kurzarbeiter; 119 379 offene Stellen.	Beim Absturz eines amerikanischen Flugzeugs beim Landeanflug auf den Flughafen von Dallas/Texas kommen 133 Menschen ums Leben, 31 Menschen überleben die Katastrophe.	In Nürnberg beginnt das zehnte Bardentreffen von Liedermachern und Bänkelsängern.	
4. August				Die Bundesrepublik Deutschland besiegt im Viertelfinale des Davispokals überraschend die USA mit 3:2. Deutsche Spieler: Boris Becker, Hansjörg Schwaier und Andreas Maurer. Michele Alboreto gewinnt in einem Ferrari den Großen Preis von Deutschland in der Formel 1 auf dem Nürburgring.
5. August	Die Regierung des Saarlands erhebt eine Normenkontrollklage beim Bundesverfassungsgericht, um im Länderfinanzausgleich stärker berücksichtigt zu werden.	Victor Paz Estenssoro, dreimaliger Staatspräsident Boliviens, wird vom Parlament im zweiten Wahlgang zum vierten Mal zum Staatschef gewählt.		
6. August	In Baden-Württemberg wird ein Flüssigei-Skandal bekannt: Teigwarenhersteller sollen verdorbene und bis zu sechs Tagen bebrütete Hühnereier bei der Nudelherstellung verwendet haben.	Die japanische Stadt Hiroshima gedenkt des ersten Atombombenabwurfs vor 40 Jahren, dem 200 000 Menschen zum Opfer fielen. Drei Tage später werden die 70 000 Opfer des Atombombenabwurfs auf Nagasaki geehrt.		
8. August	Bei einem Bombenanschlag auf den US-Luftwaffenstützpunkt am Frankfurter Flughafen werden ein US-Soldat und die Frau eines Luftwaffenangehörigen getötet. Die Täter – wahrscheinlich RAF-Angehörige – hatten sich vorher durch den Mord an einem anderen US-Soldaten in Wiesbaden in den Besitz einer Identitätskarte gebracht, um auf das Flughafengelände gelangen zu können.		Der Friedenspreis der Stadt Augsburg (25 000 Mark) wird dem evangelischen Bischof Hermann Kunst zuerkannt.	
9. August	Die CDU-Landesverbände Rheinland und Westfalen-Lippe vereinbaren in Düsseldorf den Zusammenschluß zu einem gemeinsamen Landesverband Nordrhein-Westfalen.	Eine Gipfelkonferenz der Arabischen Liga in Casablanca, die von fünf der 21 Mitgliedsstaaten boykottiert wird, genehmigt die Nahost-Verhandlungsinitiative König Husseins von Jordanien und des PLO-Chefs Jassir Arafat. Ziel ist die Bildung einer jordanisch-palästinensischen Staatenkonföderation.	Im Raum zwischen Bremerhaven und Cuxhaven wird eine bedeutende Erzlagerstätte entdeckt, die die Schwermineralien Illmenit, Rutil und Zirkon enthält.	Claudia Kohde (Saarbrücken) besiegt bei den offenen Tennismeisterschaften von Kanada in Toronto überraschend im Viertelfinale die Weltranglistenerste Martina Navratilova (USA).
10. August			Im Rahmen der Salzburger Festspiele werden zwölf Lieder nach verschiedenen Gedichten Gottfried von Einems uraufgeführt.	

	Deutschland	Ausland	Kultur/Wissenschaft	Sport
11. August			Die Edinburgher Festspiele 1985 werden eröffnet.	Rudolf Powarnizin (UdSSR) stellt in Donezk mit 2,40 m im Hochsprung einen neuen Weltrekord auf.
12. August		Auf dem Flug Tokio-Osaka stürzt eine Boeing 747 der JAL ab; 520 der 524 Insassen kommen ums Leben		Der deutsche Formel 1-Rennfahrer Manfred Winkelhock erliegt in Toronto seinen am Vortag im 1000-km-Rennen von Mosport erlittenen Kopfverletzungen
13. August	Weinskandal: Der rheinland-pfälzische Weinbau-Staatssekretär Ferdinand Stark tritt zurück.			
14. August				Die Hochseesegler der Bundesrepublik gewinnen zum dritten Mal hintereinander den „Admiral's Cup".
15. August	Vertreter der Verkehrsministerien der Bundesrepublik und der DDR unterzeichnen in Bonn eine Vereinbarung über Erneuerungsarbeiten an der Autobahn Berlin–Hof. Die Bundesrepublik beteiligt sich mit 148 Millionen Mark an den Kosten.	Südafrikas Staatspräsident Pieter Botha erklärt sich nach neuen Rassenunruhen zu Verhandlungen mit Führern der Schwarzen bereit, gibt aber keine konkreten Anhaltspunkte für eine mögliche Verbesserung der Lage der Schwarzen.	Das Berliner Liedermacher-Festival beginnt mit einem Konzert von Konstantin Wecker.	
16. August		Die UNO-Organisation für Industrielle Entwicklung (UNIDO) wandelt sich in Wien in eine selbständige UNO-Sonderorganisation um.	Der Literaturpreis der Stadt Köln (25 000 Mark) wird dem Schriftsteller Hans Magnus Enzensberger zugesprochen. Britische Wissenschaftler äußern die Vermutung, daß Arbeiter in Atombetrieben im Vergleich zu Durchschnittsbürgern ein erhöhtes Risiko laufen, an Prostatakrebs zu erkranken.	
17. August	Bundesforschungsminister Heinz Riesenhuber besucht Japan und die Volksrepublik China. In beiden Staaten wird über eine Förderung der wissenschaftlich-technologischen Zusammenarbeit gesprochen.		Thomas Bernhards Stück „Der Theatermacher" wird in Salzburg uraufgeführt.	Der ehemalige Formel 1-Weltmeister Niki Lauda (Österreich) kündigt zum Jahresende seinen Rücktritt als Rennfahrer an.
20. August		Die britische BBC gibt öffentlich zu, daß ihr Personal seit 1937 auf Sicherheitsrisiken hin überprüft wird.		
21. August			Der Schriftsteller Alexander Kluge erhält den erstmals wieder verliehenen Kleist-Preis (25 000 Mark).	
22. August		Eine britische Boeing 737 fängt beim Start in Manchester durch eine Triebwerksexplosion Feuer. Trotz einer sofortigen Notbremsung kommen 55 Insassen ums Leben, 82 werden verletzt.		
23. August	Die Ost-Berliner Nachrichtenagentur ADN meldet, daß der für Spionageabwehr zuständige Regierungsdirektor beim Bundesamt für Verfassungsschutz, Hansjoachim Tiedge, in die DDR übergetreten ist.			

	Deutschland	Ausland	Kultur/Wissenschaft	Sport
25. August			In Stuttgart eröffnet Bundespräsident Richard von Weizsäcker den 16. Welthistoriker-Kongreß mit einem klaren Bekenntnis zum Nationalstaat.	Timo Salonen (Finnland) gewinnt in einem Peugeot 205 Turbo die Rallye der 1000 Seen in Finnland. Er wird damit neuer Rallye-Weltmeister. Boris Becker (Leimen) gewinnt das internationale Tennisturnier in Cincinnati/USA.
26. August	Die Landesregierung von Rheinland-Pfalz verzichtet auf die von Bundeskanzler Helmut Kohl angeregte Verfassungsklage gegen die sogenannte Abtreibung auf Krankenschein.		In Venedig beginnt die 42. Film-Biennale.	
27. August	Im Hamburger Freihafen stellt die Polizei an Bord des nigerianischen Frachters „River Oil" 2,4 Tonnen Marihuana im Großhandelswert von 12 Millionen Mark sicher – dies ist der zweitgrößte Marihuana-Fund der deutschen Kriminalgeschichte.	Das Militärregime in Nigeria unter Generalmajor Mohammed Buhari wird von Offizieren gestürzt. General Ibrahim Babangida, der bisherige Armeechef, wird neuer Staatspräsident.		
28. August		Die ägyptische Regierung wendet sich wegen der Ausweisung von zehntausenden arabischer Gastarbeiter aus Libyen an die Internationale Arbeitsorganisation (IAO).		
29. August	Vor dem Bonner Landgericht beginnt der Parteispenden-Prozeß gegen die früheren Bundeswirtschaftsminister Otto Graf Lambsdorff und Hans Friderichs sowie den ehemaligen Flick-Manager Eberhard von Brauchitsch.			
30. August	Bundesaußenminister Hans-Dietrich Genscher besucht Syrien, Kuwait und Ägypten. Es ist der erste Besuch eines Bonner Ministers seit 1979 in Damaskus, wo Genscher von Präsident Assad empfangen wird.		Nach Angaben des Psychologen Jürgen Howe (Osnabrück) leben mehr als 2,5 Millionen der über 65jährigen in der Bundesrepublik an der Armutsgrenze.	
31. August		Bei einem Eisenbahnunglück in Mittelfrankreich kommen mindestens 43 Menschen ums Leben.		

	Deutschland	Ausland	Kultur/Wissenschaft	Sport
1. September	Der bayerische Ministerpräsident Franz Josef Strauß und DDR-Staatsratsvorsitzender Erich Honecker treffen am Rande der Leipziger Herbstmesse zu einem Gespräch über Fragen der Abrüstung und der Familienzusammenführung zusammen.		Das Märkische Stipendium für 1986 (24 000 Mark) wird dem Lyriker Ralf Rothmann zugesprochen.	Der Vierer ohne Steuermann aus Dortmund/Witten gewinnt bei den Ruder-Weltmeisterschaften in Hazewinkel/Belgien die Goldmedaille. Michael Kolbe (Hamburg) wird im Einer Dritter.
3. September	Hans-Jürgen Wischnewski, SPD-Schatzmeister, tritt von seinem Amt zurück. Grund: „Unzureichende Unterstützung" durch die SPD-Führungsgremien für seine Sparpolitik. Nachfolger: Hans Matthöfer wird kommissarischer Schatzmeister.		Die 35. Berliner Festwochen beginnen mit einem Vortrag Luise Rinsers über „die Aufgabe der Musik in der Gesellschaft von heute".	
4. September	August-Zahlen der Bundesanstalt für Arbeit: 2 216 643 Arbeitslose (Quote: 8,9%); 73 895 Kurzarbeiter; 117 366 offene Stellen.	Ein Verkehrsflugzeug der afghanischen Inlandsfluggesellschaft wird bei Kandahar von Freiheitskämpfern abgeschossen. Alle 52 Insassen kommen ums Leben.		Igor Paklin (UdSSR) stellt bei den Studenten-Weltmeisterschaften in Kobe/Japan mit 2,41 m im Hochsprung einen neuen Weltrekord auf.
5. September	Vertreter des DGB und der Wirtschaftsverbände beraten mit Bundeskanzler Kohl und mehreren Bundesministern über Probleme der Arbeitsmarkt-, Wirtschafts- und Sozialpolitik. Die Runde kann sich nicht auf einen „beschäftigungspolitischen Kraftakt" einigen.		Das französische Industrieministerium erteilt die Genehmigung für den Probebetrieb des Schnellen Brüters „Superphénix" in Südfrankreich.	
6. September	Franz Josef Strauß begeht mit mehr als 1200 Gästen seinen 70. Geburtstag.		Bei den 42. Internationalen Filmfestspielen von Venedig wird Agnès Vardas Film „Ohne Dach und Gesetz" mit dem Goldenen Löwen ausgezeichnet.	
7. September	Ein Strategiepapier des SPD-Wehrexperten Andreas von Bülow wird bekannt: Bülow schlägt u.a. vor, längerfristig die Streitkräfte der USA und der Sowjetunion aus beiden Teilen Deutschlands abzuziehen.			
8. September		Kanada lehnt als sechster Staat eine Beteiligung am amerikanischen SDI-Programm ab. Zuvor hatten sich schon Norwegen, Australien, Frankreich, Dänemark und Griechenland gegen eine Teilnahme ausgesprochen.	Caryl Churchills Stück „Fenn" wird am Düsseldorfer Schauspielhaus deutschsprachig erstaufgeführt.	Die Tschechin Hana Mandlikova gewinnt das Damen-Einzel der US-Tennismeisterschaften gegen die zweifache Meisterin und Titelverteidigerin Martina Navratilova (USA).
9. September	Der baden-württembergische Ministerpräsident Lothar Späth besucht die Volksrepublik China und führt mit Vertretern der chinesischen Regierung Gespräche über wirtschaftliche Zusammenarbeit.	US-Präsident Ronald Reagan verhängt Wirtschaftssanktionen gegen Südafrika. In Birmingham/England brechen die schwersten Rassenunruhen seit 1981 aus. Am 28.9. kommt es im Londoner Stadtteil Brixton zu schweren Rassenkrawallen.		
10. September	Das Bundesarbeitsgericht in Kassel entscheidet, daß bei einem Streik im öffentlichen Dienst Beamte auf den von Angestellten und Arbeitern bestreikten Plätzen eingesetzt werden können.	In einer „Erklärung von Genua" sprechen sich 15 Anrainerstaaten des Mittelmeers für Maßnahmen zum Schutz des Mittelmeeres aus.	Die 5. Internationale Moskauer Buchmesse beginnt mit Exponaten von 2700 Verlagen aus 102 Ländern.	

	Deutschland	Ausland	Kultur/Wissenschaft	Sport
12. September	Der Bayerische Verwaltungsgerichtshof entscheidet, daß es in Bayern seit 16 Jahren keine genügende Rechtsgrundlage für die Erhebung von Rundfunkgebühren gibt. Die Entscheidung ist noch nicht rechtskräftig.	Großbritannien weist 25 sowjetische Diplomaten und Vertreter sowjetischer Organisationen wegen Spionage aus.		
13. September	Die CSSR und die DDR schlagen in Briefen an Bundeskanzler Helmut Kohl vor, Verhandlungen über eine chemiewaffenfreie Zone in Mitteleuropa aufzunehmen. Kohl regt Anfang Oktober an, diese Frage bei der Genfer Abrüstungskonferenz zu erörtern. Entscheidung des OLG Köln: Der Flick-Untersuchungsausschuß des Deutschen Bundestages erhält keine Einsicht in weitere beim LG Bonn aufbewahrte Unterlagen des Konzerns.	Die Anti-Satelliten-Waffe der USA (ASAT) besteht ihren ersten Zieltest: In 555 Kilometern Höhe über dem Pazifik wird ein defekter Satellit durch den ASAT-Flugkörper zerstört.	Der Frankfurter Suhrkamp Verlag und der Ost-Berliner Aufbau-Verlag kündigen gemeinsam eine große kommentierte „Berliner und Frankfurter Ausgabe" der Werke von Bertolt Brecht in 30 Bänden an. Sie soll bis 1990 abgeschlossen sein.	
15. September	Argentiniens Staatspräsident Raul Alfonsín stattet der Bundesrepublik einen offiziellen Besuch ab. Beide Seiten einigen sich auf regelmäßige politische Konsultationen, Luftfahrtabkommen und verstärkte entwicklungspolitische Zusammenarbeit.	Parlamentswahlen in Schweden: Sozialdemokraten und Kommunisten erhalten 50,3% der Stimmen (178 Mandate). Die bürgerliche Opposition erreicht zwar einen Stimmenzuwachs, erhält bei 48,2% Stimmen jedoch nur 171 Mandate.		Erstmals seit 28 Jahren gewinnen Europas Golfspieler (unter ihnen auch Bernhard Langer) wieder den amerikanischen Ryder-Cup.
16. September	„Vorentscheidung" des SPD-Vorstands: NRW-Ministerpräsident Johannes Rau soll 1987 Kanzlerkandidat der SPD werden.			
17. September	Der Berliner Senat beschließt eine neue Smogverordnung mit schärferen Auflagen, die ab 1.12.85 gelten.			
18. September	SPD-Vorsitzender Willy Brandt besucht auf Einladung des DDR Staatsratsvorsitzenden Erich Honecker die DDR. Honecker sagt ein Entgegenkommen bei der Genehmigung von Westreisen bei dringenden Familienangelegenheiten zu.			
19. September		In Bolivien verhängt die Regierung über das ganze Land den Ausnahmezustand, um einen vor 16 Tagen ausgerufenen unbefristeten Generalstreik zu brechen. Mexiko wird von einem schweren Erdbeben heimgesucht, dessen Epizentrum vor der Pazifikküste des Landes liegt.		
20. September	Der 35. Landesparteitag der bayerischen SPD in Hof/Saale wählt Karl-Heinz Hiersemann zum Spitzenkandidaten für die Landtagswahl 1986.	Wegen der Beteiligung des französischen Geheimdienstes an dem Attentat auf das Greenpeace-Schiff „Rainbow Warrior" reicht der französische Verteidigungsminister Charles Hernu seinen Rücktritt ein. Der Chef des französischen Geheimdienstes, Admiral Pierre Lacoste, wird abgelöst.	Der mit 25 000 Mark dotierte Jean-Paul-Preis wird dem Schweizer Schriftsteller Friedrich Dürrenmatt zugesprochen.	In Berlin überreicht Wimbledon-Sieger Boris Becker dem Verein „Lebenshilfe für geistig behinderte Kinder" eine Spende in Höhe von 182 776 Mark.

	Deutschland	Ausland	Kultur/Wissenschaft	Sport
22. September		Volksabstimmung in der Schweiz über ein neues Eherecht, das der Frau einen größeren Anteil an Entscheidungen in Familienfragen einräumt: 54,7% der Schweizer stimmen mit Ja, 45,3% mit Nein.	Der Schriftstellerin Helga M. Novak wird der mit 10 000 Mark dotierte Preis des Deutschen Literaturfonds zugesprochen, „Der Kranich mit dem Stein".	Den Kölner „Preis von Europa" gewinnt der französische Hengst Sumayr unter dem Jockey Yves Saint-Martin. Siegprämie: 235 000 Mark. Leichtathletik-Sportfest in Ost-Berlin: drei neue Weltrekorde von DDR-Sportlern. Im Weitsprung der Frauen durch Heike Drechsler mit 7,44 m, durch Ulf Timmermann im Kugelstoßen mit 22,62 m und durch Sabine Busch über 400 m-Hürden mit 53,56 Sekunden. Hans-Joachim Stuck wird in einem Porsche neuer Langstrecken-Weltmeister und Nachfolger des tödlich verunglückten Stefan Bellof.
23. September	Täter aus dem Umfeld der RAF verüben ein Sprengstoffattentat auf eine NATO-Pipeline bei Limburg. 10 000 Liter Dieselöl laufen aus.		In Paris wird das neue Picasso-Museum eröffnet, das mehr als 200 Bilder und etwa 150 Skulpturen des Künstlers beherbergt.	
24. September	Die bayerische Landesregierung hat eine ab November 1985 geltende Smog-Verordnung für bestimmte Ballungszentren und Industriegebiete erlassen.	Auf der Tagung der Internationalen Atomenergie-Organisation (IAEO) akzeptiert die Volksrepublik China als letzte der fünf Kernwaffenmächte die Sicherheitskontrollen der Organisation.		
25. September	Das Bundeskabinett beschließt einen Gesetzentwurf zur Lenkung der Mineralölsteuer für bleifreies Benzin. Eine Verordnung zum Kraftfahrtsteuergesetz begünstigt schadstoffarme Autos. 1986 soll ferner für Anfänger ein Führerschein auf Probe eingeführt werden.	In Rom werden bei einem Sprengstoffattentat auf das Büro der British Airways 14 Personen zum Teil lebensgefährlich verletzt. Eine „Revolutionäre Organisation moslemischer Sozialisten" bekennt sich zu dem Anschlag.		Die Fußball-Nationalmannschaft der Bundesrepublik erreicht in Stockholm in ihrem sechsten Spiel der Europagruppe 2 ein 2:2 gegen Schweden und qualifiziert sich so für die Teilnahme an der Endrunde zur Fußball-Weltmeisterschaft 1986 in Mexiko.
26. September	Der Deutsche Bundestag beschließt, daß die ursprünglich für 1983 geplante Volkszählung am 25.5.1987 stattfinden soll.		Wissenschaftlern der amerikanischen Harvard-Universität ist es erstmals gelungen, ein organbildendes Eiweiß zu isolieren. Die Substanz mit dem Namen Angiogenin regt die Bildung von Blutgefäßen an.	
28. September	Bei einer Demonstration gegen die NPD in Frankfurt wird der Schlosser Günter Sare (36) von einem Wasserwerfer der Polizei überrollt und getötet.	UdSSR-Ministerpräsident Nikolaj Tichonow (80) tritt aus Altersgründen zurück. Nachfolger: Nikolaj Ryschkow (56).	In Saarbrücken beginnt die Jahrestagung des bundesdeutschen PEN-Zentrums.	
29. September		Regionalwahlen in dem französischen Pazifikterritorium Neukaledonien: Die Unabhängigkeitsgegner erhalten 29 der 46 Mandate, die Separatisten 17 Mandate.		Bernhard Langer schafft es auch im zweiten Anlauf nicht, den inoffiziellen Titel eines Lochspiel-Weltmeisters der Golfprofis zu gewinnen. Im Finale des „World Match Play" in Wentworth/England verliert er zum zweiten Mal gegen Severiano Ballesteros (Spanien).
30. September	Spaniens Ministerpräsident Felipe Gonzalez besucht die Bundesrepublik. Bei den Gesprächen mit der Bundesregierung geht es vor allem um die Rolle Spaniens in der EG und in der NATO.	Mitglieder der fundamentalistischen Schiiten-Organisation „Heiliger Islamischer Krieg" entführen im moslemischen Westteil Beiruts vier Angehörige der sowjetischen Botschaft.	Nach Angaben von Experten sind die ab 1. Oktober 1985 gesetzlich verbindlichen AIDS-Antikörpertests für Blutkonserven und Fertigarzneimittel sicher.	

	Deutschland	Ausland	Kultur/Wissenschaft	Sport
1. Oktober	Bayerns Ministerpräsident Franz Josef Strauß reist zu einem zehntägigen Besuch in die Volksrepublik China. Im Mittelpunkt stehen politische und wirtschaftliche Gespräche mit der Pekinger Führung.	Die israelische Luftwaffe greift das PLO-Hauptquartier bei Tunis an; dabei kommen etwa 60 Menschen ums Leben. Israel begründet den Angriff mit der zunehmenden Zahl von Terrorakten der PLO.		
2. Oktober	Die Bundesregierung beschließt die Verlängerung des Wehrdienstes von 15 auf 18 Monate zum 1. Juli 1989.	Der sowjetische Parteichef Michail Gorbatschow trifft zu seinem ersten offiziellen Besuch im Westen in Frankreich ein. In Gesprächen mit dem französischen Staatspräsidenten Mitterand legt er neue Abrüstungsvorschläge vor.		
3. Oktober	September-Zahlen der Bundesanstalt für Arbeit: 2 151 577 Arbeitslose (Quote: 8,7 Prozent); 101 753 Kurzarbeiter; 117 028 offene Stellen.		Dem Philosophen Jürgen Habermas wird der mit 20 000 Mark dotierte Geschwister-Scholl-Preis zuerkannt. Nach Ansicht amerikanischer Wissenschaftler dient das zentrale Nervensystem möglicherweise dem AIDS-Virus als „Zufluchtsort" und löst auch Hirnhautentzündung und geistigen Verfall aus.	
4. Oktober	Karl Frenzel (74), ehemaliger SS-Oberscharführer, wird in Hagen/Westfalen wegen gemeinschaftlichen Mordes an mindestens 150 000 Menschen im Vernichtungslager Sobibor zu lebenslänglicher Haft verurteilt.	Die niederländische Regierung spricht sich gegen eine Beteiligung am SDI-Projekt der USA auf Regierungsebene aus. Am 10.10. äußert sich die belgische Regierung ähnlich.	In Europa hat sich die Zahl der AIDS-Kranken von Juli 1984 bis Ende Juni 1985 mit 1226 Fällen verdreifacht.	Die amerikanische Fernsehgesellschaft NBC erwirbt für 300 Millionen Dollar die Übertragungsrechte für die Olympischen Spiele 1988 in Seoul/Südkorea.
6. Oktober		In London wird bei Rassenunruhen ein Polizist getötet.		Die Davispokal-Mannschaft der Bundesrepublik mit den Spielern Boris Becker, Michael Westphal und Andreas Maurer schlägt in Frankfurt überraschend die CSSR mit 5:0 und erreicht damit zum zweiten Mal in der Geschichte das Finale im Davispokal. Endspielgegner am 22.12. ist Schweden. Alain Prost (Frankreich) gewinnt auf McLaren-Porsche durch einen vierten Platz beim Großen Preis von Europa in Brands Hatch/Großbritannien die Automobil-Weltmeisterschaft in der Formel 1. Beim 4. Weltcup der Leichtathleten in Canberra/Australien gewinnen die DDR bei den Frauen und die USA bei den Männern.
8. Oktober	Bundespräsident Richard von Weizsäcker trifft zu einem viertägigen Staatsbesuch in Israel ein. Israels Staatspräsident Chaim Herzog bezeichnet diesen Besuch als eine historische Wende in den Beziehungen beider Länder.	Mit einem Austausch von Noten tritt in Tokio ein dreiseitiges Abkommen zwischen den USA, der UdSSR und Japan über die Verbesserung der Flugsicherheit in der Nordpazifik-Region in Kraft.	Amerikanische Wissenschaftler haben erste Hinweise darauf entdeckt, daß Herzerkrankungen genetisch bedingt sein können. In Frankfurt wird die 37. Internationale Buchmesse eröffnet; am 13.10. erhält der Jerusalemer Bürgermeister Teddy Kollek den mit 25 000 Mark dotierten Friedenspreis des Deutschen Buchhandels.	

	Deutschland	Ausland	Kultur/Wissenschaft	Sport
10. Oktober	Der französische Staatspräsident François Mitterrand erneuert bei seinem ersten offiziellen Besuch in Berlin die Garantie Frankreichs für die Freiheit und Lebensfähigkeit der Stadt. Der Verwaltungsrat der Deutschen Bundespost beschließt Änderungen bei den Anschlußgebühren für das Kabelfernsehen. Bei Einzelhäusern wird der Tarif von 500 auf 675 Mark erhöht, beim Anschluß mehrerer Wohnungen sind Rabatte vorgesehen.		Der mit 50 000 Mark dotierte Arno-Schmidt-Preis 1986 wird Peter Rühmkorf zuerkannt, der mit 20 000 Mark dotierte Nelly-Sachs-Preis 1985 der südafrikanischen Schriftstellerin Nadine Gordimer.	
11. Oktober		Das Nobel-Komitee in Oslo gibt den Preisträger des Friedensnobelpreises 1985 bekannt: die Organisation „Internationale Ärzte für die Verhütung des Atomkrieges". Das afrikanische Königreich Lesotho ruft nach fünf Jahren extremer Dürre den Notstand aus.	In Nürnberg beginnt die 3. Triennale der Zeichnung.	Der Internationale Leichtathletik-Verband sperrt wegen Verstoßes gegen die Doping-Bestimmungen sechs Sportler lebenslänglich, als prominenteste die bulgarische Hochsprung-Weltrekordlerin Ludmilla Andonowa und die tschechische Diskus-Weltrekordlerin Zdenka Silava.
12. Oktober	In München demonstrieren mehrere zehntausend Kernkraftgegner und Umweltschützer gegen die in Wackersdorf geplante atomare Wiederaufarbeitungsanlage.			
13. Oktober		Vorgezogene Parlamentswahlen in Belgien: die flämischen Christsozialen unter Ministerpräsident Wilfried Martens werden mit 49 Sitzen stärkste Partei. Die wallonischen Sozialisten erringen 35 Sitze, die flämischen Sozialisten 32, die wallonischen Liberalen 24, die flämischen Liberalen 22, die wallonischen Christsozialen 20 und die flämische Volksunion 16 Sitze. Den Rest der 212 Mandate teilen sich kleinere Parteien.	Die Berliner Akademie der Künste begeht mit einer Festveranstaltung den 400. Geburtstag des Komponisten Heinrich Schütz.	
14. Oktober	Der DGB beginnt eine Aktionswoche gegen die Sozial- und Wirtschaftspolitik der Bundesregierung.		Die Professoren Michael F. Brown und Joseph L. Goldstein (USA) erhalten den Medizin-Nobelpreis für ihre Arbeiten über Cholesterin.	
15. Oktober		Liberias Staatschef Samuel Doe, seit April 1980 an der Spitze einer Militärregierung, wird mit mehr als 50% der Stimmen zum zivilen Staatspräsidenten gewählt.		
16. Oktober	In Hessen einigen sich SPD und Grüne auf die Bildung der bundesweit ersten Koalition zwischen beiden Parteien.		Prof. Klaus von Klitzing vom Max-Planck-Institut für Festkörperphysik in Stuttgart erhält den Nobelpreis für Physik für seine Entdeckung des Quanten-Hall-Effekts. Die Professoren Herbert A. Hauptmann und Jerome Karle (USA) bekommen den Chemie-Nobelpreis für die Entwicklung direkter Methoden zur Bestimmung von Kristallstrukturen.	Die Deutsche Fußball-Nationalmannschaft verliert in Stuttgart mit 0:1 gegen Portugal und muß in 37 Spielen zum ersten Mal eine Niederlage in der Weltmeisterschaftsqualifikation hinnehmen.

	Deutschland	Ausland	Kultur/Wissenschaft	Sport
17. Oktober			Dem französischen Schriftsteller Claude Simon wird der Nobelpreis für Literatur zuerkannt. Der Nobelpreis ist mit etwa 600 000 Mark dotiert.	Das Exekutivkomitee der Europäischen Fußball-Union erteilt England die Genehmigung zur Teilnahme an der Europameisterschaft 1988.
18. Oktober	Niedersachsens Ministerpräsident Ernst Albrecht (CDU) wird vom Bundesrat für ein Jahr zu seinem neuen Präsidenten gewählt.	Wegen akuten Strommangels ruft Rumänien den Energienotstand aus und stellt den Energiesektor unter Militärverwaltung.	Die Donaueschinger Musiktage beginnen mit der Uraufführung von Stockhausens „Oberlippentanz".	
20. Oktober		In Nassau/Bahamas einigen sich die Regierungschefs der Commonwealth-Staaten auf Wirtschaftssanktionen gegen Südafrika.	Der sowjetische Pianist Stanislaw Bunin gewinnt in Warschau den 11. Internationalen Chopin-Wettbewerb.	
23. Oktober	Das Bundesgesundheitsministerium legt eine aktualisierte Liste der mit Diäthylenglykol vergifteten Weine vor. Darin werden 1250 österreichische und 75 deutsche Weine genannt.	Die Staats- und Parteichefs der Warschauer-Pakt-Staaten fordern nach zweitägigen Beratungen in Sofia/Bulgarien ein Verbot der Entwicklung neuer Arten konventioneller Waffen, die in ihrer Zerstörungskraft mit Massenvernichtungswaffen vergleichbar sind.	Die 19. Internationalen Hofer Filmtage werden mit dem Schweizer Film „Höhenfeuer" eröffnet.	
25. Oktober	In Saarbrücken scheitern nach dreitägigen Beratungen erneut die Verhandlungen der Ministerpräsidenten der Länder zur Neuordnung des Rundfunk- und Fernsehwesens. Im Abschlußkommunique wird die Haltung Hessens als Grund angegeben. Hessen habe das Ausnahmerecht in Anspruch nehmen wollen, im dritten Fernsehprogramm weiterhin Werbung auszustrahlen.	Wegen einer Reihe von Bombenanschlägen und Morddrohungen wird in Argentinien für 60 Tage der Belagerungszustand verhängt. In Südafrika wird der Ausnahmezustand auf Kapstadt und sieben umliegende Bezirke ausgedehnt, nachdem er am 24.10. in sechs Bezirken aufgehoben worden war.		
28. Oktober	Im Schwarzwald wird die ehemalige Bhagwan-Vertraute Ma Anand Sheela wegen Mordverdachts verhaftet. Die US-amerikanischen Justizbehörden hatten ein Auslieferungsersuchen gestellt.	Der indische Sektenführer Shree Rajneesh (Bhagwan) sowie einige seiner Vertrauten werden in Charlotte/North Carolina/USA vor dem Weiterflug nach den Bermudas verhaftet.	Der mit 20 000 Mark dotierte Lehmbruck-Preis der Stadt Duisburg wird dem Künstler Joseph Beuys zuerkannt.	
29. Oktober		In Wien wird offiziell bestätigt, daß in österreichischen Weinen nach Diäthylenglykol zwei weitere gesundheitsgefährdende verbotene Konservierungsstoffe gefunden worden sind: das bei der Sprengstoffherstellung verwendete Natriumazid sowie Monobromessigsäure.	Der mit 15 000 Mark dotierte Gerrit-Engelke-Literaturpreis der Stadt Hannover wird dem Schriftsteller Max von der Grün zugesprochen.	Der 50jährige Brite Lester Piggott, einer der erfolgreichsten Jockeys der Welt, erklärt seinen Rückzug vom Reitsport. Er hat im Lauf seines Lebens etwa 4300 Galopprennen gewonnen.
30. Oktober	Die Bundesregierung beschäftigt sich mit der Waldschadenserhebung 1985. Demnach hat sich der Anteil der geschädigten Waldfläche um 2% auf 52% erhöht.		In Cape Canaveral/Florida startet die Raumfähre Challenger mit dem Raumlabor und zwei deutschen Wissenschaftsastronauten an Bord zum ersten Raumflug unter wissenschaftlicher Leitung der Bundesrepublik Deutschland.	

	Deutschland	Ausland	Kultur/Wissenschaft	Sport
1. November		Die niederländische Regierung gibt ihren Beschluß bekannt, trotz landesweiter Proteste bis Ende 1988 48 US-Marschflugkörper aufzustellen.	In Haithabu bei Schleswig wird das Wikinger-Museum eröffnet.	
2. November		Die Regierung Südafrikas verbietet alle Film-, Fernseh- und Tonfilmaufzeichnungen von Unruhen in den Siedlungen der Schwarzen, über die der Ausnahmezustand verhängt worden ist.		
3. November			In Trier beginnt eine Tagung der Synode der Evangelischen Kirche in Deutschland. Der Berliner Bischof Martin Kruse wird zum neuen EKD-Ratsvorsitzenden gewählt.	Ivan Lendl (CSSR) gewinnt über John McEnroe (USA) das internationale Tennisturnier von Antwerpen. Siegpreis: 200 000 Dollar sowie ein mit 1400 Diamanten besetzter, sechs Kilogramm schwerer Tennisschläger aus reinem Gold.
4. November		Die sowjetische Zeitung „Iswestija" veröffentlicht ein Interview mit Ronald Reagan, das der US-Präsident am 31.10. sowjetischen Journalisten gewährt hatte. Es ist das erste Interview eines US-Präsidenten mit sowjetischen Journalisten seit November 1961 (John F. Kennedy).		
5. November	Oktober-Zahlen der Bundesanstalt für Arbeit: 2 148 819 Arbeitslose (Quote: 8,6%); 126 860 Kurzarbeiter; 112 045 offene Stellen.	Innerhalb von 36 Stunden wird in Belgien zum vierten Mal ein Sprengstoffattentat auf eine Bank verübt.		Das Tennisturnier von Wimbledon hat dem Veranstalter 1985 einen Gewinn von etwa 20 Millionen Mark gebracht.
6. November		General Wojciech Jaruzelski, Partei- und Regierungschef in Polen, tritt als Regierungschef zurück. Neuer Ministerpräsident wird Zbigniew Messner.	Der polnische Schriftsteller Stanislaw Lem erhält den österreichischen Staatspreis für europäische Literatur (28 000 Mark).	
7. November	Der Deutsche Bundestag beschließt eine Gesetzesänderung: Künftig kann die Anrufung des Bundesverfassungsgerichts gebührenpflichtig sein, wenn die betreffende Beschwerde abgelehnt wird.		Loriot (Vicco von Bülow) wird mit dem Kasseler Literaturpreis für grotesken Humor ausgezeichnet.	
8. November				In London wird ein Fußball-Rowdy zu einer lebenslangen Haftstrafe verurteilt: der vorbestrafte Kevin Whitton (25) wurde für schuldig befunden, Anführer einer Bande randalierender Fußballfans zu sein.
9. November		In Aalst bei Brüssel kommen bei einem Raubüberfall auf einen Supermarkt acht Menschen ums Leben.		Nach sieben Monaten Spielzeit geht in Moskau der bisher längste Kampf um die Schachweltmeisterschaft mit dem Sieg des Herausforderers Garri Kasparow (UdSSR) zu Ende. Kasparow, mit 22 Jahren der jüngste Weltmeister aller Zeiten, gewinnt gegen Karpow mit 13:11 Punkten.
10. November			In München wird das neue Kulturzentrum am Gasteig eröffnet.	Kunstturn-Weltmeisterschaften in Montreal/Kanada: Die UdSSR wird mit elf Goldmedaillen erfolgreichste Nation.

	Deutschland	Ausland	Kultur/Wissenschaft	Sport
12. November	Das Saarland beschließt als fünftes Bundesland nach Bremen, Hessen, Hamburg und Berlin einen Gesetzentwurf zur Einführung der eingeschränkten Verbandsklage. Sie soll Naturschutzverbänden die Möglichkeit geben, gegen einen Verwaltungsakt Klage zu erheben, der Naturschutz und Landschaftspflege betrifft.	In Liberia scheitert ein Militärputsch gegen Staatspräsident Samuel Doe.		Horst Bandemer aus Mönchengladbach erringt den 5000. Sieg seiner Laufbahn im Trabrennsport. In Deutschland haben bisher nur Hans Frömming, Eddy Freundt und Heinz Wewering die „Traumgrenze" von 5000 Siegen erreicht.
13. November	Oskar Lafontaine, Ministerpräsident des Saarlands, trifft zu einem dreitägigen Besuch der DDR in Ost-Berlin ein. Auf einer Pressekonferenz sagt Lafontaine, daß er längerfristig eine mögliche Anerkennung der DDR-Staatsbürgerschaft nicht ausschließe. Diese Äußerung wird von der Bundesregierung und Teilen der SPD kritisiert.	Beim Ausbruch des kolumbianischen Vulkans Nevado del Ruiz kommen mehr als 23 000 Menschen ums Leben.	In Köln beginnt der 19. Internationale Kunstmarkt.	Die Europäische Box-Union spricht dem Münchner Georg Steinherr den Titel eines Box-Europameisters im Halbmittelgewicht ab, weil er den Titel wegen Verletzung nicht in der vorgeschriebenen Frist von sechs Monaten verteidigen kann.
14. November	Bundeskanzler Helmut Kohl gibt vor dem Bundestag eine Regierungserklärung zum 30jährigen Bestehen der Bundeswehr ab.		Der Schriftsteller Patrick Besson erhält den großen Romanpreis der Académie Française (17 000 Mark).	
15. November	In einem dem Bundestag vorgelegten Bericht der Parlamentarischen Kontrollkommission werden Geldzuwendungen deutscher Unternehmen an den Bundesnachrichtendienst mißbilligt. Alle im Bundestag vertretenen Parteien sind sich einig, daß es eine Privatfinanzierung von Sicherheitsbehörden nicht geben darf. In Buenos Aires wird der als Nazi-Verbrecher gesuchte frühere SS-Obersturmbandführer Walter Kutschmann verhaftet.	In der Nähe von Belfast unterzeichnen die britische Premierministerin Margaret Thatcher und der irische Regierungschef Garret FitzGerald ein Nordirland-Abkommen. Erstmals seit der Teilung der Insel 1921 wird Dublin ein begrenztes Mitspracherecht in der Verwaltung Nordirlands eingeräumt.		
16. November				In Frankfurt wird Willi Daume zum siebten Mal seit 1961 wieder für vier Jahre zum Präsidenten des Nationalen Olympischen Komitees für Deutschland gewählt.
18. November			Dem Schriftsteller Yann Queffelec wird der Prix Goncourt zugesprochen.	
19. November	Die Bundesregierung spricht sich gegen eine allgemeine Geschwindigkeitsbegrenzung auf Bundesautobahnen aus. Sie stützt sich dabei auf die Ergebnisse des TÜV-Großversuchs mit Tempo 100.	US-Präsident Ronald Reagan und der sowjetische Parteichef Michail Gorbatschow treffen in Genf zur achten amerikanisch-sowjetischen Gipfelkonferenz zusammen.		
20. November			Von 1988 an werden der Dirigent Gerd Albrecht und der Komponist Peter Ruzicka gemeinsam die Leitung der Hamburgischen Staatsoper übernehmen.	

	Deutschland	Ausland	Kultur/Wissenschaft	Sport
21. November	Die Regierungschefs von Niedersachsen, Hamburg und Schleswig-Holstein einigen sich auf ein Konzept, das die Nutzung der Satellitentechnik sowohl für den NDR wie für private Anbieter sichern soll.			Der Fußballbundesligaverein Hannover 96 trennt sich von seinem Trainer Werner Biskup, der die Mannschaft in die Bundesliga gebracht hat. Seit Bestehen der Bundesliga ist es die 134. vorzeitige Vertragsauflösung eines Trainers.
22. November	Die Mitglieder des SED-Politbüros Herbert Häber und Konrad Naumann werden „aus gesundheitlichen Gründen" von ihren Ämtern abgelöst.	Der höchste Gerichtshof Neuseelands verurteilt zwei französische Geheimdienstagenten zu je zehn Jahren Gefängnis, weil sie am Sprengstoffattentat auf das Greenpeace-Schiff „Rainbow Warrior" beteiligt waren.		
23. November	In München beginnt der 49. Parteitag der CSU. CSU-Vorsitzender Franz Josef Strauß wird mit 98,8% der abgegebenen gültigen Stimmen in seinem Amt bestätigt.	Auf dem Flug Athen-Kairo wird eine Boeing 737 der Egypt Airlines mit 97 Fluggästen an Bord nach Malta entführt. Am 24.11. stürmen ägyptische Eliteeinheiten auf dem Flughafen von La Valletta die Maschine. Dabei kommen 60 Passagiere und Besatzungsmitglieder sowie vier der fünf arabischen Terroristen ums Leben.	Im Münchner Haus der Kunst wird eine umfassende Spitzweg-Retrospektive eröffnet.	
24. November	In Frankfurt explodiert eine Autobombe auf dem Gelände des „PX"-Kaufhauses der US-Streitkräfte. 38 Menschen werden verletzt.			Das Handballturnier um den Supercup gewinnt die UdSSR mit 23:22 im Finale über die DDR. Die Bundesrepublik belegt Platz drei.
25. November		In Budapest geht das Kulturforum der Konferenz für Sicherheit und Zusammenarbeit in Europa (KSZE) ohne Abschlußkommuniqué zu Ende, da sich Ost und West nicht über den Text einigen können.		
26. November	Erstmals in der Geschichte der deutschen Eisenbahn erreicht ein mit Fahrgästen vollbesetzter Zug („Intercity Experimental") auf dem Streckenabschnitt Rheda-Wiedenbrück/Oelde eine Höchstgeschwindigkeit von 317 Stundenkilometern.			
27. November			Dem Sprachwissenschaftler Harald Weinrich wird der mit 15 000 Mark dotierte Konrad-Duden-Preis zuerkannt.	
28. November		General Joseph Momoh wird neuer Präsident von Sierra Leone. Vorgänger Siaka Stevens war aus Altersgründen zurückgetreten.	Der österreichische Schriftsteller H.C. Artmann erhält den Stadtschreiber-Literaturpreis des ZDF und der Stadt Mainz für 1986 (24 000 Mark).	1986 wird zum ersten Mal eine Basketball-Mannschaft aus der Bundesrepublik an einer Weltmeisterschaft teilnehmen. Boris Becker verliert in seinem ersten Spiel der australischen Tennismeisterschaften in Melbourne gegen den Holländer Michael Schapers in fünf Sätzen und scheidet aus.
29. November	Nach viertägiger Debatte stimmt der Deutsche Bundestag gegen die Stimmen der Opposition dem Haushalt 1986 zu (263,5 Milliarden Mark).		Der spanische Schriftsteller Gonzalo Torrente Ballester erhält den mit 165 000 Mark dotierten Cervantes-Literaturpreis.	Werder Bremen wird „Herbstmeister" in der Fußballbundesliga.

	Deutschland	Ausland	Kultur/Wissenschaft	Sport
2. Dezember		In dem Prozeß um die Ermordung des philippinischen Oppositionsführers Benigno Aquino am 21.8.1983 werden sämtliche 26 Angeklagten von einem Sondergericht freigesprochen. Das Urteil löst stürmische Kritik und Protestkundgebungen aus. Jelena Bonner, Ehefrau des sowjetischen Regimekritikers Andrej Sacharow, fliegt zur ärztlichen Behandlung nach Italien und am 7.12. in die USA. Frau Bonner mußte sich verpflichten, im Ausland keine Interviews zu geben.		
4. Dezember	November-Zahlen der Bundesanstalt für Arbeit: 2 210 745 Arbeitslose (Quote: 8,9 Prozent); 159 527 Kurzarbeiter; 110 172 offene Stellen.	François Mitterrand, französischer Staatspräsident, empfängt als erster westlicher Staatschef den polnischen Staats- und Parteichef Wojciech Jaruzelski. Robert McFarlane, Sicherheitsberater von US-Präsident Ronald Reagan, tritt zurück. Nachfolger wird Ex-Admiral John Poindexter.		
5. Dezember		Großbritannien erklärt seinen Austritt aus der UNESCO zum 1.1.1986. Wie die ein Jahr zuvor ausgetretenen USA wirft Großbritannien der UNO-Organisation für Erziehung, Wissenschaft und Kultur mangel an Effizienz sowie einen antiwestlichen Kurs vor.	Der Jean-Amery-Preis für Essayistik (10 000 Mark) wird der Schriftstellerin Barbara Sichtermann überreicht.	
6. Dezember	Der SPD-Vorsitzende Willy Brandt besucht aus Anlaß des 15. Jahrestages der Unterzeichnung des deutsch-polnischen Vertrags Polen. Es kommt zu Gesprächen mit Staats- und Parteichef Wojciech Jaruzelski und mit Kardinal Jozef Glemp.	Großbritannien schließt als erstes Land mit den USA ein Rahmenabkommen über eine Beteiligung am Weltraum-Verteidigungsprogramm SDI ab.		Juventus Turin gewinnt in Tokio gegen Argentinos Juniors Buenos Aires mit 4:2 den Weltcup im Fußball. Es ist der erste Erfolg einer europäischen Mannschaft seit 1980. Der Golfspieler Bernhard Langer kassiert beim Golfturnier von Sun City/Südafrika die Preissumme von 300 000 Dollar.
9. Dezember		In Argentinien werden im Prozeß gegen neun Mitglieder der ehemaligen Militärjunta die Urteile verkündet: Ex-Staatspräsident Jorge Videla und Admiral Emilio Massera werden wegen zahlreicher Menschenrechtsverletzungen zu lebenslanger Haft verurteilt, Ex-Präsident Roberto Viola zu 17 Jahren, Admiral Armando Lambruschini zu acht Jahren und General Orlando Agosti zu viereinhalb Jahren. Der letzte Staatschef Leopoldo Galtieri und drei andere Offiziere werden freigesprochen.	Dem in Ost-Berlin lebenden Schriftsteller Volker Braun wird der Bremer Literaturpreis 1985 (15 000 Mark) zuerkannt.	

	Deutschland	Ausland	Kultur/Wissenschaft	Sport
10. Dezember		In Oslo wird der Friedensnobelpreis den beiden Vorsitzenden der Organisation „Internationale Ärzte zur Verhütung des Atomkrieges", Bernhard Lown (USA) und Jewgenij Tschasow (UdSSR) übergeben. Die Vergabe an Tschasow hatte internationale Proteste ausgelöst.	Der schwedische König Carl Gustaf überreicht in Stockholm die Nobelpreise für Physik, Chemie, Medizin, Literatur und Wirtschaftswissenschaften.	
11. Dezember	Die Fördersätze und Elternfreibeträge der Ausbildungsförderung (BAFöG) sollen nach einem Beschluß des Bundeskabinetts ab Herbst 1986 erhöht werden.		Dem Regisseur Bernhard Wicki wird der Helmut-Käutner-Preis 1986 der Stadt Düsseldorf (10 000 Mark) zuerkannt; Peter Handke erhält den Literaturpreis der Stadt Salzburg (etwa 10 000 Mark).	
12. Dezember	Der Bundestag verabschiedet das neue Scheidungsfolgerecht, das eine zeitliche Begrenzung des Unterhalts sowie eine Einschränkung der Höhe der Zahlungen erlaubt. Der hessische Landtag verabschiedet mit den Stimmen von SPD und Grünen den Haushalt 1986 und spricht Ministerpräsident Holger Börner das Vertrauen aus. Joschka Fischer wird als Minister für Umwelt und Energie vereidigt. Fischer ist der erste Grüne Minister eines Bundeslandes.	Bei einem Flugzeugabsturz einer amerikanischen Chartermaschine kommen kurz nach dem Start auf dem kanadischen Flughafen Gander/Neufundland alle 256 Insassen ums Leben. An Bord befanden sich 248 US-Soldaten und 8 Besatzungsmitglieder.		Wimbledon-Sieger Boris Becker wird von Deutschlands Sportjournalisten zum „Sportler des Jahres" gewählt. „Mannschaft des Jahres" wird das Davispokal-Team. „Sportlerin des Jahres" wird die Fechtweltmeisterin Cornelia Hanisch.
15. Dezember	NRW-Ministerpräsident Johannes Rau wird vom SPD-Parteivorstand einstimmig zum SPD-Kanzlerkandidaten für die Bundestagswahl 1987 nominiert.			Die Schwimmer der Bundesrepublik gewinnen (ohne Weltrekordler Michael Groß) zum ersten Mal den Europapokal. Die Wasserballmannschaft der Wasserfreunde Spandau 04 gewinnt den „Supercup" im Wasserball.
16. Dezember			Die West-Berliner Akademie der Künste erhält das Archiv der „Gruppe 47".	
18. Dezember	Die Bundesregierung beschließt einen Entwurf zur Änderung des Paragraphen 116 des Arbeitsförderungsgesetzes, wonach für indirekt von Streik und Aussperrung betroffene Arbeitnehmer künftig kein Arbeitslosen- oder Kurzarbeitergeld gezahlt werden soll.	In Moskau verabschieden die zehn Comecon-Staaten ein Programm für wissenschaftlich-technische Zusammenarbeit bis zum Jahr 2000.		
19. Dezember		In Nantes/Frankreich nehmen zwei Angeklagte und ein Komplize ein ganzes Schwurgericht als Geiseln. Die Geiseln werden nach und nach bis auf vier Richter und einige Staatsanwälte freigelassen. Am nächsten Tag fahren die Gangster mit den Geiseln zum Flughafen, aber ein Fluchtflugzeug wird ihnen verweigert. Nach 35 Stunden ergeben sich die Geiselnehmer.		

	Deutschland	Ausland	Kultur/Wissenschaft	Sport
21. Dezember	Nach Protesten der schwedischen Regierung beschränkt die DDR den Transit von Asylbewerbern aus neun Staaten des Nahen und Mittleren Ostens und Südostasiens sowie von Staatenlosen ohne gültige Reisepapiere nach Schweden. Dänemark erhält ähnliche Zusagen.		Nach 19monatiger Restaurierung wird das Koblenzer Stadttheater feierlich wiedereröffnet.	
22. Dezember				Im Endspiel um den Davispokal unterliegt Deutschland in München dem Cup-Verteidiger Schweden mit 2:3. Wimbledon-Sieger Boris Becker holt mit Siegen über Stefan Edberg und Mats Wilander die beiden deutschen Punkte. Michael Westphal verliert beide Einzel, und auch das Doppel mit Becker/Maurer wird geschlagen.
25. Dezember		Im Grenzstreit zwischen Mali und Burkina Faso (früher Obervolta) bricht ein offener Konflikt aus: Mali beginnt eine Offensive, um vier Grenzdörfer in dem umstrittenen Wüstenstreifen zu „befreien". Am 30.12. wird ein Waffenstillstand geschlossen. Beim größten Kunstraub in der Geschichte Mexikos werden aus dem Anthropologischen Museum von Mexico City 140 Kunstwerke aus der präkolumbianischen Zeit gestohlen.		
27. Dezember	Hans-Otto Scholl, früherer rheinland-pfälzischer FDP-Vorsitzender, wird vom Landgericht Baden-Baden wegen Raubs in Tateinheit mit gefährlicher Körperverletzung zu acht Jahren Freiheitsentzug verurteilt.	Bei Terroranschlägen auf die Schalter der israelischen Fluggesellschaft El Al auf den Flughäfen von Rom und Wien kommen 19 Menschen ums Leben, mehr als 100 werden verletzt.	In Chicago wird dem Schweizer Schriftsteller Max Frisch der Commonwealth-Preis für besondere literarische Leistungen (45 000 Mark) überreicht.	
28. Dezember		In Damaskus/Syrien unterzeichnen die Führer der drei stärksten Milizen des Libanon ein Friedensabkommen.		
29. Dezember			Das Bundesgesundheitsamt (BGA) in Berlin kündigt für 1986 in Zusammenarbeit mit den Bundesländern eine stärkere Überwachung von Lebensmitteln an.	
30. Dezember		Pakistan hebt das vor achteinhalb Jahren verhängte Kriegsrecht auf.		

1. Januar
Hermann Reutter (84), Komponist.

10. Januar
Anton Karas (78), Komponist und Musiker.

14. Januar
Karl Schmitt-Walter (85), Bariton.

19. Januar
Eric Voegelin (84), Politologe.

22. Januar
Sir Arthur Bryant (85), britischer Historiker.

25. Januar
Kenny Clarke (71), Jazz-Schlagzeuger.

4. Februar
Werner Helwig (80), Erzähler und Kritiker.

6. Februar
James Hadley Chase (78), britischer Schriftsteller.
Hans Domnick (76), Filmproduzent und Regisseur.

8. Februar
José Gomes (84), portugiesischer Schriftsteller.

10. Februar
Werner Hinz (82), Schauspieler.

11. Februar
Henry Hathaway (86), amerikanischer Filmregisseur.

19. Februar
Rudolf Hartung (70), Schriftsteller.

22. Februar
Salvador Espriú (72), spanischer Schriftsteller.

6. März
Arnold Fiedler (85), Maler.

12. März
Eugène Ormandy (85), Dirigent.

16. März
Roger H. Sessions (88), Komponist.

18. März
Kurt Heynicke (93), Dichter.

21. März
Sir Michael Redgrave (77), britischer Schauspieler.

23. März
„Zoot" Sims (59), Jazz-Saxophonist.

1. April
Wilhelm Brückner-Rüggeberg (78), Dirigent.

4. April
Gerhard Stöck (74), Olympiasieger im Speerwerfen 1936.

6. April
Mark Lothar (82), Komponist.

10. April
Klaus Scholder (55), Theologe.

11. April
Enver Hodscha (76), Gründer und Führer der albanischen Kommunistischen Partei.

15. April
Günter Kaußen (57), Wohnungsspekulant.

17. April
Ilona Bodden (45), Schriftstellerin.

21. April
Rudi Gernreich (62), Modeschöpfer („oben ohne").
Tancredo Neves (75), erster ziviler Staatspräsident Brasiliens.

7. Mai
Martin Beheim-Schwarzbach (85), Schriftsteller.

9. Mai
Edmund O'Brien (69), amerikanischer Filmschauspieler.

12. Mai
Jean Dubuffet (83), französischer Maler.

13. Mai
Mildred Scheel (52), Ehefrau des Altbundespräsidenten Walter Scheel und Präsidentin der Deutschen Krebshilfe.

29. Mai
David Rokeah (69), israelischer Lyriker.

30. Mai
Gustav Jaenecke (77), Eishockey-Idol der 20er und 30er Jahre.

12. Juni
Helmut Plessner (92), Philosoph und Anthropologe.

16. Juni
Alois Mertes (63), Staatsminister im Auswärtigen Amt.

21. Juni
Tage Erlander (84), ehemaliger schwedischer Ministerpräsident.

27. Juni
Elias Sarkis (61), ehemaliger libanesischer Staatspräsident.

2. Juli
Wilhelm Reinking (88), Bühnenbildner.

4. Juli
Josef Mühlberger (82), Schriftsteller.

9. Juli
Charlotte Großherzogin von Luxemburg (89).

10. Juli
Wilhelm Girnus (80), Ost-Berliner Literaturwissenschaftler und Kulturfunktionär.
Hilgard Muller (71), 1964–1978 Außenminister von Südafrika.

12. Juli
Werner Marx (60), CDU-Politiker und Vorsitzender des Auswärtigen Ausschusses des Deutschen Bundestages.

13. Juli
Mathias Hoogen (81), früherer CDU-Bundestagsabgeordneter und erster Wehrbeauftragter des Deutschen Bundestages.

14. Juli
Gustav René Hocke (77), Kunsthistoriker.

16. Juli
Heinrich Böll (67), Schriftsteller und Literatur-Nobelpreisträger.

31. Juli
Jules Moch (92), ehemaliger französischer Innenminister.

2. August
Karl Heinz Stroux (77), Theaterregisseur und Intendant.

6. August
Linden Forbes Burnham (62), Staatspräsident von Guyana.

8. August
Louise Brooks (78), amerikanischer Stummfilmstar.

28. August
Miguel Otero Silva (76), venezolanischer Schriftsteller.

1. September
Stefan Bellof (35), Rennfahrer in der Formel 1.

7. September
Rodney Porter, britischer Biochemiker

16. September
Witold Wirpsza (66), polnischer Schriftsteller.

17. September
Laura Ashley (60), britische Modeschöpferin.

19. September
Italo Calvino (61), italienischer Schriftsteller.

22. September
Axel Springer (73), Verleger.

27. September
André Kertesz (91), Fotograf.

30. September
Simone Signoret (64), französische Filmschauspielerin.
Herbert Bayer (85), Maler und Bauhaus-Architekt.

1. Oktober
Charles Richter (85), amerikanischer Erdbeben-Experte.

2. Oktober
Alex Möller (82), ehemaliger SPD-Bundestagsabgeordneter und früherer Bundesfinanzminister.
Rock Hudson (59), amerikanischer Filmschauspieler.

3. Oktober
Heinz Kindermann (90), Theaterwissenschaftler.

6. Oktober
Nelson Riddle (64), amerikanischer Bandleader und Komponist.

7. Oktober
Wolfgang Kieling (61), Schauspieler.

10. Oktober
Yul Brynner (70), amerikanischer Schauspieler.
Orson Welles (70), amerikanischer Filmschauspieler und Regisseur.

14. Oktober
Emil Gilels (86), russischer Pianist.

18. Oktober
Stefan Askenase (89), Pianist.

22. Oktober
Viorica Ursuleac (91), Sopranistin.

4. November
Rudolf Fernau (87), Schauspieler.

9. November
André Thomkins (55), Schweizer Künstler.

15. November
Meret Oppenheim (72), Künstlerin.

17. November
Lon Nol (72), ehemaliger kambodschanischer Ministerpräsident.

25. November
Elsa Morante (67), italienische Schriftstellerin.

26. November
Pablo Serrano (75), spanischer Bildhauer.

2. Dezember
Philip Arthur Larkin (63), englischer Lyriker.
Heinz Hoffmann (75), Verteidigungsminister der DDR.

7. Dezember
Robert Ranke-Graves (90), britischer Schriftsteller.

9. Dezember
Reinhard Schwarz-Schilling (81), Komponist.

12. Dezember
Anne Baxter (62), amerikanische Filmschauspielerin.

17. Dezember
Otto Gotsche (81), DDR-Schriftsteller.

24. Dezember
Biagio Marin (94), italienischer Schriftsteller.

28. Dezember
Renato Castellani (72), italienischer Regisseur.